教養としての ジェンダーと平和

風間 孝・加治宏基・金 敬黙 編著

KAZAMA Takashi, KAJI Hiromoto, & KIM Kyungmook

法律文化社

目　次

 # 教養としてのジェンダーと平和

❖ 新しい学びの体系の模索：ジェンダー研究と平和研究の連携

　本書はジェンダー研究と平和研究に関わる研究者が15のテーマについて論じた、初学者向けの一般教養書です。本書は、1つひとつのテーマをジェンダーの視点と平和の視点から論じていますが、両面からの検討をつうじてそれぞれのテーマがより立体的に思考でき、社会現象への複眼的な視座を養うことを目指しています。

　ジェンダー研究と平和研究がなぜいっしょに1つのテーマを論じているのか、不思議に感じる読者もいるかもしれません。しかし、ジェンダー研究と平和研究は共通するいくつかの特徴を持っています。まず、ジェンダー研究と平和研究は、伝統的な学問に比べれば後発の学問に属するでしょう。それゆえに、これまでの人文科学から社会科学、さらには自然科学に至る様々な領域の学問的な知識を活用しつつも、学際的なアプローチをとりながら発展してきました。この学際的なアプローチが共通する第1の特徴です。また、学術的な基礎をもつ学問領域でありながら、人間社会の日常生活をその題材としてとりあげる傾向も共通しています。ジェンダー研究、そして平和研究は私たちの日常を学問的な概念を用いながら、別の視点からみることを可能にし、時には社会状況を変えることを志向する学問なのです。

❖ ジェンダーとセクシュアリティ

　ジェンダー研究と平和研究についての理解を深めるために、まずはジェン

ダーとピース（平和）の概念について考えてみましょう。

　社会・文化的性差を意味する**ジェンダー**は、1960年代に女性解放思想（**フェミニズム**）の中から生まれてきた概念であり、その対概念は生物学的性差を意味する**セックス**です。ジェンダーは女性に生まれ落ちたことを宿命とし、女性の生き方に制約を課そうとする社会や文化のありかたに対して異議を唱えるなかで用いられ鍛えられてきた概念です。ジェンダーという概念を用いることによって、生物学的に女性・男性であることと、社会・文化的に女らしい・男らしいとされる性格や役割を持つことは別のことであると反論することが可能になりました。なぜ反論できるのかと言えば、女らしさ・男らしさというジェンダーは社会や文化によって異なった形をとるからであり、生物学的に女・男であることが特定の社会・文化の女らしさ・男らしさとは直接結びつかないからです。女性が家事や育児を担い、男性が家族を養うために賃金を稼ぐといったジェンダー役割のちがいが北欧のように小さい社会がある一方で、日本のようにそのちがいが大きい社会があります。生物学的な性差を根拠に、「女らしさ」「男らしさ」という形で現れる特定の社会の性役割を求めることは根拠が乏しいと言えるでしょう。

　ジェンダーについて語られるときにしばしば女性に焦点があてられますが、男性にもジェンダー役割は割り振られています。男性であることを理由として、多くの学生は就職の時に総合職に就かなければと考えます。それは仕事にやりがいを求めるということも関係しているかもしれませんが、男は家族を経済的に支えなければならないという思いこみも深く関係しているでしょう。家族が生活していくための賃金を稼ぐことは大切なことですが、家計をひとりで、あるいはその大部分を自らの稼ぎで支えなければならないと思い込むことは、ときに大きな圧力となり、ひとの命を奪うことすらあります。たとえば会社からリストラにあい、家族を養うという「義務」を果たせなくなったとき、このような思い込みは男性に重くのしかかることでしょう。しかし、家族を養うということが社会や文化から与えられた役割（「男らしさ」）に過ぎないと考えられたらだいぶ肩の荷も軽くなるのではないでしょうか。ジェンダーは男性の生き方を狭めることにもつながっているのであり、ときにジェンダーという

視点は私たちの生き方を見直すことにつながるのです。

　社会や文化が作り出す性差（ジェンダー）は、社会的役割にのみ存在しているわけではありません。個々人の恋愛や性行動にも多大な影響を及ぼしています。人間の性行動や、性行動を促す欲求を**セクシュアリティ**とよびます。セクシュアリティもまた生物学的な側面と社会・文化的な側面が拮抗しています。

　日本性教育協会という団体が５年おきに中学生、高校生、大学生の性意識や性行動についての調査を行っています。そのなかに性交のときにどちらから誘うのかについての調査データがありますが、それによれば男性のほうが主導権を握っていることがわかります。「自分から誘う」と答えた高校大学・男子が38.8％であったのに対し、高校大学・女子はわずか2.3％でした（2006年調査より）。こうした違いが生じるのはなぜでしょうか。男性は生物学的に性欲が強く、女性は弱いからでしょうか（セックスによる説明）。それとも女性は性的につつましいほうが望ましく、男性は性的な場面でリーダーシップをとるべきであるという社会や文化のありかたの影響でしょうか（ジェンダーによる説明）。少なくともここで言えるのは、男性で性欲が弱い人もいるでしょうし、女性の中でも性欲が強い人がいる、言い換えれば男女のなかでも個人差があるということです。もう１つ言えるのは、セックスによる説明とジェンダーによる説明のいずれかを正答として選ぶ必要はないということです。生物学的な説明と社会・文化的な説明は双方向から人間の性行動に影響を与えていると考えることができるからです。

　セクシュアリティについて考えるときに忘れてはならないのは、セックスとジェンダーにおける**性別二元制**が深く入り込んでいるということです。性別二元制とは、性別は女と男の２つからなり、正反対の性質をもつという考えのことです。そして男女の違いは、女と男は互いに異なるのだから惹かれ合う、すなわち異性愛を自然なものとみなす考えを形づくります。異性愛を唯一の自然・正常な性愛と見なす考えのことを**異性愛主義**と言います。私たちの社会は男女が惹かれ合うのは自然であるという前提で成り立っていると言えるでしょう。そのことは、同性同士がカップルとして家族を構成することを前提とする社会制度が、日本ではごく一部の自治体を除き、存在していないことからも明

らかでしょう。こうした性別二元制を基礎として成り立っている社会で生きることに違和感や抑圧を感じる人がいます。こうした人のことを**性的マイノリティ**、近年では **LGBT**（レズビアン、ゲイ、バイセクシュアル、トランスジェンダーの頭文字をとってつくられた呼称）と呼びます。現在のジェンダー研究は、性差別から**性の多様性**へのその射程を広げています。

❖ ジェンダー研究からみた平和研究をとりいれることの意味

　ジェンダー研究の視点からみて、ジェンダーとピースを互いに交差させ、また複眼的に検討することの意義はどこにあるのでしょうか。ここで1つ例をあげてみましょう。ジェンダー研究においてピース（平和）と関連した論点として、女性の参政権が承認されないことと徴兵制の関連、さらには戦争における男女の経験の違いがあります。

　世界史上はじめて人権概念を確立させたと言われるフランスの人権宣言は、すべての人の人権を保障したわけではありませんでした。女性の人権は承認されなかったのです。女性に人権が与えられないことの根拠として、女性は国を守るために戦っていないからだ、ということがしばしば持ち出されました。国を守るために命を懸けて戦う男性と、国を守るために戦うことをしない女性を平等に扱うことはできないと言うわけです。これは人権とはすべての人が生まれながらに持つ権利であるという現在の人権についての考え方と真っ向から対立する考えです。戦争を遂行する兵士になりうることが人権付与の条件となり、それゆえに女性が人権を持つ主体から排除されるとしたら、性に中立的のように見える人権概念そのものが実は男性性を身にまとっていると言えるでしょう。女性の人権を排除した人権宣言に対して異議を申し立てた女性たちの思想と行動は、女性解放思想（**フェミニズム**）の源流の1つと言えます。こうした女性たちの闘いは、性に中立的であるかのように装いながら、女性を排除してきた人権概念を再定義するものであったと言えるでしょう。

　それでは男性が戦争を遂行する役割を担うとしたら、女性は戦時中にどのような役割を担ったのでしょうか。女性は戦争に対して受動的に関わったばかりではなく、「銃後」において積極的に戦争協力をしたことが知られています。

教養としてのジェンダーと平和

女性は男性兵士が戦地で憂いなく戦えるように、銃後の備えにおいて積極的に戦争に参加したのです。戦争への参加の違いは、戦争においてもジェンダーによる性別役割分業が存在していたことを示しています。

1990年に始まった湾岸戦争で、アメリカは女性兵士を戦地に送りました。女性の戦争参加により戦線と銃後の性別役割分業は変容してきています。同様の問いは性的マイノリティに対しても向けられます。多くの国で、同性愛者が軍務に就くことは禁止されてきました。たとえばアメリカでは、同性愛者であることがわかると除隊の扱いを受けてきました。しかし、2011年にオバマ政権はアメリカで同性愛者であることを明らかにして兵役に就くことを認めました。こうした女性や同性愛者の軍隊参加の趨勢は、ジェンダー研究に難しい問いを突きつけています。女性であること、同性愛者であることを理由に兵役に就くことが禁じられてきた状況下で、男女平等をすすめる手段としてまず思いつくのは兵士になる権利を認めさせることでしょう。しかし、女性や同性愛者が兵士になることは、はたしてフェミニズムがこれまで求めてきた社会のありかたと合致するのでしょうか。すべての人がいきいきと生きられる社会を目指すのがフェミニズムだとしたら、互いを殺し合う戦争に参加することはフェミニズムが目指すことなのか。どのような立場に立つかによって見解は分かれています。

男女平等やセクシュアリティの平等では解けない課題にジェンダー研究は直面していると言ってよいでしょう。平和研究の視点を欠いたジェンダー研究は、男女平等やセクシュアリティの平等を優先するがために、戦争参加に道を開く可能性もあります。こうした課題をより深く議論していくためにはジェンダー研究に加えて、ピースという視点が欠かせません。ここでとりあげた女性や同性愛者の人権と戦争参加問題はその一例に過ぎませんが、様々な事象をジェンダーとピースの側面からみていくことは、ジェンダー研究が袋小路に入り込んでいる問題に平和研究の助けを借りて、新たな価値を見いだすきっかけになるかもしれません。

❖ 平和研究からみたジェンダー研究をとりいれることの意味

　平和研究の視点からも同様のことが指摘できます。従来の平和研究では LGBT への関心は決して高くありませんでした。しかし、本書で紹介している通り、近年では LGBT であることが難民認定の争点にもなっていますし、戦時下の暴力や軍隊が孕む暴力性への理解と反省をジェンダー研究の視点を導入することでより有機的に行うことが可能になります。

　そもそも、**ピース（平和）**とは何でしょうか？　平穏な日常生活のなかで空気のような存在である平和を失った時にこそ、私たちは平和がいかに大切なものか実感し、平和を希求します。従来の平和研究は、ピース（平和）とは何かを考えるために、平和を侵し破壊する暴力について検討を重ねてきたと言えるでしょう。そのなかで、暴力を物理的または直接的なものだけでなく間接的または構造的な概念をも含めて考察するようになりました。それを**構造的暴力**（structural violence）と呼びます。

　この構造的暴力という概念は、1960年代末に国際政治学者であるヨハン・ガルトゥングが提唱したものです。それは人間が生まれながらに備える潜在的あるいは顕在的な能力を発揮できなくするあらゆる阻害要因や環境を指しています。つまり、構造的暴力とは、あるコミュニティで共有される弱者に対する差別的意識であり、またはそれが当然視された人間関係や社会状況そのものとも言えます。またガルトゥングは、物理的または直接的暴力が不在の状態を**消極的平和**（negative peace）と称し、そのうえで人間の能力が発揮されうる状態を**積極的平和**（positive peace）と定義しました。この積極的平和を実現するためには、政治的抑圧（抑圧）、経済的搾取（貧困）、そして文化的疎外（差別）の3つの形態によって弱者を苦しめる構造的暴力を解消することが不可欠となります。

　ただし、暴力や平和の意味と実態は時代とともに変わりゆくものですから、固定的な概念では論じきれないことにも留意すべきです。今日、治療法が確立されていない難病により人が命を落としても、それを暴力とは言い難いでしょう。しかし、1980年代初頭に撲滅が宣言された天然痘で人を死なせてしまうな

らば、それは周囲の人々による不作為や無関心という暴力なのです。ゆえに平和研究は、常に現実の人間社会にはびこる暴力への厳しい視座を追及しているのです。

平和研究の論点は、暴力に対していかに安全を保障するかという課題にも置かれてきました。米ソ両陣営が対峙した冷戦時代には**国家の安全保障**（national security）が追求されましたが、冷戦終結後の1990年代半ばに国連開発計画（UNDP）は、国家の安全保障を補完するものとして**人間の安全保障**（human security）を提唱し、その後に学術界でも盛んに議論されるようになりました。人間の安全保障は、1998年にノーベル経済学賞を受賞した経済学者のアマルティア・センによって示された**ケイパビリティ**（capability）を重視する概念です。このケイパビリティとは、人が自由な意思に基づいて行うことのできる様々な社会的機能の組み合わせと言えます。

しかしながら、主権国家からなる国連機関が、国家の安全保障へのオルタナティブを提唱したことからも見て取れるように、これまでの平和研究は、マクロの視点かつ上からの視点によって構築されてきたと言わざるを得ません。さらに、多様なアクターが直接的、間接的に世界を動かす今日のグローバル社会の実態から見えてくるのは、各アクターが能力を発揮できるために不可欠な安全保障の多様化です。私たちは国内外で、国家の安全保障を強化すればするほど、人々の安全保障が脅かされるという複雑な現実を目の当たりにします。

保護者と被保護者、勝ち組と負け組が複雑に絡み合う現代社会だからこそ、ジェンダーとピースを交差させ複眼的に読み解く意義は、これまでになく高まっているのです。平和研究においてジェンダーと関連するイシューが扱われることは、必ずしも目新しいことではありません。しかし、先ほど言及したようにLGBTの難民性の事例などは、平和研究において十分研究されてこなかったのも事実です。国家の安全保障または国際政治学に主軸を置いてきた既存の平和研究のアプローチだけでは限界が見られるようになったとも言えるでしょう。平和研究にとってジェンダー研究との有機的な連携がますます必要とされています。

❖ 社会に開かれた学問と実践

　昨今大学の在り方が問われています。少子化現象に伴い全国各地に780以上もある大学は生き残りをかけた激しい競争時代に入りました。さらにグローバル化の波によって、大学の競争は世界レベルに広がり、教育と研究の在り方がますます問われるようになっています。最近では国公立大学にける人文系学部の縮小・撤廃問題なども大きな話題になっていますが、そんな時こそ、教養教育（リベラル・アーツ）の大切さに着目する必要があると本書の編著者たちは考えています。残念ながら、教養教育はますますコーナーへ追いやられているのが実情です。その背景には即戦力につながる教育をより重視する風潮があります。歴史や哲学などの基礎学問よりも「企業戦士」として活躍できる人材育成を歓迎する風潮の中で、大学は「職業訓練校」化しつつあると言えるかもしれません。

　教養教育に対しては、専門教育の前段階に位置する、広く浅い学びであるというまなざしが向けられていますが、それは誤った考えだと言わねばなりません。中長期的な視野に基づいて教養をしっかり身につけてこそ、様々な課題に取り組むことができるようになるからです。今日の教養教育に問題がないと言っているのではありません。しかしその問題は教養教育の本質にあるのではなく、教養教育への理解が足りないがために起こっているのではないでしょうか。教養教育は単なる職能や技能にとどまらない普遍的かつ汎用性の高い応用力を育てあげるものです。クリティカルな思考にはじまり高度のコミュニケーションと調整能力などは、幅広い教養教育を通じて培うことができます。

　とは言っても、教養教育は時代的なニーズとともに変わっていく必要があるでしょう。過去においては重要だったテーマも、今日ではそれほど大切ではなくなる場合もあるでしょう。本書で扱っているジェンダーとピースは、私たちの暮らしから1分1秒とも切り離すことができない、現在と密接に関わる普遍的かつ日常的な概念です。日常が主題となるからこそ、ジェンダー研究と平和研究は既存の学問体系を生かしつつ、現在直面している問題に対応し、新しい学問と実践領域へ誘うことが可能になるのです。

❖ 本書を有効に活用するために

　本書で扱っている各テーマの冒頭では具体的な問いかけがなされています。読者のみなさんは、その問いかけを参考にしながら、何が問題になっているのかをまずイメージしてもらいたいと思います。本文では、ジェンダー研究と平和研究の視点からその原因や現状などについて解説や分析が行われています（たとえば、▨教育のジェンダー研究は、**1**-G、平和研究は、**1**-Pと記します。）。そこで、みなさんは常識とは異なる新しい視点を発見するかもしれません。さらに、各章の最後には「課題と展望」が設けられ、読者のみなさんがそのトピックについてさらに深く考え、今後取り組むべき事柄や行動を見いだすかもしれません。参考文献にあたり、関心のあるトピックについてさらに理解を深めることもできます。コラムでは、各トピックと関連した情報や背景、切り口を紹介しています。気楽に読んでみてください。

　このように本書は様々な方法で活用することが可能です。学術的な知識を身につけるために読むのもよいでしょうし、世の中を生きる上での教養を身につけるために読むのもよいでしょう。どのような読み方、使い方であっても、私たちが本書を通じて期待しているのは、常識を相対化するようなクリティカルな眼差しを身につけ、オルタナティブを提示し、異なる見解を持つ人々との対話（コミュニケーション）を続けることです。また、国家の枠組みを乗り越えて、グローバル化時代の一員としての視点を身につけることも本書のねらいと言えるでしょう。

　本書を通じて、「平和をつくる（Do Peace）」に参加し、「ジェンダーを横断する（Transcend Gender）」プロセスやムーブメントに読者のみなさんを誘うことができれば、これほどうれしいことはありません。大学での教養教育の授業、ゼミの教材にとどまらず、この本がカフェの書棚や町医者の待合室などでも広く読まれ、日常的な会話のなかに思いがけなく顔を出すことを夢見ています。

1 教　育

　教育は誰にとってもっとも大切な権利であり、国家にとっては義務でも
あります。そして、教育は制度化された教育機関が実施する「フォーマル
教育」と家庭や地域や社会の様々なアクターが施す「インフォーマル教
育」に分けることができます。

　しかし「フォーマル教育」の代名詞である学校教育が様々な問題点を抱
えていることは周知のとおりです。学生時代が楽しい思い出でいっぱいの
人もいれば、学生時代の辛い記憶しかなく、思い出したくない人もたくさ
んいます。イジメや人間関係のこじれ、さらに厳しい勉強などが楽しい学
生時代の影になっているのです。進学校であれば、人格教育や全人教育よ
りも受験科目が優先されてしまいますし、文部科学省や地域の教育委員会
が定めた指針から自由になることもできません。

　他方、「フォーマル教育」の課題を補うために地域社会や NGO が「イ
ンフォーマル教育」を提示し、行政や学校が十分に対処できない課題に対
して代案（オルタナティブ）を模索しています。趣味や教養を深める生涯
学習から出産や育児、介護などのテーマまで、あらゆるテーマが対象にな
ります。けれども、多くの場合、予算が足りず、また、これらのテーマに
対する当事者や周囲の理解もいまだ十分ではありません。

　その結果、性教育や平和教育は、長年の間「フォーマル教育」「イン
フォーマル教育」のいずれにおいても軽視されがち、あるいは形式的にな
りがちであったかもしれません。

　1-G では、「性教育をめぐる対立」について考えるきっかけを提供しま
す。性教育をきちんと受けた記憶がないとか、恥ずかしくなる気持ちの記

憶はあっても、性について真剣に学ぶことは過去にも今にも簡単ではありません。教員も学生も照れくさくなるし、性を話題にすることで「いやらしい」と思われることを嫌ってしまいます。学校現場で性について「直視したくない雰囲気」があるのです。ここでは『ラブ＆ボディBOOK』という冊子の内容をめぐって見えた厚生労働省と文部科学省の対立、国会での党派的な対立が紹介されていて、性教育をめぐる理想と現実、道徳重視と科学重視の対立構図が良くわかります。この問題は決して日本だけのことではなく、海外でも同じような論争が起きています。性教育は何のために必要なのか、という視点に基づけば、突破口も見えてくるでしょう。

　1-P では、「平和教育は世の中を平和にしているのか」という挑戦的な問いかけがなされています。日本は戦後、70年以上にわたって直接的な戦争に巻き込まれることなく「平和」な状態を保ってきました。しかし、その結果、同時に多くの人びとが平和の大切さを感じていません。結果的に教育現場における平和教育は形骸化しました。「平和は退屈だし平和学習は嫌いだ」という声につながってしまっているのです。したがって、ここでは「平和をする（Do Peace）」という概念を紹介しつつ、みなさんが「平和すべき現場」と出会うことを呼びかけています。

　本章を通じて改めて教育という視点から平和と性の問題について考えてみましょう。

Gender

1-G　性教育をめぐる対立

❖ 性教育の記憶

　みなさんが通っていた学校に性教育はあったでしょうか。私は性教育を受けた記憶がほとんどありません。中学生のときに保健体育のなかで第2次性徴についてとりあげた授業があった気がしますが、椅子に座っているのが恥ずかしくなるような気持ちになったことは覚えていても、授業内容についてはほとん

ど記憶に残っていません。先生の照れたようなふるまい、そして私たち生徒たちも性について知りたいのに、関心があることをまわりに知られたくないという独特の雰囲気が、恥ずかしさとして現れたのかもしれません。先生をふくめ教室に「性」を直視したくない雰囲気があったのでしょう。

　性教育に熱心に取り組んでいる少数の先生の授業を除けば、こうした経験をしている人はいまでも多いのではないでしょうか。私たちは、性に対してできるだけ避けるべきもの、その場の空気を読む中で察するもの、ということを直接、間接を問わず教わってきました。それに反して、性について関心を示したり、人前で語ったりすると「いやらしい」人というレッテルがはられがちです。私たちが生きていくなかで避けられないものであり、実は身近なところにあるにもかかわらず、性は私たちから遠ざけられてきた現状があります。

　1-G では性教育がなぜ必要なのかについて考えます。

❖『ラブ＆ボディ BOOK』をめぐる対立

　現在の日本では、文部科学省が『学校における性教育の考え方、進め方』(1999年)という冊子を発行して性教育を進めています。また性教育に熱心に取り組んでいる民間団体もあります。性教育の必要性については、教育関係者の間で合意が得られているといえるでしょう。そうは言っても、性教育が必要なのは、なぜかという点で、関係者の認識は大きく異なっています。そのよい例が、2002年、厚生省(当時)の外郭団体である母子衛生研究会が作成した『ラブ＆ボディ BOOK』という性教育冊子をめぐる対立です。

　この冊子は全国の中学生向けに130万部配付されました。「ピルは男の子に頼らず女の子が自分で避妊できるのがメリット。世界中で広く使われている薬だよ」「コンドームによる避妊は失敗が多いんだ。失敗率は12％」「もしきみが同性愛だと感じるのなら自分の正直な気持ちに従って生きていいと思う」(ちなみにピルとは経口避妊薬のことです)。以上はこの冊子からの引用ですが、ここからもわかるように、この冊子はこれまで国や"お役所"系がつくってきた「かたい」性教育教材とは一線を画す内容でした。イラストもふんだんにもりこまれ、中学生にも読みやすい軽いタッチだったため、各地方自治体からは追加注

文が相次ぎました。

　教育現場で好評を博したにもかかわらず、この冊子は議員によって国会で問題点が指摘されることになりました（2002年5月・第154国会）。保守新党の山谷えり子議員（当時）がとりあげたのは、例えば以下の部分です。「日本では中絶することが許されている」「妊娠22週を過ぎると……産むしかなくなっちゃう」。これらの記述に対し、「セックスが命を育む営みだという、重く神聖な視点が非常に欠けた書き方になっている」と批判したのです。また「ピル……失敗率1％」「女の子が自分で避妊できるのが最大のメリット」に対しては、メリットのみが記されている、中学生にピルを奨励していると非難されました。

　国会で質問を受けた岩田喜美枝・厚生労働省局長は、山谷議員の考えに正面から反論しました。「近年の10歳代の性行動の一般化ですとか、その結果としての性感染症の広がりや望まない妊娠の増加、その結果としての10代の妊娠中絶の増加」という状況がある。そしてブックレットを作るにあたっては、ハンドブックを作るさい検討委員会を設け、その答申に従って作成したもので、「……特に問題があるというふうには思われませんでした。……たくさんある情報、たくさんある教材の1つだと思いますので内容について、科学的でない、ゆがんでいるところはないという印象を持った」と述べたのです。

　最終的にこの性教育冊子は回収、廃棄処分となりました。その理由は、遠山敦子・文部科学大臣（当時）が「自分で考えて、いいと思えばやっていいというトーンがちょっと強過ぎまして、これは個人の見解でございますけれども、中学生にここまでというような気がしないでもございません」と国会で答弁したためでした。教育現場で配布されたこともあり、学校教育を管轄している文部科学省の意向が、厚生労働省よりも強く働いたのではないかと推測できます。ここで興味深いのは、厚生労働省にとっては問題があるとは思えない記述が、文部科学省にとっては不適切な内容とされたことです。性教育で何を教えるかについては、省庁間でも同意が存在していなかったのです。

　『ラブ＆ボディBOOK』をめぐっては、朝日新聞紙上でも論争がまき起こりました。最初に投稿したのは、自民党の亀井郁夫議員（当時）でした。「この冊子は性の乱れの是認など教育上大きな問題をはらんでいる」。「中高生に対す

る性教育の必要性は言をまたない」が、「この冊子は性行為を性的行為として
のみとらえすぎており、新たな生命を生み出す営みで夫婦生活の大切な基本で
あることを説くことを忘れている」、性教育とは「基本的には、性道徳の教育
である」と主張したのです（2002年8月31日）。亀井議員が述べる、性の乱れの
是認とは、性行為をする中学生がいることを前提に、避妊や性感染症予防のた
めの方法を教えることを指します。これらについて教えるのではなく、性道徳
こそ、中学生に教えるべきだと説いたと言えるでしょう。

　それに反論したのは、民主党の小宮山洋子議員（当時）でした。「性の問題
を教えられる教師が十分でない現状を踏まえると、必要な教材だと考える。
『寝た子を起こすな』という意見は、中学生の実態をあまりにも知らなさすぎ
る」、「道徳教育の充実だけではもはや間に合わなくなって」おり、「お互いを
大事にしあう気持ちを身につけさせるための教材と人材の育成が、いま重要な
のである」と主張したのです（同年11月9日）。小宮山議員が用いた「寝た子を
起こすな」は性教育をめぐる議論の中にしばしば登場するフレーズです。それ
が意味するのは、性教育の中で性について教えることによって、性に関心のな
かった子ども（＝寝た子）たちが関心を持ち、性に活発になるかもしれない。
だから、性について子どもに教えるべきではない（＝起こすな）というもので
す。それに対して、小宮山議員は性行為をしている中学生がいる現状を踏まえ
ると、「寝た子を起こすな」は現実的ではないと主張します。亀井議員も小宮
山議員も性経験のある中学生がいる現実を認識しつつ、どのような性教育をす
るのかという点で対立していると言えるでしょう。

❖ 禁欲型性教育と包括的性教育

　『ラブ＆ボディBOOK』をめぐる対立をここまで見てきましたが、じつはこ
うした対立はアメリカでも起こっています。禁欲型性教育と包括的性教育の対
立です。

　禁欲型性教育では、性的健康を守る最善の方法は、若者があらゆる性行為を
結婚するまで禁欲することだと考えます。彼らの意見によれば、あらゆる性行
動は結婚するまで待つべきとされます。避妊や性感染症予防について教えるこ

とは若者がセックスをすることを認めることであり、その結果として若者の性的行動、10代の妊娠、性感染症を増やすことにつながる。こうした点から、性についての情報から隔離することが若者を保護するために必要であると考えます。

　それに対して、包括的性教育では、小学校入学前から高校まで、その年齢にふさわしい情報を性教育の中で提供します。そこで扱われるトピックは人間の生殖、人間の身体構造、生理学、性感染症、マスターベーション、避妊、中絶、性的マイノリティまで多岐にわたります。また、禁欲型性教育が若者を性から遠ざけるのとは対照的に、若者に性についての価値や態度について議論することを求めます。性についての沈黙や無知、恥かしさが、10代の妊娠や性感染症の拡大のような社会問題を生じさせていると考えるためです。

　国会での『ラブ＆ボディBOOK』をめぐる論戦で、山谷議員がアメリカにおける禁欲型性教育の拡がりに言及しながら自らの考えの正当性を訴えたように、日本での対立はアメリカにおける性教育の対立を反映していたと言えるでしょう。

❖ リプロダクティヴ・ヘルス／ライツ

　性教育は何のために必要なのでしょうか。ここで「性と生殖のための健康と権利（リプロダクティヴ・ヘルス／ライツ）」という考えを糸口にしてみましょう。ちなみにこの概念は「性と生殖のための健康（リプロダクティヴ・ヘルス）」と「性と生殖のための権利（リプロダクティヴ・ライツ）」という2つの概念から成り立っています。これらの概念が国際社会の表舞台に登場したのは、1994年にカイロで開かれた国際人口開発会議です。この会議では、リプロダクティヴ・ヘルスは「人々が安全で満ち足りた性生活を営むことができ、生殖能力を持ち、子どもを産むか産まないか、いつ産むか、何人産むかを決める自由を持つこと」と定義され、リプロダクティヴ・ライツは中絶を選択する権利や子どもを産む権利、中絶を必要とするような妊娠を回避する権利を含む、性と生殖に関しての自己決定権と定められました。

　ここでは、「人々が安全で満ち足りた性生活を営むことができ」る、という

リプロダクティヴ・ヘルスの定義に注目してみましょう。まずこの中で性生活を営む人は、年齢や結婚の有無によって定義されていません。また性生活の目的も「生殖」に限定されていません。むしろ、「満ち足りた」という言葉からは、性とは生殖以外にも互いの同意のもとで性を楽しむことが前提とされているようです。

　ところで日本では法的には何歳から性行為をすることが認められているのでしょうか。強姦について定めた刑法177条（強姦）では、「暴行又は脅迫を用いて13歳以上の女子を姦淫した者は強姦の罪とし、3年以上の有期懲役に処する。13歳未満の女子を姦淫した者も、同様とする」と定めています。ちなみに「姦淫」とは性交を意味する法律用語です。この条文からわかるのは、日本の刑法では性交合意年齢を13歳にしているということです（なぜなら暴行・脅迫を用いない、いいかえれば合意にもとづいた13歳以上の性交は合法だからです）。また日本では、長野県を除くすべての都道府県にいわゆる淫行条例と呼ばれる法規があります（地域によって青少年保護育成条例と呼ばれたり、青少年健全育成条例という名称がつけられたりしています）。この条例は青少年を保護するため、青少年（18歳未満の男女）に対して、淫行もしくはわいせつな行為をしてはならないと定めています。この条例を優先すれば日本では18歳以上であれば互いの合意のうえで性行為をすることが認められていると解釈できます。

　性行為にはそれをつうじて「満ち足りた」、幸せな気持ちになることがある反面、様々なリスクも伴います。望まない妊娠、性感染症による様々な病気の発症、そして性暴力被害がリスクの例として挙げられるでしょう。性行為を行う際、親や教師にその許可を求めて行う人を私は聞いたことがありません。そして、そのことは法的に考えても当然のことです。自発的な同意のもとで性行為をすることは、性的自由として尊重されなければならないからです。いつどこで誰とどんな行為を行うかというのはプライバシー権の1つであり、尊重されなければなりません。裏返せば、一定の年齢になったときに、自らの性について自己決定する自由を与えられている私たちは、自らの健康を自らの手で守らなければならないといえます。1995年に国連が主催した第4回世界女性会議（北京）では、女性の人権について「自らのセクシュアリティに関する事柄を

管理し、それらについて自由かつ責任ある決定を行う権利が含まれる」と記しています。これは女性に対してのみ当てはまるとは言えないでしょう。私は自らのセクシュアリティについて「自由かつ責任ある決定を行」えるようにするための準備をすることが、性教育の目的ではないかと考えますが、みなさんはどのように考えるでしょうか。

❖ 課題と展望

　性教育をめぐって様々な対立が起こっていることを見てきましたが、これは性をどのように捉えるのかという価値観をめぐる対立でもあります。伝統的な社会では性は生殖のために存在していました。性行為は、家の継続や労働力確保するために必要とされ、愛情の有無は重視されていませんでした。近代社会になると性行為は愛する人と結婚してから行われるものになりました（ロマンティック・ラブ・イデオロギー）。そして現代では、性は結婚から切り離され、愛が性行為の条件とみなされるようになっています。性をめぐる価値観は世代によって大きく異なることがわかります。

　またイギリスの社会学者であるアンソニー・ギデンズは、男性の社会的評判はどれくらい多くの女性を性的に征服できるかによって決まるのに対して、女性の社会的評判は性の誘惑に負けないことによって決まる、と述べています。ここからは性の位置づけは性別によって異なっていることが読み取れます。

　もちろん性についての価値観は、世代や性別によって決まるものではありません。個人差もあります。そもそも性は何のためにあるのか、どのような条件を満たしたら性行為をおこなってよいのか、性におけるリスクにはどのようなものがあるのか、それを回避するためにはどうしたらよいのか等々、性をめぐって考えるべきことは数多くあります。価値観の相違は社会の中に存在しているだけでなく、親子間やカップル間の中にも存在しています。性が私たちにとって切り離せない問題である以上、自分の意見を語り、他人の意見を聞くことを通して、自らの性についての価値観を持つことが求められています。

✚ 参考文献

塚原久美『中絶技術とリプロダクティヴ・ライツ──フェミニスト倫理の視点から』
勁草書房、2014年

橋下紀子監修『こんなに違う！　世界の性教育』メディアファクトリー新書、2011年

Peace

1-P　平和教育の再検討

❖ 平和教育を問い直す

　1-P では「教育」というテーマについて考えてみましょう。教育という言葉を「平和」にかけてみると「平和のための教育」から「教育現場の平和」となり、幅広い内容について考える必要があります。前者はしばしば平和教育と呼ばれることもありますが、後者も平和教育の範疇に含まれるでしょう。なぜならば、日本国憲法26条にある通り教育を受ける権利は誰もが持つものであり、家庭、学校、地域社会などの教育現場が平和ではないとしたら、その背景に紛争、暴力、差別、貧困、人権侵害などが直間接的に関わっていると考えられるからです。まさに、平和学（平和研究）の祖であるヨハン・ガルトゥングは、行為主体が明確でない暴力を「構造的暴力」と唱えましたがこの視点にもつながります（ヨハン・ガルトゥング　1991）。

　これらについて考えるきっかけになることを本章の目標にします。

　一般的に平和教育は、国際理解教育や開発教育などの言葉にも置き換えられますし、学問的には人文学、社会科学、そして自然科学にいたる様々な専門領域を横断する学際的な手法を用いる必要があります。みなさんの立場からは平和学習という言葉として定着しているかもしれません。人権学習や国際理解学習など小中高校の課程で私たちは必ずこの種の学びを授業や修学旅行の一環として体験してきました。広島や長崎、あるいは沖縄に行った人たちもみなさんのなかには数多くいるでしょう。

　けれども、平和教育・学習は日本の教育現場でいまだ十分定着しているとは

思えません。正規科目として確立されていないため進級や進学などの評価基準にされませんし、入試科目に含まれないため疎かにされているのです。英語や国語などの語学教育でも、社会科や歴史などの科目群、または数学や物理、そして生物などの理科系の科目でも、問題意識さえあれば平和を題材にした教育を行うことは十分可能でしょう。しかし、現状において一般の教科で「平和」をテーマにした内容を探すことは簡単ではありません。

　ところで、語学教育においてイマージョン（immersion）教育という言葉が使われることがあります。イマージョンという言葉を訳すと「浸すこと」という意味です。すなわち、「英語イマージョン教育」は「英語を学ぶ」のではなく「英語で数学も社会科も学ぶ」ことになります。

　そこで、「平和イマージョン教育」を提唱してみます。たとえば、足し算と引き算を教える算数の応用問題の例文をつくる際に、戦争による人命や経済的な損失などをテーマにして出題すれば算数の教科を通しても平和問題は学べるのです。

　最近は「総合的な学習」や「ESD（持続可能な発展のための教育）」などと関連して初等教育、中等教育、高等教育の現場をはじめ自治体などの行政機関やNGO・NPOなどでも普及していますが、平和をこよなく愛する人びとが増えるどころか世の中がますます物騒になってきている気がします。

　つまり、平和教育の成果が見えてきたとは言えないのが現状です。なぜなのでしょうか。こんなのあってもなくても同じなのでしょうか。それとも平和教育は頭でっかちで詭弁を述べる人間の養成にしかすぎないのでしょうか。

❖ 平和が「退屈」で、平和学習が嫌いな若者たち

　日本における平和教育・学習の問題を指摘してくれる一冊の本があります。下嶋哲朗というノンフィクション作家が著した『平和は「退屈」ですか―元ひめゆり学徒と若者たちの五〇〇日』という本です（下嶋哲朗　2006）。

　この本には、「戦争を二度と繰り返してはいけない」と語り続ける戦争体験世代と「戦争？　したっていいじゃん」と思ったり、戦争体験世代の語りを「退屈」と思ったりする若者との間の深い溝が良く描かれています。それのみ

ならず、すでに指摘した日本における平和教育や平和学習の本質的な問題点が鋭く指摘されています。以下にいくつかを紹介しましょう。

「戦争はいけない、平和は大切だ。こんなこと誰だってわかっている。わかりきったことを言い合って、わかりきった結論に達する。これってWHY?を許さない学校の平和学習と同じじゃん。興味ないです。おれはその先へ進みたいんだ。そのためにおれたちは自主的に、ここへ集まったんですから」

「平和学習?　興味ないね」「わたし、平和学習の時は学校休む」「おれもさ。けど、感想文は戦争はいけない、平和は大切って書く。これで及第点をとる」

「平和学習はマインドコントロールみたいに"平和は大事だ。戦争はいけないことだ"と繰り返す。正直"もう、いいかげんわかったよ"となる。大切なのは、どうして学ばないといけないのか、ということ。そして学んだあとどうするか、です。せいぜい"ああ、そうか。昔は大変なことがあった"で終わってしまう。じゃ、いまはどうなんだ。自分でできることは何だろう。これからどうするべきなんだ、という考えにはいかない。自分が小学校、中学校のときに学んできた平和学習はこんな感じです。しかしやらないよりはやったほうがいい」

「たとえば、小学校二年生とかで足し算とか引き算とかをやって、その後どんどんむずかしくなっていく。やれ方程式が入ってきたり、関数が入ってきたり。それが普通あるはずです。ところが平和学習というのは、小学校のときに見たものの結論と高校のときに見たものの結論というか、ねらいというのかどれだけ変わるのか。言ってみれば、小学校のときの計算練習をずっと高校までしているような感じになってしまっていないかな。だから"こんなの、もういいよ"となる。それをどう深化させていけるかという展望が、今後の課題かも。(後略)」

誤解のないように補足しますが、ここに登場する若者たちは、好戦的な人たちではありません。この発言は、7つの異なる高校生が自主結成した「Peace of ゆいまーる」という活動が主催した講演会や意見交換会での発言です。つまり、平和を真剣に考えたいと思いながらも既存の平和教育や平和学習のあり方についていらだちを感じた彼・彼女らなりの問題提起なのです。そして後に、この若者たちと元ひめゆり学徒隊たちは、「語る人」と「継ぐ人」が分断されていることを問題視し、この状況を克服するために「虹の会」を結成(2004年)しました。下嶋が著した本書は、そこで真剣に交わされた議論の記録でもあります。

　平和教育を行う側にとっても、平和学習を受ける側にとっても、ここであげられた辛辣な問題提起から反省すべき点があるでしょう。本来教育は、未来志向型の投資でもあるために、期待どおりの成果があげられるとは限りませんし、そもそもその成果を教育する側が確認することすら難しいのが現状です。だからといって「平和のための教育」ならびに「教育のための平和」、のどちらもこのままでいいとは言えないでしょう。

❖ 日本の大学における平和教育の現状

　日本には現在780以上の大学が存在すると言われますが、私の知る限り日本の大学に「平和学部」や「平和学科」というものはいまだ存在しません。日本平和学会が誕生してから40年以上の歳月が経ちますが、日本では平和を専門的に教え、また研究するための高等教育機関の整備が不十分であると言えます。

　平和学的な観点から言えば、平和とは戦争や内戦の不在的な状態だけを指す概念ではありません。日常生活における物理的暴力や構造的暴力の問題までに視野を広げると同時に、「○○がない状態」だけではなく「△△がある状態」ならびに「◇◇をつくるプロセス」などとしてのポジティブな定義をすることも大切でしょう。その点、私たちは日常生活においてどのように「平和をする(Do Peace)」のか？が問われているのです(小田博志、関雄二　2014)。

　「平和をする(Do Peace)」の実現のためには、何かが起きる「現場」と出会う必要があり、時空間を超越する想像力・創造力が必要になり、情況や文脈を

理解しつつ当事者性が求められます。つまり、もし私があの時代のあの出来事に巻き込まれてしまったらどうなっていただろうか。また何をしただろうか？をイメージする能力や姿勢が求められているのです。「現場」とは、遠い世界の紛争や過去の出来事であるかもしれませんし、小中高校の教室や部活で起きたイジメの問題であるかもしれません。決して、平和は私たちからかけ離れた問題ではないのです。

　私が担当する「平和論」という授業で、「日ごろあなたが、大学のキャンパスで平和している現場と、平和しなければいけないと感じる現場を取り上げ、その理由について述べよ」という課題を出したことがあります。

　学生たちのレポートで共通していた内容を紹介すると、平和している「現場」は図書館や学生食堂、ラウンジなどであり、平和しなければいけない「現場」としては、エレベーター前の混雑、通学中の混雑している地下鉄や電車で平然と優先席に座る行為、テストのカンニングやレポートのコピー＆ペーストなどでした。なるほど……と興味深く読みながら、平和することは意外にも簡単かもしれないことを学びました。また、1つひとつの積み重ねであることにも気づかされました。

　熱心に授業に参加する学生たちのなかには、将来 NGO や国際機関で働きながら世界平和のために立派な仕事をしたいと思っている人たちが少なからずいます。とても素敵な夢であり、目標であると思います。そのために、夏休みや春休みの間には海外のスタディーツアーや体験ボランティアに参加したいので、おすすめのプログラムがあれば、どこ（何）でも良いから紹介してほしいと相談に来る人もいます。これもまた、学生時代に経験してほしい立派な実践型の学びであると思います。

　けれども、その前に私たちがもう一度考えなければいけないことがあります。本当に平和の現場と対象は、途上国の貧しい人々だけなのでしょうか。紛争地から追われた難民たちだけなのでしょうか。また、誰（何）が彼・彼女らをそのような状況にしたのでしょうか。さらに私たちの日常生活と彼・彼女らの悲惨な状況につながりはないのでしょうか。それらにについて、今一度考えてみましょう。

❖ 課題と展望

タイムマシーンがない限り、過去には戻れません。したがって、多くの人びとにとって歴史は「退屈」かもしれません。海外に興味のない人にとって海外での悲劇は他人事かもしれません。学生にとって地球的課題はあまりにも大きな難題とも言えるでしょう。今はとにかく一生懸命勉強するしかないと思いたくなるのも理解できます。

しかし、そのような無関心や他人行儀が問題をこじらせてきたのかもしれませんし、平和教育と平和学習がいまだに形式的かつ「退屈」な理由の１つかもしれません。言い換えれば、私たちはあまりにも遠くの問題や大きな問題の解決だけにこだわってきたのではないでしょうか。そこで、最後に尋ねます。

「あなたにとって、これから平和すべき現場はどこですか」「あなたが平和したい相手は誰ですか」

その現場を見つける方法の１つとして、趣味や娯楽など日常生活においてあなた自身の関心がもっとも向くテーマを観察してみたりもっと関わってみたりすることが良いかもしれません。私の場合は、好きな旅を続けることが世界の平和問題への関心につながり、仕事にもつながりました。このように、平和と関連した学びは日常生活の様々なところから発見することが可能です。ぜひとも試してみてください。

✝ 参考文献

小田博志、関雄二編『平和の人類学』法律文化社、2014年

下嶋哲朗『平和は「退屈」ですか——元ひめゆり学徒と若者たちの五〇〇日』岩波書店、2006年

ヨハン・ガルトゥング著（高柳先男他訳）『構造的暴力と平和』中央大学出版部、1991年

国際スポーツ大会

　オリンピックやワールドカップの時期になると、朝から晩までスポーツ競技が報道されるようになります。日本中がスポーツに熱狂しているかのようです。その大前提として、これらスポーツにおける共通のルール、そして競技における平等な条件の整備をあげることができるでしょう。もし地域によってルールが異なっていたらそもそも国際スポーツ大会は成立しないでしょうし、対等な条件での競争が保障されていなかったらその勝敗を私たちが熱く語ることもきっとないでしょう。

　共通のルールを持ち、平等な条件のもとおこなわれるスポーツのありかたを「近代スポーツ」と呼びます。「近代」とついているようにこうしたスポーツのあり方が広く普及したのはおよそ100年前のことです。近代スポーツの普及・発展のきっかけをつくったと言われるのが1896年にクーベルタンによって提唱され開始された近代オリンピックです。みなさんも知っているようにオリンピックの語源は、古代ギリシャのオリンピア競技会です。しかし、古代ギリシャの競技会と現在のオリンピックは似ても似つかないものです。たとえば古代オリンピア競技会はギリシャのなかで行われたものでしたが、ロンドンオリンピックでは204を超える国、地域から選手が集い、大会が開催されています。

　このように国際スポーツ大会が成立するための前提条件となっている近代スポーツの中心的要素として、競技性と平等の2つをあげることができます。このことは、近代スポーツに慣れ親しんでいる私たちにとって当たり前になっていますが、検討しなければならない課題も抱えています。

　まず2-G では、国際スポーツ大会における平等の問題をオリンピック

における女性競技者の参加、そして性別確認検査という視点から見ていきます。近代スポーツは平等の確保をその前提としていますが、第1回オリンピックでは女性の参加は認められていませんでした。当初近代スポーツにおける「平等」とは男性競技者への平等な機会の保障だったといえるでしょう。こうした女性排除の歴史にはどのような背景があったのでしょうか。一方で、女性競技への男性の出場を防止すること、つまり男女を分離して競技することで平等が保たれるという考えが現在でも根強くあります。そのために国際オリンピック委員会（IOC）を含む国際機関は、性別確認検査を実施してきました。しかし、その歴史は男女を分けることが単純な試みではないことを示しています。男女を分ける以外に平等を確保する方法はないのでしょうか？

　つぎに 2-P では、競技性の問題を見ていきます。競技性とは簡単に言えば、試合や競技で勝ち負けを決めることです。「国際」という言葉の語源が「各国交際」であることからもわかるように、国際スポーツ大会は国と国が勝敗をめぐって争うことで成り立っています。ロンドンオリンピックの男子サッカー3位決定戦は、日本と韓国の間で行われましたが、試合後韓国の選手が「独島（日本名　竹島）は我が領土」というプラカードを掲げるという出来事が示すように、スポーツが国と国の対立を煽り、両国関係に暗い影を落とすことがあります。その一方で、日本ほどオリンピック等の国際スポーツ大会が大きく報道されない国もあります。ナショナリズムと結びつけるのではない、むしろ東アジアや世界の平和に貢献するスポーツのありかたや私たちのまなざし方を考えてみる時期に来ているのかもしれません。

　本章では、私たちが当たり前に受け入れている国際スポーツ大会にはどのような課題があり、どのように解決していくことが可能なのかをジェンダーと平和の視点から考えます。

Gender

2 -G　女性競技の拡大と性別確認検査

❖ あるアスリートの性別

　2009年夏、世界陸上800m女子で優勝した南アフリカのキャスター・セメンヤ（当時19歳）の性別について以下のような報道が世界中を駆けめぐりました。

　　第12回世界陸上ベルリン大会女子800メートル決勝。キャスター・セメンヤ（南アフリカ）が、シーズン世界最高記録となる1分55秒45で優勝した。しかし、レース後に国際陸上競技連盟は、優勝したセメンヤに対して性別検査を受けなければならないとした。【2009年8月20日　AFP】

　セメンヤは、その成績や筋肉質な体格、そして低い声を理由にその性別を疑われたのでした。本人に代わって会見を行った国際陸連のバイス事務総長は「私は医者ではないが、検査を行ったすべての医者がこの種のテストは数週間から数か月かかると言っている」と語り、性別検査の結果はしばらくわからないと繰り返しました。結果的に1年間競技への出場停止処分を受けたのち、セメンヤは2010年7月に競技に復帰しました。

　この記事からはアスリートが国際スポーツ大会に参加する上で、性のあり方や性別がときに大きな問題になることを示しています。また、この記事には、読者に多くの疑問を持たせる内容を含んでいると言えるでしょう。性別検査とは何か、性別がわかるまでに数週間から数か月かかるとはどういうことなのか、そしてなぜ国際陸連は出場停止処分を科し、また競技復帰を認めたのか、といった点です。

　2 -Gでは、オリンピックを中心とする国際スポーツ大会に性や性別がどのようにかかわっているのかを、女性競技の拡大と性別確認検査という2つの観点から考えてみることにしましょう。

❖ 近代スポーツと女性

　世界陸上やオリンピックなどで競技する選手たちは、互いに見ず知らずの他人同士ですが、それでも競技が可能であるのは、現在のスポーツが国際的に統一されたルールを持ち、組織化された競技スポーツであるからです。こうしたスポーツのあり方を近代スポーツと呼びます。

　近代スポーツにはいくつか特徴がありますが、そのなかの1つに競技性があります。競技性とは体格や筋力、パワーに優れた人が好成績を得られることをいいます。その結果、近代スポーツが男性優位になるよう仕組まれている一方で、女性は20世紀半ば過ぎまで近代スポーツにアクセスすることが困難でした。男性に比べ筋力やパワーが劣りがちな女性は、近代スポーツの中で不利な立場に置かれてきたといえるでしょう。

　しかし、近代スポーツで女性が軽視されてきたことによって、女性のスポーツ参加の可能性が奪われたわけではありませんでした。男性と女性とでは近代スポーツにおいて求められるものが異なっていました。男性には身体的な活動を行う能力が、女性には軽快で優美な立ち居振る舞いを身につけることが求められていたのです。

　その一例として、オリンピックにおける女子陸上競技の草創期に注目してみましょう。女子陸上競技が初めて採用されたのは第9回アムステルダム大会（1928年）ですが、このときには5種目が試験的に採用されたにすぎませんでした。第9回大会まで女子競技がなかった理由は、当時の国際オリンピック委員会（IOC）の会長だったバイエ・ラトゥールの「女性の競技は、フェンシング・乗馬・体操など美的なものでなければならない」という考えからうかがい知ることができます。要するにこの当時、女性の競技者に求められていたのは優美さだったのです。オリンピックでの競技種目には、男性向きの競技と女性向きの競技があり、女性は男性向きの競技を、男性は女性向きの競技を行うべきではないと考えられていたのです。

　しかし、現在では、オリンピックにおける女性の参加者数ならびに種目数は男性に近いところまで来ています。1976年から2000年にかけて、夏季オリン

ピック大会における女性の競技数は急速に男性の競技数に近づきました。たとえば1976年にはバスケットボールやハンドボールが、1992年には柔道が、そして2004年にはレスリングが女子競技として加わることになりました。アテネで開かれた第１回オリンピック大会（1896年）では参加を認められなかった女性選手も、2012年に開催されたロンドン・オリンピック大会での女性比率は44.2％まで達しました。また、ボクシングで女子種目が新たに採用されたことにより、女子種目のみが採用されている新体操とシンクロナイズドスイミングを除いて、全26競技で男女の競技が実施されました。こうした変化の背景には、地域や国レベルで女性スポーツ組織が設立され、女性の参加を求める動きが活発になったことがあげられます。

　こうしたオリンピックにおける女性の参加比率、そして競技数の増加は、オリンピック開始時に想定されていた優美さを求める女性像が変化してきたことを示しています。しかし、女性が増大してきたとは言え、スポーツにおける平等を確保するため、男女別々に競技を行うことは不変の大前提でした。仮に男女がいっしょに競技すれば、パフォーマンスの高さを競う場面では、男性が上位を独占すると予想されたためです。

❖ 性別確認検査

　性別確認検査の実施について議論が始まったのは1960年代後半のことでした。この時期は女性向きではないとされた競技に女性が参加するようになった時期と重なっています。また、21世紀を前に性別を越境した選手の競技参加も議論されるようになりました。このように男性と女性の峻別は男性と女性が同じ競技に参加するようになる中で問題にされるようになってきたのです。

　性別確認検査は、近代スポーツの平等原則のもと、競技を男女別に実施するために始まりました。言い換えれば、男女間の体力差を前提にして、女性競技に男性が参加することを防止するために採り入れられたのでした。

　性別確認検査が導入された経緯からみていきましょう。1936年ベルリンで開かれたオリンピックでナチスの命令により男性選手が名前を変えて走り幅跳びに参加していました。また東西冷戦下の1960年代には、旧ソ連圏の選手で、陸

上でメダルを量産したタマラとイリーナ姉妹にたいしては、西側諸国、特にアメリカから生物学的には男性であるのに、女子種目に出場しているとの疑惑が持たれるようになりました。こうして女子種目に出場する選手に対して性別を判定する検査が始まりました。(『読売新聞』2003年11月26日)

このような背景のもと、1966年の陸上競技欧州選手権大会(ブダペスト)で最初の性別確認検査が実施されましたが、それは視認によるものでした。医師の前で女性競技者が全裸で行進し、外性器の形状によって性別を判断する方法がとられたのです。しかし、この方法に対しては女性競技者から屈辱的との声があがり、別の方法が模索されるようになります。

つぎに性染色体を検査する方法が用いられるようになりました。女性の性染色体が XX 型であるのに対して、男性が XY 型であることを利用して男性と女性を区別しようとしたのです。しかし、この性染色体検査にも問題点が指摘されるようになりました。性分化疾患(インターセックス)について様々なことがわかるようになるにつれて、様々な限界が指摘されるようになったのです(⑧-G　フェイス・ブック(Facebook)の性別欄とアップル最高経営責任者のカミングアウトを参照)。ちなみに、性分化疾患とは典型的な男性とも典型的な女性とも異なる、身体的特徴を持つ人のことを指します。たとえば、性分化疾患をもつ人のなかには性染色体が男性型の XY 型でも、男性ホルモンとも言われるアンドロゲンに反応する受容体が無反応もしくは部分的にしか反応しないために、身体が男性化しない人のいることがわかってきました。こうして、オリンピックの場においては、2000年のシドニー五輪から性染色体検査が廃止されました。ちなみにオリンピックで最後に性染色体検査が行われた1996年のアトランタ・オリンピックの時には、検査対象の女性競技者3387名のなかで 8 名が Y 染色体をもつと診断されていました。

性別確認検査の他に、性別を移行した人の競技参加が国際スポーツ大会で問題になっていきます。それは性同一性障害をもち、性別を移行した競技者の大会参加を認めるのか、認めるのであればどのような条件を課すのかという問題でした。

IOC が性別移行した選手の競技参加を認める決断をしたのは、2004年のア

テネ・オリンピックのことです。具体的には、思春期以降に手術を受けた場合は、術後２年以上が経過していること、適切なホルモン治療を受けていること、そして法的に性別が変更されていること、という一定条件下でのオリンピックへの出場を承認したのです。承認にあたっては、性別移行によって有利になる競技があるのではないかという点が議論されました。最終的には医学的検証をふまえて先の条件を満たした選手の出場が認められましたが、筋力が必要とされる競技では元の性別が男性の方が、フィギュアスケートなどでは元の性別が女性の方が有利になるという議論があったのです。

　性別確認検査が廃止され、また性別移行者の競技参加が承認されたなかで起こったのが、冒頭に取り上げた、2009年世界陸上競技選手権大会の800mで優勝したキャスター・セメンヤの性別疑惑騒動でした。優勝したセメンヤは、急激な記録の向上や風貌から女性かどうか検査されることになり、その後１年間競技への出場が認められなかったのです。

　セメンヤが受けた検査とは、セメンヤが「本当に女性かどうか」を判断するためのものでした。報道によれば、セメンヤは、テストステロンの数値が「標準的な」女性よりも高い性分化疾患であったために、医療チームからホルモンレベルを下げるために手術をするか服薬をするかの選択を迫られたようです。テストステロンそしてホルモンのレベルがスポーツ運営組織の承認するレベルまで下がったと判断されたため、セメンヤは競技に復帰することができるようになったと考えられています。

　セメンヤの事例は、国際オリンピック委員会と国際陸連に性別確認検査の再検討を迫ることになりました。そして2011年４月には国際オリンピック委員会が、５月には国際陸連が新規定を発表しました。両者から発表された規定は、パフォーマンスの男女差は主にテストステロン値によるものとして、高アンドロゲン症の女性選手の出場資格を規定し、今後も男女別に競技を分けて行うというものでした。この規定によれば、治療を受け入れない女性選手は女子競技に参加できないことになります。この規定は2012年のロンドン・オリンピックから適用されています。

　しかしホルモン量の多寡が競技のパフォーマンスの影響を与えるかどうかに

ついては、新たな研究が発表されています。ニューヨーク・タイムズに掲載された記事には、テストステロンの量はスポーツのパフォーマンスに関係がないという研究結果が紹介されています（2014年4月10日）。テストステロンの量を基準に性別を分離するという最新の試みは、再び頓挫するかもしれません。

❖ 課題と展望

　性別確認検査の歴史から明らかになったのは、ハイレベルな競技スポーツの世界は平等原則の名のもとで性別二元制を維持してきたということです。にもかかわらず、その試みはつねに失敗に終わってきました。様々な矛盾があるにもかかわらず、スポーツ界が性別二元制を維持しようとするのはなぜでしょうか。

　男女が一対一で戦う格闘技の試合の映像をみたことがあります。2007年にサンパウロで行われた、混合格闘技で活躍している女性格闘家のエディアン・ゴメスと男性のキックボクサーの試合です。グラブもつけず拳で戦う、時間無制限の試合でした。試合は、以下のような展開で進みました。当初、キックボクサーには余裕が漂っていました。ゴメスがパンチを入れると、彼はゴメスの太ももを蹴り、ゴメスはよろめきます。女性のパンチで打撃を与えるのは難しいと悟ったゴメスは、頭突きを用い彼の動揺を誘います。柔道の経験があったゴメスは腕をまっすぐ伸ばす関節技で、最終的に彼からギブアップを奪いました。試合の後、この男性はサンパウロから人知れず去ったそうです。またゴメスだけでなく、試合のプロモーターも、キックボクサーの名前を思い起こすことができないと語っています。そこにはその男性の名誉を守るためという配慮があるのかもしれません。

　この試合とその結末は、なぜ男性と女性を分けて競技するのかのヒントが隠されているように思います。その理由は、男性優位の神話を守るためではないでしょうか。国際スポーツ大会等における男女の分離は男性の優位を前提にしていました。しかし、男女がいっしょに競技をすれば、この格闘技の試合のように男性が敗れる可能性が生じます。男女がいっしょに競技をした時に男性が女性に敗れ、男性優位の神話が崩壊することへの恐怖こそがスポーツにおける

性別分離を維持させているのかもしれません。

✦ 参考文献

　橋本秀雄『性分化障害の子どもたち——医療空白地帯の現状』青弓社、2008年

　來田享子他編著『身体・性・生——個人の尊重とジェンダー』尚学社、2012年

Peace

2 -P　国際スポーツ大会とナショナリズム

❖ 国際スポーツ大会の光と影

　オリンピック大会や国際サッカー連盟（FIFA）ワールドカップ大会が開催されるたびに、人々は自らが応援するチームや選手たちに熱狂し、大いに盛り上がります。メディアでもスポーツ競技を朝晩のように中継し、またニュースや特集番組でもスター選手や人気競技について大きく取り上げてくれます。スポンサー広告も功を奏してか関連商品は爆発的に売れていきます。世界レベルの選手の技量に私たちは感嘆し、また子どもたちは、スター選手たちのようになりたいと将来についての夢をみます。世界規模の国際スポーツ大会になればなるほど内戦や政治情勢が不安な国や地域の参加にも関心が寄せられます。少なくともこの大会が終わるまでは世界中が平和であってほしいと願っているかのようにです。

　けれども、オリンピックやFIFAワールドカップなどの国際スポーツ大会を「平和の祭典」として決めつけ、手放しに楽しむだけで良いのでしょうか。国際スポーツ大会によってナショナリズムが高まり、隣国との関係がギクシャクしたりはしないのでしょうか。その点について、ここでは昨今の国際スポーツ大会を、「国家」「ナショナリズム」「国籍」「スポーツ精神」などのキーワードからもう一度クリティカル（批判的）に再考します。

❖ 国際スポーツ大会にみる国家の条件とは？

　最初に、国際スポーツ大会に参加する出場国について考えてみましょう。たとえば、オリンピックの開幕式を思い浮かべてみてください。華麗なる開幕イベントや聖火ランナーによる聖火への点火に加え、各国選手団のにぎやかな入場行進は、私たちが暮らすこの地球がさまざまな国家や人種、そして民族によって構成されていることを改めて気づかせてくれる瞬間です。

　アメリカやロシア、中国など数百人単位で選手団を派遣する国もあれば、選手団が団長と旗手、選手で行進する国もありますね。聞きなれない名前の国もあれば、東ティモール（Timor-Leste）のような新生国家もあります。またバチカン市国はオリンピックに選手を派遣しているのでしょうか。セルビアから分離独立を試みるコソボは国家として認められオリンピックに参加できるのでしょうか。国際通を自負する人にとっても答えるのが難しいかもしれません。

　ここで、一緒に考えてみましょう。国家という概念を充たすための基本要件とは何でしょうか。高校や大学の授業で学び、すでに知っている人もいると思います。そう、答えは①国民（people）、②領域（territory）、そして③主権（sovereign）です。しかし、3つめの主権は少し厄介な概念なので補足します。中国を例に考えてみましょう。中華人民共和国と言われる中国政府は「1つの中国」を国際的にうたっており、中国の影響力が拡大した今日、世界中のほとんどの国が面と向かって「1つの中国」政策に異論・反論を展開することは困難な状況です。けれども、オリンピックの開幕式を注意深く観ていると香港（Hong Kong, China）や台湾（Chinese Taipei）の選手団が中国選手団とは別に行進しています。2008年の北京オリンピックでは、中国の習近平国家主席が台湾選手団の入場時に笑顔で選手団に手を振っている場面も全世界に生中継されました。

　他方、オリンピックには統一国家として参加する英国（Great Britain）も、FIFA ワールドカップでは宗主国ということを理由にイングランド、スコットランド、ウェールズ、北アイルランドが個別メンバーとして参加資格を得ています。このように国際スポーツ大会ごとに参加資格の基準が異なっています。

これをみる限り国際スポーツ大会における「国家」の範囲は流動的なのです。

❖ スポーツ・ナショナリズムに問題はないのか？

　次に、ナショナリズムについても考えてみましょう。なぜ、多くの日本人は「サムライ・ジャパン」や「なでしこジャパン」に熱狂するのでしょうか。なぜ、英国とドイツのフーリガンは殴り合いのケンカまでするのでしょうか。なぜ、日韓戦になると双方が異様な空気に包まれるのでしょうか。国家とはそもそも何であり、愛国心やナショナリズムの発露はスポーツ競技においてどこまで許されるべきなのでしょうか。

　オリンピックやワールドカップなどに政治問題を持ち込むことは固く禁じられています。2012年ロンドンオリンピックでは、男子サッカーの3位決定戦で日韓対決がヒートアップしました。そのころから日韓両国の政治的な緊張関係が再燃し始めていましたが、韓国チームの勝利が決まった後、韓国選手の一人が観客席から渡された「独島（日本名・竹島）は我が領土」というプラカードを掲げグラウンドを走りました。偶発的な出来事でしたがIOCとFIFAは、禁じている政治的表現に該当する行為であると指摘しました。IOCではその選手から銅メダルをはく奪するかという議論にまで発展し、韓国側は公式に謝罪もしました。

❖ 外国人の選手が日本代表に選ばれたら？

　さらに、代表選手になれる資格や条件について考えてみます。日本の男子サッカーA代表の場合、「トルシエ・ジャパン」「ジーコ・ジャパン」「ザック・ジャパン」、そして短命に終わった「アギーレ・ジャパン」を経て2015年は「ハリル・ジャパン」の時代です。外国人が監督になると本当に強くなるのでしょうか。意見は色々とありそうですが、ここでは外国人監督の起用についてではなく、選手の話をします。なぜ、外国人監督は代表チームの司令塔になれるのに、外国人選手は「サムライ・ジャパン」の一員になってはいけないのでしょう。

　また、帰化選手の場合はどうでしょうか。ラモス瑠偉選手、田中マルクス闘

莉王選手、李忠成選手以外にも、外国を出自とする選手が日本国籍を取得し、代表チーム入りした例は数多くあります。それでチームが強くなるのであればかまわないと思う人もいれば、いや、それはあまり望ましくないと思う人もいるでしょう。しかし、海外の強豪チームの多くでは旧植民地出身者や移民選手が活躍をしていますね。

　いくつかのスポーツ競技を例に考えてみましょう。重国籍は国によって認め方が異なりますが、たとえばアメリカと日本の重国籍を保持していたアイス・ダンシングのリード兄弟の日本代表入りはどのように考えられるでしょうか。またはアメリカと日本の二重の国籍を持つフィギュア・スケートの長洲未来選手の、アメリカ代表入りはどのように考えるべきなのでしょうか。

　グローバル化が進む今日、帰化選手や重国籍選手の存在は何1つ不思議なことではありません。しかし、ラグビーの日本代表選考のルールは他の競技とは変わっています。結論から述べますと、ラグビーの日本代表チームには、以下の条件のいずれかをクリアすれば外国人選手が参加できます。①出生地が日本である、②両親、祖父母のうち1人が日本出身である、③日本で3年以上、継続して居住している、④他国の代表チームに属していない、がその条件です。すなわち、日本の高校や大学、実業団で3年以上プレーし実力さえあれば、外国人でも代表入りできることを意味します。ニュージーランドやオーストラリアなどから強い選手をスカウトできるため、強いチームをつくれるというメリットがある反面、それでは日本の選手が育たないのではないかというディメリットを挙げる人もいます。

❖ オリンピック精神を考える

　近代オリンピックが始まってから1世紀以上の歳月が経過しました。その間、アマチュア・スポーツとしてのオリンピック大会はメディアと企業が結託し、多分に商業主義的なイベントへと変質してしまったと嘆く人もいるでしょう。テレビ中継に不向きなスポーツ競技がオリンピック大会から外されたり、競技ルールがテレビ中継のために変えられてしまったりもします。オリンピックの父であるクーベルタン男爵が知ったならば何と言うでしょう。オリンピッ

クの商業主義問題については、すでにいくつかの市販本でも指摘されていますので、ここでは、金メダルの価値について考えてみます。

　オリンピックが行われるたびに、メディアは日本がオリンピックで総合10位に入賞したとか、韓国や中国よりも順位が低かったなどと騒ぎますよね。しかし、この総合順位のランキングのつけ方には不可思議なところがたくさんあります。一般的にテレビや新聞など日本語の媒体では、金メダル1個が銀メダルや銅メダルよりも勝る数え方をします。他方、英字新聞を含む海外のメディアでは、金・銀・銅メダルの総数の足し算で総合ランキングを決めています。つまり、金メダル1個も銀または銅メダル1個も同等の価値があるという数え方なのです。どちらが正しいのでしょう。結論を述べれば、そもそもIOCは公式順位などを発表していません。一部のメディアが勝手に順位をつけているだけなのです。ですから、どちらが正しいとも正しくないとも言えないでしょう。

　でも、目標がなく順位がなかったとしたら選手やサポーターが盛り上がらないと誰かが心配したのでしょうか。いつの間にか日本では、金メダル至上主義がスポーツ競技にはびこるようになりました。無競争主義が望ましいと言っているわけではなく金メダル至上主義がもたらす弊害について今一度考えるべきではと真剣に思うのです。

　確かに金メダルと銀メダル、銀メダルと銅メダルには差異があるという意見にある程度納得がいきます。そうであるならばワールドカップのようにポイント制を導入したらどうでしょうか。金メダルに5点、銀メダルに3点、そして銅メダルに1点。そうすれば、銅メダルをとった選手ももっと誇りを持てるし喜べます。金メダル候補が思わぬ伏兵に負けてしまい、ふてくされた表情で表彰台にあがる姿を見なくても済むかもしれません（笑）。

❖ 課題と展望

　2020年、再び日本では夏季オリンピックが開催されます。東日本大震災の復興問題をはじめ、長年の不況などの課題を抱える日本ですが、オリンピック開催がこれらの問題解決につながるかいささか疑問です。

オリンピックは経済成長をもたらすという言葉に踊らされるのも、また無批判的にオリンピックは平和の祭典であると思いこむことも危険かもしれません。出張でシンガポールを訪ねた際、スポーツ法に詳しい弁護士さんとお話しする機会を得ましたが、その弁護士さんから面白い話を聞きました。意外にもシンガポールでは人々はオリンピック大会で盛り上がらないらしいのです。その理由の1つは、確かにシンガポールがスポーツ小国であることもありますが、実は、オリンピックによって多民族国家シンガポールの社会統合が崩れる可能性があるからだという衝撃的な話を聞いたのです。

　シンガポールは、1965年の建国以来、2008年の北京オリンピックになってようやく独立後初めての銀メダルを獲得しました。それが最高成績ですが、しかし、それに対し国内から非難の声が少なからずあがったそうです。この銀メダリストが中国からの帰化選手だったからです。インド系、マレー系、中華系による複合国家であるシンガポールにとって、中国からの帰化選手が銀メダルをとることは、インド系やマレー系の人びとにとっては手放しに喜べなのでしょう。

　この教訓を東アジア地域に適用してみましょう。東アジアを1つの生活圏であると捉えた場合、仮に日本の選手が中国や韓国、北朝鮮の選手に勝ち取ったり周辺諸国よりも良い成績を収めたりしても、それは本当に手放しに喜ぶべきことなのでしょうか。東アジアの関係改善を考える際、国際スポーツ大会の新しい役割が模索される時期に入ったのではと期待しています。

✝参考文献

小川勝『オリンピックと商業主義』集英社新書、2012年

小倉純二『サッカーの国際政治学』講談社現代新書、2004年

3 　貧　　困

　大量の食料が廃棄される飽食の国で、じつは餓死で亡くなっている人々がいます。その事実に多少なりとも驚きを感じるのではないでしょうか。

　ほとんどの犠牲者は人知れず亡くなっていますが、ときには世間の注目を浴びる事件も起こります。厳密な死因は脳内血腫と凍死であったと言われていますが、2012年1月に札幌市白石区にあるマンションの一室で姉妹の遺体が発見された際、すぐさま餓死が疑われました。と言いますのも、たとえ真の死因が餓死ではなかったにせよ、姉妹が十分な食料を手に入れられないほど生活が困窮していたことは確かでした。

　妹のほうは知的障害を持っていて働けず、妹の障害年金と姉の賃金労働によって2人は生計を立てていたようです。それでも生活は苦しく、じつは亡くなる前に3度にわたり、姉が白石区に生活保護の相談を行っていたのです。しかし3度とも、保護の受給を認められるには至りませんでした。

　この姉妹が置かれていた状況を聞くと、いかにも貧困に陥りやすい世帯であったことが分かるでしょう。それにもかかわらず、なぜ姉妹は生活保護を受けられなかったのでしょうか。また、日本には、このような典型的な経済的弱者を支える特別な体制が整備されていないのでしょうか。それがあれば、姉妹の悲劇は未然に防げたはずです。

　日本の社会には、障害者世帯のほかにも特別に貧困に陥りやすい世帯があります。その代表例が、ひとり親世帯、とりわけ母子世帯です。そこで 3-G では、この母子世帯に焦点を当てます。まず、その貧困の実態を確認したうえで、そのような世帯に対する支援のあり方について考えます。

つづく**3**-P では、世帯の類型を問わず、より広く貧困に対する日本政府の姿勢を問います。近年の政府は「自助努力」による貧困の克服を力説しています。しかし、この「自助努力」とは、具体的に何を意味しているのでしょうか。また、その「自助努力」によって、本当に貧困からの脱出は可能でしょうか。このような問いを立てつつ、政府の考え方にひそむ問題を考えます。

Gender

3-G　子どもの貧困対策とひとり親世帯

❖ 子どもの問題を考える

　21世紀になってから、子どもと少子化に関連する法律は、数多く制定、施行されています。2000年には、児童虐待防止法、2003年には、少子化社会対策基本法、2005年には、次世代育成支援対策推進法、そして2013年に「子どもの貧困対策の推進に関する法律」が施行されました。このなかで、もっとも改正された回数が多いのは、児童虐待防止法です。もちろん、今から（2015年から）15年も前にできたこともありますが、それでも合わせて２回、改正施行法が出されています。法律が施行されたことで、子どもを殴ったり、暴言を浴びせたり、外に１日中、放り出したりすることなどが、虐待だと認識されるようになりました。そのせいか、虐待として通報される数は、右肩あがりとなっています。2012年の数値では、６万6701件も報告がありました。これほどまでに法律が改正された要因の１つには、虐待家族の世代間連鎖を防ぐ、被虐待児のケアという考えがあります。また、毎年、虐待によって、100人前後の子どもがなくなっています。

　虐待について、もう１点考えたいのは、虐待を受けて死亡した子どもの半数近くは、貧困であるということです。2013年に「子どもの貧困対策の推進に関する法律」が施行され、その翌年の2014年に「子供の貧困対策に関する大綱」を策定し、子どもの貧困解消に向けた取り組みが始められました。子どもの貧

困を招く理由の１つにひとり親、特に母子世帯であることは、その可能性を高める要因になります。というのは、社会的にみても、家族賃金（夫ひとりの稼ぎで妻子を養うことができる賃金）という考えがあるせいか、母子が満足して生活できる賃金を稼ぐには、何か専門の資格を持っているか、正規雇用でもキャリアを継続していなければ難しいからです。母子世帯になる原因のほとんどは、離婚によるものです。夫婦の関係は、それぞれの人生の最後まで続く保障がありません。紙切れ１枚で夫婦関係は終わるのです。つまり結婚した女性ならば、だれでもひとり親になる可能性が考えられるわけです。 3 -G では、子どもの貧困とひとり親、特に母親について考えていきます。

❖ 子どもの貧困対策の推進に関する法律

　2013年に「子どもの貧困対策の推進に関する法律」が施行されました。この法律の目的は、子どもの将来が生まれ育った環境によって左右されることがないようにすることです。基本的施策として、教育の支援、生活の支援、保護者に対する就労の支援、経済的支援を掲げています。確かに子ども側からすれば、子どもは生まれる親を選ぶことができません。どういった親の元に生まれたかによって、その子どもの生涯が決定されるのは、歓迎すべきことではありません。OECD（経済協力開発機構：あらゆる国の人の経済や社会福祉の向上に向けた政策を推進するための活動を行う国際機関）の調査によれば、先進国のなかでも日本は子どもの相対的貧困率が高い（16.3％）という特徴があります。

　では、子どもの相対的貧困率とは、何なのでしょうか。それは等価可処分所得（世帯の可処分所得を世帯人員の平方根で割って調整した所得）の中央値の半分に満たない世帯員の割合を算出したものを指します（平成25年国民生活基礎調査）。今回の調査では、中央値は244万円、貧困線は122万円でした。具体的に述べますと、１人世帯であれば年間122万円（月10.16万円）、２人世帯であれば172万円（月14.33万円）、３人世帯であれば211万円（月17.58万円）になります。さらに言えば、相対的貧困率が16％ということは、１月10万円以下で暮らす人が国内に2000万人いるということです。それこそ、子どもが１人と大人１人で構成する単身世帯ならば、１月14万円程度で、家賃、光熱費、食費、電気関係のものな

どを支払う必要があります。生きていくために必要な支払いを終えると、手元にはあまりお金が残りません。そうなると、やはり意欲的に働かざるをえないのです。

　子どもの貧困に関する法律ではありますが、先に述べた「子供の貧困対策に関する大綱」のなかでは、保護者の就労支援を重点的に掲げています。特徴としては、働くだけでなく、家庭のなかで家族が子どもと接する時間を確保すること、親が働く姿を子どもにみせることも重要、このことは貧困の連鎖を防止する上で教育的効果があるとしています。一般的に考えても、親の生活自体が貧困であれば、必然的に子どもの生活も貧困になります。

　国は、貧困がもたらす負の影響を、世代間連鎖だとしており、貧困家庭である子どもへの直接的な支援を行うとして、この法律を施行しました。ですが、子どもはある一定の年齢まで、親の庇護の元、生活しなければなりません。そのため、親の貧困自体が解消しないと、いつまでも子どもは貧困状態になるのです。そういったこともあってこの法律とそれに付随する大綱では、親の就労支援に対して提言しています。

❖ ひとり親世帯の状況

　これまでの社会では、貧困層が女性に偏る社会的状況のことを「貧困の女性化」と記載していました。それこそ、数年前から、未婚女性の貧困化がマスメディアで取り上げられています。実際に日本の労働環境は、決して女性にとって有利なものではありません。そういった状況がダイレクトに反映されるのは、母1人で子どもを養育しなければならない母子世帯ではないでしょうか。

　養育といっても法律上18歳未満（17歳以下）の子どもを持つ場合、扶養の義務があります。同時に18歳頃まで、親権問題があり、夫婦が離婚し、子どもがいる場合、どちらかが親権を持たねばなりません。親権とは、未成年者（19歳以下）の子どもを監護・養育し，その財産を管理し、その子どもの代理人として法律行為をする権利や義務のことをさします。日本社会において、親権の大部分は、母親が持つことが多いです。また、離婚しても夫が子どもの養育費を払い続ける割合はかなり低いため（2割程度）、結局、子どもは母親と生活して

いくことになります。

　では、ひとり親世帯の現状は、どのようなものなのでしょうか。母子世帯に関する調査は多くありますが、代表的なのは厚生労働省が実施する『全国母子世帯等に関する調査』になります。5年ごとに実施される「国政調査」に基づき対象者を選定するため、5年に1度行われています。まず、母子世帯、父子世帯の現状から確認しましょう。ひとり親になった理由は、ほとんどが「離婚」であり、母子世帯では80.7%、父子世帯では74.7%と8割弱がそうでした。

　就業状況は母子世帯の母の80.6%が就業しており、そのうち「パート・アルバイト等」が47.4%、「正規の職員・従業員」が39.4%でした。対して父子世帯の父の91.3%が就業しており、「正規の職員・従業員」が67.2%、「自営業」が15.6%、「パート・アルバイト等」8.0%でした。それに伴い年収をみると母子世帯の母自身の（2010年）平均年間収入（年間収入は、各種手当も含む数値）は223万円、母自身の平均年間就労収入は181万円でした。対して父子世帯の父自身の（2010年）平均年間収入は380万円、父自身の平均年間就労収入は360万円でした。また、離婚した場合の養育費の現状は、母が離婚した父からもらう養育費は、「現在も受けている」が19.7%、対して父が離婚した母からもらう養育費は、「現在も受けている」が4.1%でした。養育費を現在も受けているまたは受けたことがある世帯のうち、額が決まっている世帯の平均月額は、母子世帯で4万3482円、父子世帯で3万2238円でした。

　このように同じひとり親世帯でも母子と父子とでは、特に就労面での違いが大きく、母子世帯の母は、生計を立てなければならないにもかかわらず、非正規の方が多く、かつ収入もかなり低いことが理解できます。また、父子世帯においても、年間400万円弱の世帯収入であれば、それほど余裕を持った生活を送れるとは考えにくいです。現代社会では、就業分野においても男性の方が、新規で採用されやすく、かつ、企業のなかでは、基幹労働者としての扱いになります。そのため、夫との離婚を視野に入れる女性のなかでも、自身が生活し、生きていく必要性から、収入の多い男性との離婚は考えづらくなるのです。そのため結果として離婚される男性は、平均世帯収入よりも低い人が多くなっています。

母子世帯に限定して言えば、この年収では、たとえ子どもが１人であっても母子が生活していくのはかなり厳しい状態です。そういった現実があるからでしょうか、状況が許せば、離婚を理由に母子世帯になった場合、実家に戻り、そこで自身の両親と生活をすることで、家賃、光熱費を親側に負担してもらい、食事代などの一定額を両親に支払って生活する女性は多いです。こういった状況で生活するひとり親が、多くいるのも事実です。そうなると、住民票には、世帯主として実の父か母が記載され、母子世帯の母自身が世帯主である可能性は、相当低くなります。そうなると、統計上、母子であるということが表れない状態になるのです。ですから実際には、母子世帯は、もっと多いでしょう。

　ところで、先にみたように、母子世帯の母は、非正規の方が多く、そうなるといくら働いているとは言え、社会保険、福利厚生などの恩恵を受けているとは考えにくいです。なによりも、正規と非正規の賃金格差は、およそ３倍です。このことを考えれば、やはり正規で働いた方が収入増、生活費の十分な確保につながります。ですが、現状では、母子世帯の母は、非正規の方が多いです。その理由は、母たちは、事務仕事を希望しますが、そもそもその枠自体、正規での求人というよりも非正規（パート、派遣）の求人が中心だからです。では、「子どもの貧困対策の推進に関する法律」のなかでは、新たな支援があるのでしょうか。つぎの節で検討してみましょう。

❖ 「子どもの貧困対策に関する大綱」からみる親の就労支援

　「子どもの貧困対策の推進に関する法律」を具体化する形で「子供の貧困対策に関する大綱」が制定されました。そのなかで、

> 「子育てと就業の両立など、ひとり親家庭が抱える様々な課題に対応し、生活支援や就業支援を組み合わせた支援メニューをワンストップで提供することができるよう、就業支援専門員の配置など必要な支援を行う」

として、就業支援専門員の配置やこれまで母子（父子）世帯が経済的自立に向けた補助事業である高等職業（技能）訓練促進給付金等事業、自立支援教育訓

練給付金事業の利用を促しています。給付金事業の内容を簡単に述べますと、以下のようになります。

　・自立支援教育訓練給付金……雇用保険制度の教育訓練給付指定講座。雇用保険の教育訓練給付指定講座の受給資格のない人が（非正社員）、指定講座を受講した場合に支払われる。支給額は対象講座の受講料の20％（4001円から10万円まで）。

　・高等職業（技能）訓練促進費……２年以上養成校で修業した場合に高等技能訓練促進費と入学支援修了一時金を支給。対象資格は看護師・准看護師・介護福祉士・保育士、理学療法士・作業療法士など。支給額は高等技能訓練促進費として月額７万500円（市長村民税課税世帯）または月額10万円（市長村民税非課税世帯）を就業期間の全期間支給（上限３年）。入学支援修了一時金として５万円（市長村民税課税世帯）または２万5000円（市長村民税非課税世帯）を修了後に支給。

　この文言をみる限り、「大綱」が新たに制定されたとは言え、母子世帯のみに関して言えば、すでに10年以上前から実施している高等職業訓練促進給付金等事業や自立支援教育訓練給付金事業の紹介がされている程度にすぎません。つまり親の就業対策としては、従来からある支援制度の十分な利用を促す程度にとどまっています。ここに紹介されている制度を利用して、親の就業の機会を増やし、就業による賃金の確保によって、子どもの貧困状態の改善に繋げたいと考えているのでしょう。もちろん、国が推奨する母子（父子）世帯への支援をうけて、うまく正規の就労支援につながるのが最善の策だと考えます。ですが、現状を考えますと、正規の仕事につくための資格取得に関しては、資格を取るために学校に通ったり、勉強するという労力が必要になり、そういったことに意欲的に取り組むのは、ごく一部のものに限られます。なぜならば、資格取得のため学校に通う期間は、働くことが難しいからです。ある程度生活に余裕がないと無理なのが現状です。

　子どもの貧困対策として、親世帯の収入の確保は、子どもの貧困解消につながりやすい支援ではないでしょうか。子どもは特別な仕事、事情がない限りは

労働者として働くことが難しく、また、働いたとしても制限があります。そういったことを考慮すれば、たとえば、企業に対して、世帯年収122万円以下の人を正規で雇用し、それが一定年数継続したならば、補助金を出したり、税金の支払いを優遇したりなどの措置が必要ではないかと考えます。冒頭でも述べたように、国としては、貧困の世代間連鎖を断ち切ろうという趣旨で動いているのですが、子どもは働くことができないという視点をさらに重視し、子どもが生活する家庭の経済が難なくまわるには、どうするのかをさらに踏み込んで考える必要があります。国が支援する補助内容は、あくまでごく一部であり、そのことで家庭経済が豊かになるとは考えにくいのです。

❖ 課題と展望

　貧困の世代間連鎖にかかわる負の要因は、できる限り避けなければなりません。そのために法律が施行され、あらゆる視点から、子どもの貧困解消に向けた支援が提案されています。もちろん、子ども自身に対して直接支援されるものもあります。ですが、子どもは高校を卒業する頃まで、親の庇護のもとにいます。子どもの貧困対策がメインの法律ではありますが、本当にそこを解消したいと考えるならば、いかにして親世代が自立して、安心して、働くことができるかが大切だと考えます。そのためには貧困世帯と言われる、ひとり親や生活保護世帯で、18歳未満の子どもを持つ人を雇用、できれば正規で雇用し続けた場合、3年、5年、7年などの期間を決めて、企業に対して補助金の交付や税制上の優遇をすることなどを、行政が大々的に大きく宣伝する方策が重要だと考えます。特に、貧困家庭に陥りやすいのは、母子世帯です。世帯年収の平均は、181万円だとされていましたが、所得で考えれば貧困ラインの122万円に近いラインにいるのではないでしょうか。

　子どもの貧困対策として重要なのは、子ども個人もさることながら、親自身への就労支援であり、その部分を強化した、それも罰則つきの法的支援が必要だと考えます。未成年である子どもの貧困は、子ども自身に責任があるわけでは、決してありません。子どもの親自身が貧困から抜け出すことで、同時に子ども自身も貧困から抜け出すことが可能になるのです。

✤ 参考文献

赤石千衣子『ひとり親家庭』岩波書店、2014年

新井直之『チャイルド・プア──社会を蝕む子どもの貧困』ティー・オーエンタテインメント、2014年

Peace

3 -P 「自助努力」の限界

❖ ODA にみる「自助努力」の理念

　ひところの日本は「援助大国」を自称していました。確かに、政府開発援助（ODA）の供与額は、1990年代を通して経済協力開発機構（OECD）の開発援助委員会（DAC）諸国のなかで最大を誇っていました。その後、長引く不況のあおりを受け、日本のODAは伸び悩んでいますが、現在も援助の総額はアメリカに次いで2位を占めています。ただ、ODAの国民総所得（GNI）に対する割合や、国民1人当たりの負担額などを見ますと、日本はDAC諸国の下位に位置しています。日本のODA額が大きいのは、ひとえに人口の大きさに由来しているのです。

　また、政府貸付などの回収額を差し引いたODAの純額で比較しますと、日本はアメリカばかりか、イギリス、ドイツ、フランスにも後れをとり、5位に下がります。それは、日本のODAでは、贈与に比べて借款の割合が、ほかの国々よりも大きかったからです。最近の数値を見ても、日本のODAの贈与比率は54.7％で、DAC平均の85.8％を大きく下回っています（2010年／2011年平均）。

　借款比率が高い背景には、開発途上国の「自助努力」を重視する考え方があると言われています（渡辺利夫・三浦有史『ODA（政府開発援助）』中公新書、2004年）。政府開発援助大綱には、「開発途上国の自助努力支援」が基本方針の第1に明記されています。贈与ではなく、元本と利子の返済が必要な借款によってこそ、途上国の「自助努力」が引き出されると考えられているのです。

ODA の理念を問うのは、**3**-P の目的ではありません。ここでの主題は、日本国内の貧困です。しかし、冒頭で ODA にふれましたのは、国内の貧困についても「自助努力」による克服が声高に唱えられているからです。2000年以降、ODA が削減される一方、逆に国内では生活保護費が増えつづけています。その抑制を意図した生活保護法の改正に合わせて2013年末に成立した法律は、「生活困窮者自立支援法」と名づけられていました。

　3-P ではまず、現代の日本で「自助努力」が強調される背景を探ります。そのうえで、そのような風潮の合理性について考えてみましょう。

❖「自助」の真意

　2014年に厚生労働省が発表した2012年時点の貧困率は16.1％でした。この指標は、正しくは「相対的貧困率」と呼び、国民１人ひとりの可処分所得をもとに計算されています。可処分所得とは手取りの収入を指し、給料などの収入から税金や社会保険料を引き、さらには年金等の給付を加えて算出されます。可処分所得の小さい順に国民を並べたとき、ちょうど真ん中に位置する人の額の半分に満たない人々が相対的貧困者にあたります。その人々が全人口に占める割合が、相対的貧困率です。2012年時点の数値をあげますと、年間の可処分所得が122万円に満たない人々が相対的貧困と認められ、その割合は全国民の16.1％に達していたのです。

　名称のせいもあるかもしれませんが、日本には相対的貧困率を軽視する風潮があります。たとえば2007年には、当時の首相（安倍晋三）が、「生活必需品が調達できない絶対的貧困率は先進国の中でも最も低い水準にある」と国会で答弁しています（『東京新聞』2007年２月13日）。確かに日本では、世界銀行が貧困の基準として定める１日1.25ドル以下の生活（このような生活水準が一般的に「絶対的貧困」と呼ばれています）に当てはまる人は、きわめて少ないでしょう。しかし、物価水準が著しく異なるアフリカ諸国と日本の比較に、どれほどの意味があるのでしょうか。

　日本では、年間122万円の収入でも、生活は楽ではありません。この水準を下回るようでは、住まいを確保できない、あるいは十分に食事がとれないのも

不思議ではないでしょう。じつは日本でも餓死で亡くなる人がいるのです。厚生労働省の人口動態統計で調べますと、2012年には「食糧の不足」が原因で亡くなった人は31人でした。この数年は減ってきていますが、2003年には93人が亡くなっています。直接の死因が「心不全」等であっても、飢えが遠因にある場合があり、餓死に関連した死亡は、この統計よりもはるかに多いと考えられています。

日本国憲法25条の規定により、国民は「健康で文化的な最低限度の生活」を保障されているのであり、この生存権にもとづいて生活保護の制度があります。それにもかかわらず、なぜ餓死に至るほどの貧困が日本に存在するのでしょうか。生活保護の制度が正常に機能していれば、このような事態は起きないはずです。

生活保護の不正受給が発覚すると大きく報道されますが、それよりもはるかに深刻なのは、生活保護を利用する資格があるのに受けられていない「漏給」です。要件を満たしている人のうち、実際に制度を利用している人の割合は30％程度にすぎないと考えられています。

しかし、このように生活保護予算の不足が露呈しているにもかかわらず、政権を担う自由民主党は、さらなる削減を目指しています。自民党が2012年2月に発表した「わが党の政策ビジョンと平成24年度予算」では、生活保護については「『手当より仕事』を基本に」据え、総じて「自助・自立を基本とした安心できる社会保障制度の構築」がうたわれています。

自民党は、このような構想をかなり前から温めてきたとみえます。じつに30年以上も前に自民党が出版した『日本型福祉社会』（1979年）には、「経済が活力を失い、企業や家庭が痩せ細って存立が困難になっていく中で国が個人に手厚い保護を加えるという行き方は『福祉病』への道である」と書かれていました。

それでは、「福祉病」とは何を意味するのでしょうか。少し長くなりますが、そこには長く政権を担ってきた自民党の福祉に対する見解が遺憾なく披露されていますから、紙幅を惜しまず書き出します。

自民党は「福祉病」の実例としてイギリスとスウェーデンを挙げています

が、ここではスウェーデンについての論評に焦点を絞ります。まずスウェーデンは、「極度に個人主義的で、孤立・分散・冷淡な人間関係を原理としてできあがっている社会」と批判されています。もっとも世界で「自分の好きなように暮す」願望の強い国民は、「『フリー・セックス』つまり結婚にも家庭にも拘束されない性的関係だけで結ばれた愛人や『愛』人でもないセックス・フレンドはもっていても、結局生涯結婚せず、家庭ももたずに老年を迎える人間が多くなる」のだそうです。

　結果としてスウェーデンの人々は「家族という最低限のボートさえなく、丸裸で社会という大海を泳いでいる『個人』」にすぎないため、その個々人に政府が「立派な救命胴衣を与えてその生活の安全を保障しようと努め」なければ、溺れる者が続出するというわけです。これが自民党の描く福祉国家の姿です。

　このような記述から、自民党が手厚い社会保障の確立を嫌う理由が読み取れるでしょう。その抵抗感は、シングル・マザーに対する嫌悪と相通ずるものがあります。実際、この本には、手厚い福祉制度が「離婚誘発効果」をもたらさないように注意しなければならないと記されています。要するに自民党は、福祉の充実によって個々人の自立が促され、結果として家族の枠組みが崩れる事態を恐れているようです。したがって、自民党が「自助」や「自立」を訴えているのは、企業なり家族なりにすがってでも、政府の援助には頼るなということでしょうか。

❖ 「自助」と現代日本

　2012年春、とあるテレビ・タレントの母親が生活保護を受けている事実が発覚すると、自民党の国会議員からは「不正受給」という非難がわき起こりました。前述の『日本型福祉社会』を思い起こせば、いかにも自民党らしい反応と言えるでしょう。ただ、この事案は本当に「不正受給」に当たるのでしょうか。

　まず法的には、必ずしも「不正受給」とは言えないようです。かつては、十分な経済力を持つ扶養義務者がいる者は一律に生活保護の対象から除外されて

いました。しかし現行の生活保護法では、そのような規定は削除されています。何らかの事情があって経済力のある親族から扶養を受けられず、おまけに公的な支援からも排除されると、困窮者の生存権が保障されないという事態が起こるからです。扶養可能な親族がいても生活保護の受給が可能である以上、タレントの母親が法に違反していたとは言えません。

　さらに本件の場合、タレント本人のほうも、福祉事務所と協議のうえで母親に仕送りをしていたようです。母親が受給していたのは、それでは足りない部分の費用でした。問題のタレントは、道義的な批判を受けるに値するにしても、法的に不正を働いたとまでは言えないのです。

　ここからは法的な評価を離れ、より広い視点に立って、困窮した親の扶養を子に委ねる是非について考えてみましょう。そもそも、無一文から富を築き上げた芸能人に母の扶養を押しつけるのは、はたして公正な仕打ちでしょうか。もし彼が裕福な家庭に生まれていたとしたら、そのような義務にわずらわされずに済んだでしょう。貧しい家庭に生まれたばかりに余分に多くの負担を背負わなければならないのは、あまりにも不公平ではありませんか。

　しかも現代では、このタレントのように貧困から這い上がる成功例は、ごく少数にすぎないと考えられます。むしろ目立つのは、貧困が世代間で継承されているという問題です。つまり、貧しい家庭に生まれた者が、成人したあとも貧困から抜け出せずにいる場合が多いのです。

　1990年代に入ってから、高卒者に対する求人が著しく減少している一方、大学進学に要する費用が高騰していることが、その一因と考えられます。2000年代中盤に東京大学大学院教育学研究科大学経営・政策研究センターが実施した調査（「高校生の進路と親の年収の関連について」2009年）によりますと、親の年収と子の大学進学率は見事な比例関係を見せています。これでは、以前にも増して、貧しい家庭の出身者が職に就くのが難しくなっていると考えられます。このような状況で家族内の助け合いを強いれば、親子の「共倒れ」に帰してしまうのではないでしょうか。

　さらに今日では、そもそも家族をつくらない人々が増えています。自民党の伝統的な理想が成立しうる現実的な基盤が失われつつあるのです。自民党の

『日本型福祉社会』が書かれたころであれば、国民の大多数が結婚して家庭を築いていました。国立社会保障・人口問題研究所の発表によりますと、1980年の時点で日本人の生涯未婚率は、男性が2.60％で女性が4.45％でした。しかし近年、この数字がはね上がっています。2010年の調査では、男性が20.14％、女性が10.61％に達しました。

　結婚が破綻に至るケースも急速に増えています。1970年のころは人口1000人あたりで婚姻が10件に対して離婚は１件程度しかありませんでしたが、今や婚姻が３件弱に減る一方、離婚は２件前後に増えています。長らく大多数を占めていた家族の形態が、もはや主流ではなくなりつつあるのです。頼れる親や子、あるいは妻や夫のいない人々は、いったい誰に頼ればよいのでしょうか。

　今日の日本では、政府はおろか、家族にも頼れない人々が増えているようです。そのような人々は、真に「自立」を果たしていると言えるのでしょうか。そのような苦悩する人々の姿は、『日本型福祉社会』に描かれた自民党の理想とも合致しないのではないでしょうか。

❖ 課題と展望

　かつて自民党が「福祉病」と評したスウェーデンは、家族の援助に頼れず、いわば社会を漂流している個々人を支えるため、よく知られているような社会保障の制度を整備しました。しかもスウェーデンは、自国民に対してばかりか、海外にも手厚い援助を差し伸べています。スウェーデンのODA額は、国民総所得（GNI）比で0.99％に達しています（2012年）。日本はわずかに0.17％にすぎませんから、この数字は日本の７倍にも相当します。また、スウェーデンと同じく福祉国家として名高い隣国のノルウェーは、ODAの１人あたり負担額が952ドルにのぼります（2012年）。こちらは日本の10倍を超えています。日本人の負担額は年間83ドルです（『2013年版　政府開発援助（ODA）白書』）。

　日本とは違い、北欧諸国では、政府による援助に積極的な意義が見出されているようです。職にあぶれる者がなく、ほぼ全国民が収入のある者と世帯を組んでいた時代であれば、「自助」や「自立」の掛け声は説得力を持ちえたのかもしれません。しかし、会社に「終身雇用」を保証されず、しかも家族内の助

け合いに頼れない人々が漂流し始めたいま、北欧の福祉国家に学ぶ意義は小さくないのではないでしょうか。

✚ **参考文献**

稲葉剛『生活保護から考える』岩波新書、2013年

落合恵美子『21世紀家族へ──家族の戦後体制の見かた・超えかた〔第3版〕』有斐閣選書、2004年

宮本太郎『福祉政治──日本の生活保障とデモクラシー』有斐閣 insight、2008年

4 労　働

　オランダの歴史学者であるホイジンガが「ホモ・ルーデンス」という言葉をつくりました。「遊ぶ人間」という意味です。すなわち遊び（遊戯）が人間活動の本質であり、文化を生み出す根源だとする人間観なのです。生活の維持を求める生物学的な活動を超え、生活に意味合いをもたらすと主張したのです。ホイジンガの「ホモ・ルーデンス」に学び、「働く人間」という意の「ホモ・ラボラーレ」という言葉を提唱してみたいと思います。そして以下では「働く人間」と「遊ぶ人間」の相違点と共通点を模索してみたいと思います。

　労働を辞書で調べてみると以下のような定義がなされています（『三省堂大辞林』を参照）。

　　ろう どう らう―【労働】（名）スル
　　①からだを使って働くこと。特に賃金や報酬を得るために働くこと。
　　　また，一般に働くこと。「八時間―する」「肉体―」
　　②〔経〕人間が道具や機械などの手段を利用して労働の対象となる天
　　　然資源や原材料に働きかけ，生活に必要な財貨を生みだす活動。

　この定義をみる限り、遊びが人間固有の活動であるのと同様、働くことも人間固有の行為であると読み取れます。哲学者の内田樹は自身のブログサイトで以下のように綴っています（「人間はどうして労働するのか」http://blog.tatsuru.com/2009/12/16_1005.php　2015年7月27日アクセス）。

　　人間だけが労働する。動物は当面の生存に必要な以上のものをその

環境から取り出して作り置きをしたり、それを交換したりしない。ラ
イオンはお腹がいっぱいになったら昼寝をする。横をトムソンガゼル
の群れが通りかかっても、「この機会に二三頭、取り置きしておこう
か」などとは考えない。「労働」とは生物学的に必要である以上のも
のを環境から取り出す活動のことであり、そういう余計なことをする
のは人間だけである（中略）。

　すると本書を活用する学生のみなさんにとって労働とはどのようなもの
なのでしょうか。学費や生活費、余暇活動のために多くの学生がアルバイ
トなどの労働に関わっています。大学で学ぶことは将来より良い労働環境
に就くためであると学生たちは認識しています。

　その一方で、いずれ社会人になって働き始めると今までのように遊ぶこ
とはできないし、仕事三昧の「地獄のような生活が待っている」と捉えて
いる人も少なくないでしょう。確かに、正規雇用者になれば、一日のもっ
とも多くの時間を使う空間が職場になり、時と場合によっては家族以上の
付き合いが必要となるのが職場であるかもしれません。

　したがって、本章では労働のことについて、複眼的に理解することを目
的とします。

　4-G では正規雇用と非正規雇用の違いをとりまく社会的な課題につい
ての理解を求めています。すでに学生のみなさんはアルバイトとして非正
規雇用に関わっていますが、今後は家庭や趣味とのバランスを上手に取る
ためにも正規雇用と非正規雇用の長所と短所についてしっかり理解するた
めに必要な情報があります。

　4-P では外国人労働者をとりまく課題について「外国人技能実習制度」
と「ワーキング・ホリデー」の制度から考えていきます。少子化と高齢化
に悩む労働人口を補う観点から外国人労働者の受け入れが検討されていま
すが、制度や認識面での課題も多く指摘されています。そして、近年は
ワーキングホリデー制度を活用して海外にでかける日本の若者たちも多く
います。この2つの制度についてクリティカルに考えていきましょう。

4-G　正規と非正規間の柔軟な移動

❖ はじめに

　日本国憲法では、労働の義務が定められています。働くと言ってもどんな仕事をするのか、仕事の対価としてどれくらいの賃金が支払われるのか、その仕事は自分にとってやりがいがあるのかなど、いろいろな観点から私たちは仕事を選びます。そのなかでも、正規か非正規かという雇用形態を重視することは、多いのではないでしょうか。正規か非正規かということによって、仕事へのモチベーションは大きく変わるかもしれません。現在の日本社会では、正規雇用の方が給与も安定し、特別何もなければ、定年まで雇用され続けることになっています（とは言っても、大企業に就職したとしても、その企業が定年まで経営が安定しているという保障はどこにもないわけですが）。しかし、その分、仕事の量は多く、責任も重くなります。長時間労働による過労死・過労自殺という問題が起こるのも正規雇用が圧倒的に多い現実があります。その一方で、様々な事情から正規雇用という働き方を選択しない人も多くいます。たとえば、子育てのため、介護のため、健康上の理由などが考えられるでしょう。

　最近は、正規雇用率がもっとも高かった若者も非正規で働く人が増えています。一般的には、正規で働く方が、福利厚生、雇用の安定という意味でも雇用形態の選択として好まれていますが、様々な事情により非正規で働き始める人、また正規で働き続けることが難しくなる人がいます。この章では、正規と非正規の間の移動について考えます。

❖ 非正規雇用とは何か？

　非正規とは、どういった働き方を指すのでしょうか。たとえば、戦後から継続実施されている総務省の「労働力調査」の定義をみてみましょう。そこでは、雇用形態が「正規の職員・従業員」と「非正規の職員・従業員」という2つに区分され、「非正規の職員・従業員」には、雇用先で「パート」、「アルバ

イト」,「派遣社員」,「契約社員」,「嘱託」,「その他」といわれるものすべてが含まれています。つまり、正規雇用以外はすべて、非正規になるわけです。したがって、学生がアルバイトとして働く飲食店、小売店などでは、その店のパートで働くおばちゃん、フリーターのバンドの兄ちゃん、パートで働くシルバー世代のおじいちゃん、土日だけ手伝いにくる派遣のおねえちゃんもすべて同じ、非正規というくくりになるのです。こんな話をすると驚く学生は非常に多いです。「え、おばちゃんたちと一緒なの？　でもあの人たち、私たちが学生だと思って、命令口調だし、こわいし、たまに意地悪な人もいるし」という話もよく聞きます。あくまでパート、アルバイト、契約社員などという区分は、企業が独自にネーミングするだけであり、法律上は同じ非正規というくくりになります。

　では、非正規と正規を比べた場合、もっとも大きな違いはどこにあるのでしょうか。現在の法律では、非正規で働く場合、「パートタイム労働法」や「労働者派遣法」という法律に準じて、様々な手続きがとられます。正規・非正規を問わず、労働者として働く場合、雇用契約書を交わす必要がありますが、そのなかに仕事の内容、時間給（日給、月給など）、労働時間、契約期間が明記されています。なかでも非正規の場合は、契約期間を１〜３カ月で設定されるのが多いです。正規と非正規の最大の違いは、この「契約期間」だと言われています。つまり、正規では契約期間に定めがない「無期」雇用になり、退職するまで働くことができます。反対に非正規になると、契約期間に定めがあるため、その期間内は特別な事情がない限り雇用されますが、その期間が過ぎれば、引き続き雇用される保障がないのです。要は、契約期間が終了したときに、次の仕事がなければ、賃金を得ることができず、生活することが難しくなるのです。

　現状では、このような非正規という働き方が、年々、男女ともに増加しています。特に女性に限れば、2003年以降、正規よりも非正規で働く人の方が多くなっています。契約期間に定めがあると言いましたが、非正規という働き方にもいくつかの種類があります。働く場所と雇用者が同じ会社であるパートやアルバイト、働く場所と雇用者が異なる会社である派遣というパターンがありま

す。 4-G では、非正規のなかでもパートで働く人が具体的にどのようにすれば正規雇用への道が開かれるのか検討していきましょう。

❖ なぜパートなのか？　パートの利点

　なぜ、あえて低賃金かつ雇用期間が短いにもかかわらず、パートという働き方を選択する人がいるのでしょうか。この問いに対する回答は、年齢、性別、家庭の状況によってかなり異なってきます。

　パートで働くのは、既婚女性がもっとも多くなっていますが、そのパターンは大きく分けて2つあります。1番目は、育児をこなしながら仕事をしたいと思っていたのに家庭や会社の環境でそれが難しく退職しパートで働くという場合です。2番目は、出産、育児を理由にいったん、正規の仕事を辞めたものの、その後、希望する正規の仕事につけず、パートで働くという選択をした場合です。そして、その他として、最近増加しているのは、高齢者がパートとして働く場合です。限られた年金とこれまでの預貯金で生活するのではなく、余裕資金を持った生活をしたいということで働く人が増えています。

　パートの利点は、労働時間を労働者の希望時間に応じて働けることです。正規の場合は1日8時間で週40時間という働き方が一般的ですが、パートの場合では最大でも1日6時間か7時間で週30時間から35時間というパターンが多くなっています。

❖ パートから正規雇用へ

　パートという働き方は、1954年に株式会社大丸がはじめて導入した形態であると言われています。この当時からパートは、夫のいる主婦が、家庭生活のなかの少しの空き時間を利用して働くというのが一般的でした。しかし、1990年代の半ば過ぎ、つまりバブル経済の崩壊後から、正規の仕事に就けなかった新卒の学生たちが、また、2010年前後からは、高齢者の特に男性が、パートとして働きにでるというパターンが増えています。かつての主婦労働の象徴から、主婦労働プラス多様な要因による労働者という形に変わってきています。

　パートに関する法律には、1993年に施行されたパートタイム労働法（短時間

労働者の雇用管理の改善等に関する法律）があります。この法律の対象となる労働者は、同じ職場で働く正規社員と比べ、労働時間の短い労働者です。ですから法律上は、パートもアルバイトも同じ短時間労働者というくくりになります。その後法律は2008年、2015年に改正施行され、同じ職場で働く正規社員と同じような働き方（職務内容、人材活用の仕組み）をするパートに対して、差別的取扱いの禁止（正規より低賃金を支払う）や、正規雇用への転換を推進するための措置に関する規定などが新たに設けられました。ただし、正規雇用の転換については、そのための機会を与えることが義務づけられているだけであり、職場で働くパートが優先的に採用されるわけではありません。

　厚生労働省が5年ごとに実施している「パートタイム労働者総合実態調査（平成23年）」では、パートから正規への転換制度を「実施している」企業が41.5％、「実施していない」企業が56.6％と半数弱が実施していました。実施方法（複数回答）は、「正社員を募集する場合、その募集内容をパートに周知している」が58.7％ともっとも多く、ついで「正社員のポストを社内公募にする場合、パートにも応募機会を与えている」が41.1％、「試験制度等、正社員転換制度を導入している」が37.1％、「その他（たとえば正社員として必要な能力取得のための援助等）」が12.7％でした。

　たとえば、職種、従業員規模、対象となるパートの年齢、性別によって異なりますが、パートで働いていても働きぶりがいいと正規への転換を打診されることがあります。一例として、主にスーパーマーケットの精肉部門に対して、冷凍精肉をスライスする機械を製造、販売するN会社に勤務するAさんの事例です。Aさんは、はじめパートの事務員として、入社しましたが、正規社員の空きが生じたため、新たに人員を募集するのではなく、パート勤務をしていたAさんを正規社員として採用したそうです。そうすることのメリットとは、新たに企業自体の説明、会社のしくみ、仕事内容を説明し、熟知させる手間が省けることです。さらに職場での人間関係もすでに構築されているため、職務以外のことでの利点はあります。ですが、Aさんのように、上手く人材募集があればよいですが、そうでない場合、パートであり続けるということも十分考えられます。その他では、地域限定の正社員、エリア社員、地域社員な

どとして、正規雇用への道が開かれることもあります。近年の事例としては、ユニクロが全国、海外への転勤がない勤務パターンとして、地域限定社員制度を導入しています。そういった制度があると、正規雇用としての雇用の安定性を確保しつつも、地域の移動がないため、転勤を嫌がる人、主には、家庭を持つ主婦などにも正規への道のチャンスがあるのです。このようにパートで働く人にも、企業によっては、正規への門戸を開放しているということが理解できたと思います。

❖ 正規雇用からパートへ

1人の労働者として働く場合には、あまり性別を意識することはないかもしれません。ですが、女性が担う妊娠、出産は、女性の働き方に大きな影響を及ぼします。特に出産になれば、どうしても一定の期間、仕事を休まざるをえません。じっさいに日本では労働基準法のなかで、産後8週間は仕事をすることが禁止されています。さらに出産だけでなく、その後の授乳をはじめとした育児全般が母親である女性に課されることも、いまの日本の現状では少なくありません。出産・育児を選択すると、フルタイムで働く正規雇用の場合、一定期間、育児休業を利用して休職するのかどうか、また育児休業を取り休職後に職場復帰した後、時短勤務を利用して短時間働くことになります。時短勤務で働くことが法律上認められるようになったのは、2012年であり、それまで選択制であった時短勤務ですが、その後、利用者が多くなりました。ですが、正規で時短を利用すると、早く帰宅できますが、仕事の責任と仕事量は、調整して少なくなる傾向にあります。そうなると、仕事をする側としてもこれまで任されていた重要な仕事ではないものがまわる可能性が高くなります。そうなると、労働者の仕事へのモチベーション、やる気に影響を及ぼすおそれがあります。

❖ 雇用形態の柔軟な変更

先にみたように、育児や介護があると、勤務時間にどうしても制限がでてきます。名古屋にあるエステテックサロンなどを経営するアニュー美研は、妊娠や出産で退職する女性が多く、そのための新規社員募集、教育訓練に手間がか

かり、会社自体の生産性が落ちているということがかつてありました。そのため、新しい勤務形態を考える必要があったのです。そこで導入したのが、準社員制度といわれるものであり、一時的にパートタイマーに雇用形態を変更することです。そうすることで、他の社員の目を気にすることなく（正規なのに、いつも早く帰りつつ、高い賃金をもらう）、育児や介護など社員それぞれの事情に応じて、働くことができ、勤務時間帯についても希望に沿えるように調整し、出産・育児を期に職場を離れても、復帰して活躍し続けられるようにしています。

　今後、ますます従業員が家事、育児、介護など本人以外の都合で仕事を調整する必要がでてくるでしょう。アニュー美研のように、それぞれの状況に応じて短時間勤務と長時間勤務を行き来できるような制度の整備が必要だと思います。そういう制度が整備されていると、育児などの理由で仕事を休みたい場合、職場の人に気兼ねすることなく、休みやすくなります。そうでなければ、どうしてあの人は正規雇用なのに短時間勤務で、仕事もきちんとしてないのに、それなりの給料をもらって……、という同僚からの不満が高まり、結局職場にいづらくなってしまいます。

❖ 課題と展望

　ここまでみたように、非正規という働き方は、男女ともに増えています。これは、事業主側の都合として、低賃金で、必要な労働力を、必要な時に得られるため、雇用期間を限定し、限られた期間を雇用される不安定な働き方になります。そういった非正規という働き方を自らの希望で選択したなら、問題ないのですが、様々な事情で非正規になり、正規雇用を目指すならば、4-Gで紹介したような制度を利用することも、1つの手段だと考えます。同様に、正規で入社した後に必要に応じて非正規に移り、再び正規に戻るという選択肢もこれから増えていくと考えられます。その一例としてあるのは、正規で入社し、結婚、出産を期に退職し、その後、子どもが幼稚園、小学校に入学する頃に、企業の再雇用制度を利用して、正規で復帰するというものです。その制度を利用し、再雇用されやすいのは、女性に限れば、やはりもともといた職場の場合が多くなります。労働者自身の希望に応じて、正規と非正規間の移動を柔軟に

行うことができる制度が定着すれば、それまで形成した職業キャリアを活かすことができ、そのことは企業側からしても、人材育成費の削減につながり、双方にとって有意義な制度になるでしょう。

✜ 参考文献

小倉一哉『「正社員」の研究』日本経済新聞出版社、2013年
濱口桂一郎『若者と労働——「入社」の仕組みから解きほぐす』中公新書ラクレ、2013年

4-P　外国人技能実習制度とワーキング・ホリデー

❖ 労働力が足りない

　高齢化と少子化を迎えた日本社会の人口は、年々減少し続けています。この人口減少が経済の後退をもたらすと言われ、それを防ぐために保守的な政治家は伝統や郷土愛に基づく「共同体」論の復権を強調しています。言い換えれば、結婚、出産などによる人口増加を唱えているのです。一方で、社会の複雑多岐化に伴い、結婚や出産は義務ではなく、あくまでも１つの選択にすぎないという考え方をする人が増えてきました。また、新自由主義経済の加速化に伴う所得・格差の両極化は、結婚したくてもできない、出産したくてもできない……という悩みを生み出しました。

　ここで少し視点を世界に広げてみましょう。労働人口の減少を防ぐためには、はたして結婚と出産、共同体の強化策が最善かつ現実的な方法なのでしょうか。日本は確かに低出生率の問題を抱え、人口減少の状態におかれています。他方で、地球レベルでは70億人を超える人口の過密状態で、それによる環境破壊や格差問題などの問題があることも事実です。つまり、世界には豊富な労働市場があり、世界規模での富の配分や公正な貿易などの視点に基づけば、「日本人」の出生率と労働人口の増加を前提にしない外国人に対する労働市場

の開放が一石二鳥にもなり得ます。もちろん、労働市場の開放のためにはそれなりの政策と社会レベルでの準備が必要になるでしょう。

　ヒト、モノ、カネ、情報の越境的な移動が絶え間なく続くグローバル化時代の今日、母国を離れ、先進国や諸外国での暮らしを試みる人びとは増加の一途をたどっています。留学生として、また駐在員やその家族として、そして出稼ぎ労働者として外国に赴きます。短期間の滞在もあれば、移民として長期間の海外移住を試みる人々もいます。合法的な移住者もいれば不法滞在や資格外労働などの非合法移住者もいます。

　非合法移住者を取り締まることも確かに政府の仕事ですが、同時に、脆弱な労働環境で搾取されるのを未然に防ぎ、移住者たちの権利を守ることも政府や行政の大切な仕事でしょう。

　4-P では、外国人技能実習制度とワーキング・ホリデーという 2 つの制度を考察することで、グローバル化時代における国際労働市場の現状と課題の一部について理解を深めていきます。

❖ 外国人技能実習制度とは何か？

　「外国人技能実習制度」とはどのようなものでしょうか。郊外の農村地帯や製造業が集住している地域で、アジア系の外国人が三々五々移動する姿を見かけたことはありませんか。おそらく、彼・彼女らの多くは外国人技能実習制度を活用して日本に来ている外国人技能実習生たちです。

　フリー百科事典『ウィキペディア（Wikipedia）』によると、歴史的には、1960年代後半、日本企業の海外現地法人の社員や職員が日本で技術や知識を学んだ後に、母国でその技術を発揮させたことから、国際協力の一環として1981年に在留資格（ビザ）が創設されたと言われています。かつては外国人研修生と技能実習生とに分かれていた時期もありましたが、1993年に外国人技能実習制度が導入され、また2010年に出入国管理及び難民認定法が改正され、現在では、外国人技能実習制度として原則一本化されています。

❖ 外国人技能実習制度が批判にさらされる？

　開発途上国の人々が技術先進国・日本で最長3年間にわたり学び、技能を習得してから母国に帰ることができれば、理想的な国際協力活動のモデル・ケースだと感嘆される人もいるでしょう。しかし現実にはさまざまな問題を抱え、過去には米国の国務省までもが懸念を表しています。米国務省の年次報告書のなかでは、米国務省の担当者が日本側に制度の廃止を提案したという記述もみられます。要するに、外国人技能実習制度という名の下で人権侵害と労働搾取が日常茶飯事的に繰り広げられる悪い制度という認識が国際的には成り立っているのです。

　なぜ、このような批判や指摘を受けるのでしょうか。それは人権侵害や民事・刑事上のトラブル、労働搾取の事例が後を絶たないからです。たとえば、技能実習生のパスポートが雇用者側に取り上げられたり、技能実習生の時間外労働が強要されたり、権利としての処遇改善を申し出た者に対して強制帰国させてしまう、またセクシャル・ハラスメントなどの例が告発されています。岐阜県のある工場で、たった時給300円で残業させられたことがメディアで報じられました。

　もちろんすべての技能実習生がそのような被害に遭ったり、事件に巻き込まれているわけではありません。しかし、「外国人技能実習制度」を活用して来日することは「技能実習1号」または「技能実習2号」という在留資格（ビザ）を持っていることを意味しており、特定の在留資格者による事件やトラブルが多発すると、行政や社会一般が敏感になるのも事実でしょう。

　ところで、なぜ農村地帯や製造業の現場では労働力が不足しているのでしょうか。それは果たして日本の労働人口の減少が主要因だと言い切れるのでしょうか。

❖ ワーキング・ホリデーに憧れる若者たち

　国内から世界へと話題を変えましょう。今度はワーキング・ホリデーについて考えてみます。ワーキング・ホリデー制度とは、18歳から25歳（あるいは30

歳）までの若者が、１年（または２年）の間、協定国で生活をしながら（休暇を楽しみながら）、文化体験や語学研修、労働活動に取り組むもので、２国間協定を結ぶ制度です。1980年、オーストラリアとの間で協定を初めて結んだ日本は、2015年１月現在、12の国と地域との間で協定を結んでいます。（注：オーストラリア、ニュージーランド、カナダ、韓国、フランス、ドイツ、イギリス、アイルランド、デンマーク、台湾、香港、ノルウェー）

　日本の若者にとってみれば、憧れの国で１年または２年間生活しつつ、言語や文化を習得できます。それにとどまらず、労働活動もできるのが最大の魅力です。国際派やグローバル人材になることを目指す若者たちにとっては、申し分のない制度とも言えるでしょう。語学留学のビザなどで渡航した場合は、アルバイト時間に制約があり、また高い学費のため生活面で苦労するという話をよく耳にします。しかし、学位取得や高等教育機関などでの就学を目的としなければ、ワーキング・ホリデーを活用すれば一石二鳥になるのです。

　けれども、実はこのワーキング・ホリデー制度にも問題が頻発しています。ワーキング・ホリデー制度を利用する若者たちが、先ほどの外国人技能実習制度と同様の労働搾取や人権侵害の被害に遭っているのです。

　オーストラリアの例をあげましょう。オーストラリアでは法定最低賃金がかなり高く定められています。2014年の場合、１時間当たり16・87オーストラリアドル（AUD）です。2014年12月29日現在の為替レートで換算すると、１AUDは約98.17円ですから時給1650円以上が保障されています。アルバイトであってもこの制度は順守されますのでかなりの高額収入が期待できます。

　そこで、シドニーやメルボルン、ブリスベンなど日本食レストランなどが多くある大都会に、英語力が不十分なワーキング・ホリデー・メーカーがアルバイトや職を求めてやってきます。時給1650円の高額給与を得られるなら日本よりもはるかに稼ぎがよくなりますが（その分物価も高いですが）、語学力が足りない場合は、思うようにアルバイトを探せません。時給10AUDから12AUDでもアルバイトが見つかれば、日本と比べて悪くない条件だと考える人がいるのも当然でしょう。お店のほうも、語学力が足りない人たちの弱みを知っているために、法定賃金を順守しないで、法律の抜け目を悪用するケースがあるの

です。現地の事情に詳しくないワーキング・ホリデー・メーカーが賃金未払いの被害に遭う場合、多くは泣き寝入りだそうです。

たしかに、これは開発途上国で起きているような児童労働や奴隷的な労働搾取ではないかもしれませんが、明らかに公正な労働条件ではなく、是正が必要でしょう。人権 NGO や労働者・当事者の権利を代弁する組織ではこのような現状について、当然批判します。

理念的には時給1650円以上が保障されれば嬉しいには違いありません。けれども職がなかなか見つからない人にとっては、10AUD でも 12AUD でも、雇ってくれるところがあれば働きたい、さもなければ、同じ境遇の留学生やワーキング・ホリデー・メーカーにチャンスを奪われてしまうと思うのです。さあ、あなたなら、どうしますか。

❖ 課題と展望

差別や偏見が社会に蔓延していれば、それを正していく必要があります。また制度に問題や欠陥があれば、それを改善していく必要もあります。 4 -P で見てきたとおり外国人技能研修制度においてもワーキング・ホリデー制度においても、少なからず問題点が指摘されます。

とは言え、それらの制度を全否定することも問題の改善や解決につながらないと私は捉えています。誰かは上手にその制度を使っているからです。特にワーキング・ホリデー制度は制度の活用法次第でたくさんのことを得ることができると理解しています。それはお金が稼げるからでもなくホリデー気分を満喫できるからでもありません。自分が生まれ育った故郷や母国から離れ、言葉も不自由であり文化的にもなれないところに身を置き、自らが率先して他者になれるチャンスだからです。自らが他者あるいは弱者になることで、世の中の構造問題について体感し、そして将来それらの問題と真剣に向き合う原動力になり得ると信じています。留学でも、ワーキング・ホリデーでも、広い世界を体験することは、他者としての原体験をつくることであるのです。

そのようなキッカケづくりの参考として、2人のワーキング・ホリデー体験者の声（コラム *1*、*2*）を紹介します。

✤ **参考文献**

梶田孝道『外国人労働者と日本』日本放送出版協会、1994年

高賛侑『ルポ在日外国人』集英社新書、2010年

安田浩一『ルポ差別と貧困の外国人労働者』光文社新書、2010年

コラム *1* 　ワーキング・ホリデー（イギリス編）
　■―体験者　N・N さん声

　まずはじめに、私の滞在しているイギリスでは厳密にはワーキング・ホリデーというシステムは無く Tier 5 というビザで滞在を許可されています。今回は趣旨に基づき YMS ＝ワーキング・ホリデーという言葉で表現させて頂きます。

Q.1　ワーキング・ホリデー（注：イギリスでは YMS ＝ Youth Mobility Scheme と言われます）に行きたいと思ったのは、何時ごろ、そしてなぜですか？

A.　社会人 3 年目の夏頃、友人がイギリスへワーキング・ホリデーに参加したことがきっかけで私自身もワーキング・ホリデーに参加しようと強く意識し始めました。

　　私は元々海外志向が強く、将来は海外に出たいという漠然とした思いがありました。大学在学時に 1 年間フィンランドへ交換留学をした際、国際社会に触れ社会の厳しさと自身の未熟さを痛感しました。英語が話せることは決して武器ではなく、ただ土台に立つための必要最低限の技術であり、自身には何の知識も備わっていないことを思い知りました。そこで、大学を卒業し、就職した際、「何があっても絶対 3 年間はこの会社は辞めない。ただし、3 年経ったら自分のやりたいことをやろう」と決めていました。大学卒業時は留学という考えしかありませんでしたが、友人がワーキング・ホリデーに参加するという話を聞いているうちに魅力を感じるようになりました。

Q.2　留学などではなくワーキング・ホリデーに魅力を感じたのはなぜですか？

A.　元々留学を検討していた私ですが、結局はワーキング・ホリデービザでイ

ギリスへ渡航をしました。ワーキング・ホリデーに魅力を感じた理由は以下の３つの理由からです。

（１）ワーキング・ホリデーには英語の語学力を要求されないから

（２）お金を制限なく稼ぐことが出来ること

（３）勉強は留学でなくても出来るから

Q.3 実際、いまの国を選んだ理由はなぜですか？　また、どこか他の国で迷いはありましたか？

A. ロンドンは世界の文化の中心であり、人も刺激も何もかもが集まってくる場所である為、グラフィックの勉強には最適な場所であると思ったからです。

　私はグラフィックデザインに興味があり、グラフィックの勉強をしたいと考えていました。ロンドンだけがグラフィックデザインの中心地というわけではありませんが、Tate Modern や National Gallery を始めとする、大小様々な規模の良質な美術館がロンドンには点在しております。「ロンドンに飽きた者は人生に飽きた者だ」（Samuel Johnson）という言葉がぴったりの街です。また交通機関に乗ればすぐに感じることですが、英語以外の様々な言語が聞こえてくるほど様々な国からの人が集まっているのがロンドンです。

Q.4 労働（ワーク）と休暇（ホリデー）のどちらにより魅力を感じましたか？

A. ５：５です。

　現在、労働は日本食レストランでしており、この仕事はお金を稼ぐという意味合いしかありませんが、将来的にはこの労働の比率をもっと高め、意味のあるものにしたいと考えています。グラフィックは必ずしも教育機関で学ばなければいけないものではなく、実践的な現場で学ぶことも出来ると周りの知人からアドバイスを頂きました。もちろん有給の方が有難いですが、無給になってもインターンシップとしてどこか企業で働き、経験と知識になればと考えています。

　そして、休暇という面では趣味である旅行を楽しむには最適な場所だと思いました。私はとにかく旅行が大好きで日本にいる時から年に数回は海外・国内問わず旅行をしていました。

Q.5 語学力または国際感覚などこの制度を通じて得た良さを教えてください。

A. 語学力や国際感覚など8カ月前の自分とは比較にならない程に伸ばすことが出来ていると感じます。旅行ではなく、住むことになるわけなので、悪い面も何度となく見聞きしてきましたが、どれも貴重な体験であり、その瞬間瞬間を楽しむようにしています。

　　ワーキング・ホリデーは学生時代のように学校が仲介してくれるわけでも、一緒に渡航する友人がいるわけではないので、基本的には1人で全てをこなさなければなりません。銀行口座を開設、携帯電話の契約、NHS番号の申請（イギリスで労働した際に発生する賃金に対して税金を納める際に必要な番号）など渡航後慣れない国で、また英語も十分に使えるわけではない状態で、これらをこなすには中々骨の折れる作業ですが、頼る人もいないので、強制的に精神的に強くなったと思います。

Q.6 実際、仕事を探すことはスムーズでしたか？日本人や韓国人などアジア系のワーキング・ホリデー・メーカーが体験する搾取や悩み、問題などがあれば教えてください。そのうえで、改善のための提言があれば教えてください。

A. 私は現職を得ることに関して、苦労は全くしませんでした。私にワーキング・ホリデーのきっかけをくれた先述の友人がこのレストランで働いて、ホールスタッフが不足しているから働いてほしい、と相談を持ち掛けられたことが縁で仕事が決まりました。それは、まだ語学学校に通っている渡英して1カ月も経たない頃でした。

　　しかしながら、正社員としての仕事は中々苦戦しています。現在、正社員としての仕事を探しているのですが、ビザの影響もあってかうまく決まりません。

Q.7 またこの制度を活かしたいと思いますか？（もしも延長や2度目の申請が可能であれば……）

A. 可能であればもちろん申請してみたいです。2年は長いようで短いです。たとえば、就きたいと考えている特定の仕事や企業があった場合、インターンシップから始まることも少なくはありません。そうなった場合、給料をもらえるようになるまでに時間もかかるだろうし、インターンシップ

の空きが出るまでに時間がかかる場合もあります。また、このワーキング・ホリデービザは自由度が高いだけに、私のように学校に行く人もいます。居心地のよいビザなので活用して、もっとフレキシブルに活動してみたいです。

Q.8 ワーキング・ホリデーの労働現場では労働搾取が頻繁に行われ、現地の人が嫌がる３Ｋ（３Ｄ）の業種の労働力を埋めようとしている……などの批判もあります。このような意見について、あなたの意見をきかせてください。

A. 私はあまりそのような意見はありません。私が見る限り、ワーキング・ホリデーで来る日本人で求人があるのは日本でもあるようなレストランのホールでのアルバイトやカフェのアルバイトです。給料は決して多くはありませんし（時としてボランティアもあり）、労働時間も長いところもあり、健全な労働ということが出来ない場所もあるかもしれませんが、今の時代、ワーキング・ホリデーであってもどこで働くかは選択肢を持つことが出来ています。

Q.9 何か、自由にご意見ください。

A. このアンケートを通じて、よく一般世間で言われるワーキング・ホリデーの良い点以外にも悪い点を考える機会を与えて頂き、一長一短であるということを感じました。しかし、同じワーキング・ホリデーで出会う方々を始め、海外で出会う方は面白い経歴を持った方や考えを持って渡航している方が多く、とても刺激的な毎日を過ごすことが出来ます。若い年齢の時に幅広い視野を持ち、海外の文化に接することはとても大切なことだと思います。良いことも悪いことも日本では絶対に経験出来ないことばかりです。一日一日を大切にして、ワーキング・ホリデーでしか出来ない経験をして、一回り大きくなって帰国したいと思います。

コラム 2　ワーキング・ホリデー（カナダ編）
　　　　　　■──体験者　K・K さんの声

Q.1　ワーキング・ホリデーに行きたいと思ったのは何時ごろ、そしてなぜですか？
A.　　4 か月のフランス留学を終えた大学 2 年の終わりに、やはり英語が必要だと感じて英語圏に、4 か月では物足りないから 1 年行こうと思いました。あともう少し勉強したい、学生でいたい、と思ったからです。

Q.2　留学などではなくワーキング・ホリデーに魅力を感じたのはなぜですか？
A.　　私の性格上語学学校に行き続けても飽きるとわかっていたので、労働も経験できるワーキング・ホリデーは、行動範囲が広がり楽しみが広がると考えたからです。

Q.3　実際、いまの国を選んだ理由はなぜですか？また、どこか他の国で迷いはありましたか？
A.　　英語圏に絞りニュージーランド、オーストラリア、カナダで迷いましたが少しでもフランス語の近くにいたかったので、英語とフランス語が公用語とされているカナダを選びました。

Q.4　労働（ワーク）と休暇（ホリデー）のどちらにより魅力を感じましたか？
A.　　労働。いずれは海外でも働きたいと思っていたけど、ワーキング・ホリデーを決めるまで自分が外国で、外国語を使い、外国人と働くなんてことは想像できませんでした。私はまだ大学生で休暇としても時間も余裕があるので、仕事をしているときは仕事中心で現地の友だちと遊ぶという現地に溶け込んだ生活をしていたと思います。

Q.5　語学力または国際感覚などこの制度を通じて得た良さを教えてください。
A.　　現地の仕事と自分の努力次第で会話力はぐんと伸びます。特にカフェなどの接客業なら、学生でいるより話す機会は確実に多いからです。留学生や移民が多いカナダ、特にトロントでは、いろいろな国の文化はもちろんだけど他の外国人がカナダに来た理由や、カナダに残りたい理由などが興味深かったです。これ

らは話してみないとわからないことだと思います。また日本人と外国人の働く姿勢の違いもおもしろかったです。

Q.6　実際、仕事を探すことはスムーズでしたか？　日本人や韓国人などアジア系のワーキング・ホリデー・メーカーが体験する搾取や悩み、問題などがあれば教えてください。そのうえで、改善のための提言があれば教えてください。
A.　　仕事はまず求人中のところに応募してマネージャーの元にレジュメが渡り、インタビューに呼ばれなければならないというファーストステップは、運とタイミングもあると思います。私は運よくカフェのオープニングスタッフとして雇われましたが、ワーキング・ホリデーの日本人で入れ替わりの多いジャパニーズ・レストランで働く人がほとんどです。
　　　　働いていて、私の発音が悪くカナディアンではないとわかると、バカにしてくるお客さんもいました。どうでもいいようなことに文句を言われ、なにも言わずに困っているとすぐに「この子は英語がわかっていない。」と言われたこともあります。白人からのアジア系への差別はあります。
　　　　中国人や韓国人が経営する日本食レストランでは、"under the table"、通称アンダーと呼ばれる、労働ビザなしで働けるところが多いです。オンタリオの最低賃金は私の滞在時11.25 CAD（カナダ・ドル）ですがアンダーだと6〜7 CAD というところが多いです。その代り給料は手渡しなので税金はとられませんしレストランならチップも貰えるので収入は悪くないです。ただ場所によっては給料日に給料が貰えない、シフトがむちゃくちゃ、上司がわがままであるなど働きやすいわけではなさそうです。

Q.7　またこの制度を活かしたいと思いますか？（もしも延長や2度目の申請が可能であれば……）
A.　　もう一度別の国でワーキング・ホリデーを体験したいとは思います。自分の職場が大好きだったので、就労ビザさえあればもう半年くらいは働きたかったです。ただその仕事でずっと生きていこうとは思わないので、期限付きでちょうどよかったのかなとも思います。

Q.8　ワーキング・ホリデーの労働現場では労働搾取が頻繁に行われていたり、現地の人が嫌がる3K（3D）の業種の労働力を埋めようとしている……などの

批判もあります。このような意見について、あなたの意見を聞かせてください。

A.　私の周りでは飲食で働く人が多かったので労働搾取という場面は見ていません。強いて言うならディッシュウォッシャーくらいです。都市によってはあるかもしれません。

　　私自身も働く上で差別など嫌な思いをしたこともあり、外国人労働者に対する理解が増えればと思うところですが、移民国家のカナダは寛容なほうです。むしろほぼ外国人です。そんなとき、日本はどうなんだろうと思いました。店員として外国人を見ることはほとんどありませんし、仮にいても少し日本語が通じずに店員がミスしただけで文句を言ってないでしょうか。

Q.9　何か、自由にご意見ください。

A.　カナダに来て驚いたことはワーキング・ホリデーで来ている日本人で社会人を経験してから来ている人が多いことでした。むしろ大学生は学生ビザ、社会人はワーキング・ホリデーといった感じです。私は、ワーキング・ホリデーは留学の手段の一種だと思っていましたが30歳までなら勉強し直したりキャリアチェンジしたりする機会にもなり得るのだと感じました。ワーキング・ホリデーで得た職でワークビザを貰いそのまま滞在する人、やりたいことを見つけてカレッジに通う人などさまざまです。トロントはいろんな人種が混ざっているからなのか、いい意味で世界が狭くなりました。外国人と関わること外国で働くことの敷居が低くなります。

　是枝裕和監督が脚本・編集を務め2013年に上映された映画「そして父になる」は、福山雅治が父親役に初挑戦したことでも注目を集めました。第66回カンヌ国際映画祭の審査員賞など国内外で多くの賞を受賞したこの映画は、新生児を取り違えられた2組の夫婦が、6年後に病院から事実を知らされ、その葛藤を描き出しています。血縁関係のない親子が、ともに生活するなかで親密な人間関係を築き上げ、「家族」になっていくというストーリーは、映画や小説の中のフィクションに過ぎないと思いがちです。しかしこの映画だけでなく、韓流テレビドラマの「秋の童話」（2000年放送）などもまた、そのモチーフとなったのは、実際に起きた事件なのです。

　東京都にある産院で1953年に取り違えられた男性が、2010年に本来の兄弟とともに産院に対して訴訟を起こし、東京地裁は総額3800万円の支払いを命じました。彼の生家は裕福で、本来なら高等教育も存分に受けることが可能でしたが、実際に育った家庭の経済的理由から、中学卒業後に就職し定時制高校に通う生活を強いられました。両親がすでに亡くなっていることをふまえ、判決では「本当の両親との交流を永遠に絶たれてしまった男性の無念の思いは大きい」と、その苦痛を認めています。他方で、その後の控訴審は、長年の親子としての実態を重視したもので、血縁関係だけで家族か否かを決定することをめぐって解釈は分かれました。

　一般的な解説によれば、家族とは婚姻によって成立した夫婦を中核にして、その近親の血縁者が居住と家計をともにして、人格的結合と感情的融合のもとに生活している最小単位の社会的コミュニティ、もしくはグルー

プです。またその基本的機能は、子女の教育と構成員の物心両面にわたる安定的生活を相互保障することとされます。しかしながら、家族の核心要素とされる婚姻という状態や夫婦の関係さえ多様化しつつある今日では、法的・学術的な定義もゆらいでいます（ **9** 性別（多様な性）を参照）。だからこそ、血縁関係だけに拘泥されず親密な人間関係に着目することで、多様な「家族」のあり方を肯定する社会づくりが求められているのです。

　5-G では、日本における少子化と労働力人口の低下に着目し、この問題を改善する方策を検討します。国の人口を維持するには、合計特殊出生率が2.07以上でなければならないとされますが、日本では1989年に1.57となりました（「1.57ショック」）。女性が働きやすい社会を作ることでこそ、少子化問題と労働力不足は改善されます。関連データを読み解き、具体的な解決法を考えていきましょう。なぜならそれは、これからの家族のあり方を考えるよい機会なのですから。

　5-P では、第二次世界大戦の敗戦を機に、祖国政府に見捨てられた「棄民」という存在に着目します。具体的には中国残留日本人を事例として、元々の家族の糸が解かれた悲哀に光を当て、親密な人間関係を編み直すことで新たな「家族」を築き上げた生命の力について考察します。この事例や戦争や紛争に限らず、私たちは自然災害や事故の被害者の姿からも、人とのつながりという希望の灯を編み直す価値と必要性を汲み取ることができるのではないでしょうか。

　人類の歴史を遡れば、血縁関係が最小の社会的グループを形成する重要な要素であったことは、紛れもない事実です。他方で、新たな「家族」を編み直すのは、複合的で親密な人間関係です。過去の事象と現代の社会状況をつなぐ視点をもつことで、私たちの家族がいかにかけがえのないものなのかが再確認できます。そして、家族を守るために私たちが行動できることは何かを考えてみましょう。

5-G　社会を維持するための少子化対策と主婦労働

❖ 少子化社会の問題点

　学生時代の大きな関心事の１つに、「結婚するかしないか」「子どもをもつか
もたないか」があると想像します。もちろん、人により結婚に関心のない人、
子どものことは、結婚してからでないとわからない人もいるでしょう。現在
は、社会的にみても、本人の気が進まないなら無理して結婚する必要はないと
考える人が増えてきており、また、子どもに関しても、何かしらお金がかかる
存在である（AIU 保険会社の調査によれば、大学卒業までにかかる費用は3000万円か
ら5000万円）と言われています。そういったこともあって、毎年の総務省「人
口動態調査」をみても、結婚するカップルの数は年々減少し、子供の数も同様
に減少しています。その結果、子どもの数は少なくなり、少子化が問題とされ
るようになりました。

　少子化問題が社会のなかで大きく取り上げられたきっかけは、1989年に合計
特殊出生率が1.57になった「1.57ショック」だと言われています。国民の人口
を維持するためには、合計特殊出生率が2.07必要です。では、1.57ショックと
は、どのような出来事を指すのでしょうか。それは、合計特殊出生率が丙午
（ひのえうま）による出生抑制（丙午生まれの女性は配偶者の命を縮めるなどの迷信）
があった1966年の出生率（1.58）を下回った衝撃を表現しています。行政は、
その際、間髪をいれず、エンゼルプランの作成など、少子化対策に乗り出しま
した。

　子どもの数が減少すると、どういった問題が起きるのでしょうか。様々な視
点から考えることができますが、社会全体でみれば、労働力人口の減少が一番
の問題でしょう。つまり、国内産業、経済というのは、働く労働者がいてはじ
めて、循環していくわけです。ところが、労働者が少なくなると、国内産業、
経済という点からみても、大きな損失になります。一例をあげてみましょう。
国の税収を確認すると、約半数は国民が納付した税金（財務省の「平成26年度一

般会計予算」によれば、国の財政のうち歳入は、41.8％が税収、残りは国債などの借金）になります。近年の課題は、超高齢社会の進行に伴い、社会保障給付費が年々上昇していますが、その財源である社会保険料収入は、ほぼ変わらないことです。社会保険料（医療、年金、雇用保険）は、一定の労働時間数を働く労働者、具体的にはおよそ年収が130万円以上の場合に、これらの保険料を支払う対象になります。労働者が増えることは、社会保険料を支払う人の増加につながります。労働者を増やすには、少子化を改善したり、あるいは、現在働いていない人が働くこと、つまり働く意欲はあるが、何らかの事情で働けない人が働く必要があります。具体的には、働いていない女性で、いわゆる労働力としてカウントされる年齢（15歳から64歳）の専業主婦が考えられます。

　つまり、社会の維持という視点でみれば、労働者を増やすことは必要課題の1つになるのです。そのために、少子化を改善することと無職の女性に働いてもらうこと（主婦が労働力に）が、1つの方策として考えられます。**5**-Gでは、少子化を改善するための方策と、仕事をしていない女性がどうすれば働きやすい社会になるかを考えましょう。

❖ M字型雇用曲線、年齢階級別労働力率

　日本社会において、かつて高度経済成長期（1960年から1973年あたりまで）は、「男は仕事、女は家事、育児」と考えられていました。そのため女性は、結婚、または妊娠がわかると、仕事を辞めて、専業主婦になるのが一般的でした。ですが、徐々に社会情勢は変わり、女性が仕事を持つことは、今や当たり前となりました。大学生の就職活動においても、卒業後、「家事手伝い」という名目にして、どこにも就職せず、花嫁修業（お茶、お花、料理など）をしている人はほぼ皆無でしょう。現状を言えば、学校を卒業後、企業等に就職し、将来のパートナーをみつけ、結婚する。その後、数年以内に妊娠、出産するというパターンが多いのも事実です。

　女性が働く際、大きなポイントになるのは正社員、非正社員というどのような雇用形態で働くかだけでなく、未婚か既婚かということも重要になります。それは既婚になり、新たな家族を形成すると、女性自身の都合のみで働くこと

(%)

出典：総務省「労働力調査（基本集計）」より筆者作成。
注記：「労働力率」は、15歳以上人口に占める労働力人口（就業者＋完全失業者）の割合。

を含めた生活設計が難しくなりがちだからです。

　厚生労働省の「人口動態調査」によれば、女性の平均初婚年齢は約29歳で、平均出産年齢は約30歳です。こういったライフコースであることを前提に、女性の働き方を年齢階級別にみてみましょう。年齢階級別労働力率とは、年齢階級別（5歳ごとに）に女性の雇用者をみたものであり、対象者は生産年齢といわれる15歳から64歳までになります。そういった女性の働き方を示すものとして、年齢階級別労働力を使用した、「M字型雇用曲線」があります。なぜこのような表現をするのでしょうか。各年齢階級の頂点を結ぶとローマ字のMの形に似ているのが理由です。M字型雇用曲線は年度ごとに変化するため、現在の女性労働者を過去のデータと比較する際、よく使用されます。それが図表1になります。

　図表1の「女性の年齢階級別労働力率」のグラフをみてみましょう。具体的に昭和50年（1975年）と平成26年（2014年）の数値を比べてみます。特徴は、M字の底といわれる子育て期間（一時的な離職期間）が大きく変化していることです。昭和50年（1975年）は、25〜29歳の労働力率が42.6％でしたが、平成26年（2014年）は35〜39歳が70.8％でした。つまり、年齢階級もあがり、さらにその

5

家族・親密性

図表2　女性の年齢階級別労働力率（未既婚別）

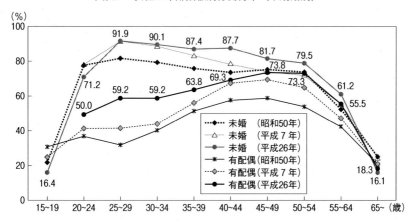

出典：総務省「労働力調査（基本集計）」より筆者作成。
注記：(1)「労働力率」は、15歳以上人口に占める労働力人口（就業者＋完全失業者）の割合。
　　　(2)15～19歳有配偶（平成26年）の値は、該当する数値がないため、表示していない。

割合も大きく上昇しているのが特徴です。この数値だけをみると、結婚年齢、子育て期間が上昇し、子育て期間も働く女性が増えたと考えるでしょう。ところが実際は、そうでもないのです。未既婚別に検討してみると、そのことが明らかになります。

　図表2の「女性の年齢階級別労働力率（未既婚別）」は、先ほどのM字型の統計を年度別、配偶関係別にみたものになります。具体的に平成26年（2014年）のデータをみてみましょう。

　まず、未既婚別に特徴をみていくと、未婚の場合は、25～44歳までの層の9割近くが働いています。それも妊娠適齢期とされている25～34歳の層が顕著です。つぎに有配偶者（既婚者）になりますが、M字カーブの底と言われる年齢階級の数値も上昇しており、25～29歳と30～34歳では、59.2％とほぼ6割の有配偶女性が仕事をしています。つまり昭和50年（1975年）のデータと比較すると、配偶者がいる女性の労働者数は、格段にあがっているのです。つまり、昭和50年（1975年）年よりも既婚女性の労働力は、上昇しています。その一方で、

79

子どもの数も少なくなっています。人数で言えば、昭和50年（1975年）の出生数は190万1440人でしたが、平成26年（2014年）では100万1000人と90万人も減少しています。さらに言えば、平成26年（2014年）の数値をみると、これまでM字カーブの底といわれた30〜34歳は、ここ数年35〜39歳に移動していることです。またM字の底は、徐々に台形になりつつあります。このことは、言い換えれば、子育て期といわれる時期が、晩婚化の影響からか遅くなっていること、また、未婚者が増えていることが考えられます。

　以上の結果から、少子化の進行は、妊娠適齢期の女性の未婚者増が1つの要因だとわかりました。もちろん、既婚女性が1人あたり多くの子どもを産めば解決するかもしれませんが、現状では、1人を産んで大事に育てることが多くなっています。

　このような現状から考えれば、少子化を改善するには、妊娠適齢期にある女性が、結婚し、子どもを産むことが改善策の1つとして、必要になるのではないでしょうか。とは言っても、日本社会において、婚姻関係にある夫婦が子どもを産むのだと考えられており、いわゆる婚外子（法的な婚姻関係のない男女の間に産まれた子ども）は、3％程度にとどまります。そのことを象徴するように、できちゃった婚は、「子どもは婚姻関係の男女の間に産まれるべき」という理屈で行われているのです。また、結婚生活による家事負担は、女性の方に多く傾き、子育ても同様の状況です。1人でいる気楽さを重視するならば、よほど大きな動因がない限り、結婚することに結びつきません。夫婦共働きの場合、夫婦間で家事分担をすることは古くから言われ、今でも言われています。それでも実際に、女性の家事負担は大きいのですが、特に若い世代を中心に夫の家事参加は増えています。と言っても、男性の家事参加で多いのは、ごみ捨て、風呂掃除、食器洗い、子どもとの遊び、それも土日祝日です（総務省　平成26年度社会生活基本調査より）。要は、短時間で済み、さほど面倒ではないことという特徴があります。逆に言えば、日常的にだらだらと続き、さらに時間と手間のかかるもの、たとえば、トイレ掃除、毎日の床拭き、掃除の負担はそれほど大きくありません。また、育児も同様で子どもと遊ぶという楽しい面での子育て参加は大いにありえますが、毎日の食事の世話、着替え、おむつ替えな

ど、少し手間のかかることへの積極的な参加は、あまり多いとは言えません。こういった点への参加がもっと進むと女性側の家事、育児負担がもっと減るのではないでしょうか。

　先に言っておきたいのは、すべての女性に結婚願望、子どもが欲しいという希望があるわけではないということです。当然、結婚を望まない人、子どもがいらない人もいるわけです。ですが、ここでは、仮に結婚したい人がいる場合にその機会を提供し、さらに少子化改善のためにいかにして子どもを産んでもらうのかということを考えた場合、社会として、何が提示できるのかを考えてみましょう。たとえば、結婚支度金の支給、3年以内に子どもが産まれたら、児童手当プラスの手当を支給する、自治体保有の空家を格安で提供するなど多くのことが考えられます。一例として、若い世代があまりいない長野県山ノ内町では、「若者定住促進家賃補助金」という事業を立ち上げました。具体的には、結婚を機に町内の賃貸住宅に入居を希望する若者夫婦を対象に、予算の範囲内で入居にかかる家賃の一部を支援するというものです。補助金対象の条件はありますが、大雑把に言えば（1）町内に住所があること（2）補助金の交付を受けるときに、婚姻届の提出から3年以内であり、世帯主もしくは主たる所得者が40歳以下であること（3）世帯の総収入が800万円以下であること（4）町税に滞納がないこと、としています。家賃補助制度は、若者人口の少ない自治体では、多く行われています。

❖ 主婦労働力を活かす！

　先の節でみたように、日本社会の維持・成長のためには、少子化を改善することが1つの方策として考えられます。それと同時に、重要な労働力として、主婦である女性が労働者として社会参加することも重要になってきます。主婦が働いていない理由はいくつもありますが、代表的なのは、育児、介護、夫の扶養を外れたくない、身体が弱いなどが挙げられます。なかでも、特に育児に関して言えば、子どもに手がかかる時期は、一時的なものにすぎません。それだからでしょうか。女性は、出産を理由に6割が退職するといわれていますが、調査（厚生労働省　第3回21世紀出生児縦断調査）によれば、その後、仕事に

復帰する場合、パートという形で再び、働き始める人が多くなっています。社会的にみても、労働による賃金支払いの差は、労働者の募集要項もみても、まず見当たらないでしょう。ですが、現状をみると、賃金差が生じているのです。たとえば、同じ年齢層でみると、男女に賃金差が生じるのは、いろいろな要因があります。雇用形態、配属部門、残業、採用コース（総合職、一般職）などの組み合わせが大きく影響しています。また女性が1度仕事を辞めることの損失額は、かなり大きいものがあります。たとえパートで再就職をしたとしても、生涯賃金の逸失額は2億円以上とも言われています（国民生活白書）。この結果をみると、いかに1度仕事を辞めるとその損失が生涯にわたり大きいのかがわかります。

　その他の主婦が積極的に働こうとしない要因として、特に既婚で子どもを持つ女性に多いのは、夫の扶養に入り、夫が税制上、配偶者控除を受けるためです。この制度は、妻の年間収入が103万円未満だと適用され、実質的に家庭から支払う税金が優遇されるようになるのです。

❖ 配偶者控除制度の利用

　配偶者控除制度は1961年に開始され、現在まで継続しています。既婚女性が、働く場合、よく耳にするのは、扶養の範囲内で働きたいという声です。この制度は、簡単に言えば、法律上の夫婦において、配偶者（妻が多い）の年間収入（1月から12月）が103万円未満ならば、世帯が国に支払う税金のうち、38万円分、支払いを免除されることです。つまり実質上、そうでない場合に比べ、手取り額が38万円プラスになるわけです。特に妻（女性）がパートタイマーに出た場合、よく聞かれる「103万円の壁」にぶち当たるのです。実際にこの制度を利用する既婚女性は多く、半数近くが利用しています。しかし、この制度の問題点も指摘されています。この制度に縛られることによって、女性自身のキャリア形成のために必要な労働時間を確保することができなくなることです。配偶者控除制度は、働く意欲のある女性のモチベーションを下げるような制度でもあります。本来ならば、仕事をしたいと思っても、これ以上働くと扶養の範囲である給与額を越えてしまうと仕事を休まなければならなくなる

からです。また、社会保険料を支払わないので、国の税収への貢献にもつながりません。この制度は、女性が働くことで社会貢献することを程遠いものにしています。

よく言われることですが、主婦労働である家事（育児）に対する貢献として、配偶者控除制度があるという論調があります。それを言うならば、仕事をして、家事をしている女性たちすべてに配偶者控除制度を適用するのであれば納得できるのですが、実際は、そうなっていないのが現状です。2015年時点において、この制度を廃止するか、改変するかという議論が国会をにぎわせていますが、未だ、確定していません。制度の廃止に賛成する側は、学生でさえ年金を支払うのに、専業主婦だ

図表3　トヨタ自動車の新家族手当

	今の制度	新制度
夫婦が片働きの場合		
妻か夫の分	1万9500円	0円
子どもの分	1人あたり 5千円	1人あたり 2万円
夫婦・子2人の 世帯の合計額	2万9500円	4万円
夫婦が共働きの場合		
妻か夫の分	0円	0円
子ども（1人目） の分	1万9500円	1人あたり 2万円
子ども（2人目 以降）の分	1人あたり 5千円	
夫婦・子2人の 世帯の合計額	2万4500円	4万円

出典：『朝日新聞』2015年7月7日。
注記：月額。夫か妻の年収が103万円以下の場合
　　　は、片働きとみなす。新制度は2016年以降
　　　順次実施。

けが税金を支払わないで、高齢者になって年金がもらえるのはおかしい、と主張します。それに対して反対派は、主婦労働力は評価されるべきであり、働かない主婦がどうやって税金を納めることができるのか、不可能ではないのかと反論しています。

　一方で、民間企業においては働いていない配偶者のいる世帯への手当を見直す動きが出てきました。トヨタ自動車株式会社では、労働組合との交渉において、家族手当の内容を大幅に見直すことに合意しました。詳細は、図表3に示してあるとおりです。現行の制度では、夫婦のうちのどちらかが働く、片働きの場合、1月1万9500円が支払われていました。そして子ども1人につき、5000円が支払われていました。ですが、2016年1月以降、段階的に支援額を減らしていく予定だそうです。新しい制度では、夫婦が片働きであろうが、共働

きであろうが、配偶者への手当は「なし」になり、代わりに子どもへの手当は、1人2万円にすることが決定したのです。

　トヨタ自動車の事例は、労働力人口を増やすための1つの取り組みとして各種手当のありかたを見直し、妻である女性に働いてもらおうという事例の象徴でしょう。言い換えれば、配偶者手当は、働かない、あるいは、労働時間が少ない人を優遇する制度であって、労働力人口を増やそうという国の意図とは、反対方向に向かっている制度になるわけです。少子化社会を改善し、女性が働きやすいような社会に変えるには、このような矛盾する政策は改めていく必要があるでしょう。

❖ 課題と展望

　ここまでみたように、⑤-Gにおいては、少子高齢化社会になると、労働力人口が減少し、国の税収（日本国が使用するお金）が減っていくということを出発点にして、議論を展開してきました。その際、眠れる労働力と言われる、現在、仕事をしていない主婦の力を労働力として活用する案を論じてきました。女性はどのような働き方をしているのかということを1つの指標として、女性労働者の働き方を年齢別に示す、M字型雇用曲線を年別（1975年と2014年）、未既婚別に検討しました。

　結果として、少子化を防ぐには、未婚者層への経済的支援が必要なことを課題としてかかげました。また、少子高齢化社会では労働力人口が減少するという現状から、主婦を労働力にするのはどうかということで論理展開しました。その際、あしかせとなっているのは、配偶者控除制度であり、その制度があるため、女性労働力に抑制をかけていると結論づけました。

　最後に、簡単にまとめてみましょう。少子化社会の進行は、労働者、つまり税金を納めてくれる労働者の減少でもあり、経済力の低下を招くとも言われます。それを防ぐには、結婚願望があり、子どもを持つことを希望する男女に結婚を決断しやすくする支援も必要です。また、人口が減少するなか、労働力としての主婦の活用が考えられます。それを促すためには、現在、足かせとなっている配偶者控除を廃止すると多くの選択肢が生じてくるのではないでしょう

か。その辺をテコ入れするだけでも、少子化策の改善を待つよりは、今ある現状を踏まえた政策になるのではと考えます。

✚ 参考文献

髙橋重郷、大淵寛編著『人口減少と少子化対策』原書房、2015年

松田茂樹『少子化論——なぜまだ結婚、出産しやすい国にならないのか』勁草書房、2013年

Peace

5-P　家族から「棄民」へ、そして「棄民」から「家族」へ

❖ 解かれた家族の糸

　みなさんは、6月23日が何の日か知っていますか。「沖縄県慰霊の日」と聞いても、ピンとくる人は多くないでしょう。第二次世界大戦末期の1945年6月23日に（20日または22日との説もあります）、沖縄戦での日本軍前線司令官だった牛島満中将（1946年3月、大将に昇格）らが敗戦を悟り自決したため、連合国との組織的戦闘が終結したとされる日です。1974年10月に沖縄県は、この日を「沖縄県慰霊の日」として定める条例を公布しました。以来同県は、人類普遍の願いである恒久の平和を希求するとともに戦没者の霊を慰めるため、毎年この日に沖縄全戦没者追悼式を開催しており、日本の総理大臣も例年出席します。

　1945年4月1日、米海軍を主体とする連合国軍が沖縄本島に上陸して始まった沖縄戦では、3カ月足らずのうちに国内最大規模となる地上戦が繰り広げられました。1976年3月に公表された沖縄県生活福祉部援護課の調査結果によれば、およそ20万人に上る死者・行方不明者数のなかで日本側が18万8136人を占め、そのうち地元民間人は9万4000人を数えます。日本軍と地元民間人が混在した結果、非戦闘員の犠牲者が際立って多く、また6月中旬から下旬に集中していることからも、終盤戦の惨状がうかがえます。

戦いが激化するに従って、住民らは逃げ惑い、ガマと呼ばれる自然洞窟で身を寄せ合いました。しかし、ガマが日本軍にとっても格好のシェルターだったために、住民、とりわけ家族などの親しい者同士による多くの悲劇が生まれました。連合国軍に見つかることを恐れた日本軍は、民間人をガマから追い出したり、泣き止まぬ乳児の口を封じるよう母親らに対して命じたりしたのです。他方で、戦闘員として参戦した人々もまた、苦痛を強いられました。戦後に琉球大学学長を務めた教育心理学者の東江康治は、鉄血勤皇隊に従軍していたところ、米兵として沖縄戦線に参加する実兄の盛勇と戦場で対峙しました。

　わが子をはじめ家族を殺めなければならなかった民間人は言うまでもなく、彼ら彼女らを弾圧し、肉親が暮らす祖国と戦わざるを得なかった戦闘員もまた、久しく苦悩し辛酸を舐めます。彼らの行為は上官の命令によるものだったとは言え、連合国の正義の追求から逃れることはできず、戦後処理過程において断罪されました。彼らと同様に戦勝国により訴追され戦争犯罪人（戦犯）となった約5500人のうち、5分の1近くが死刑に処されました。

　沖縄戦に限らず、戦争や紛争などによって身近な人との関係性が崩壊したケースは、枚挙にいとまがありません。5-P では、祖国政府に見捨てられた「棄民」という存在に着目し、家族の糸が解かれた悲哀を理解し、親密な人間関係を編み直す生命の力について考察します。事例として、日露戦争以降に日本から旧満州地区（現在の中国東北地方：以下、満州）へと渡り、第二次世界大戦の敗戦を機に生み出された中国残留日本人を取り上げます。

❖ 中国残留日本人とは何か？

　第二次世界大戦が終結した時点で、約660万人もの日本人が海外に取り残され、その後5年にわたる引揚げ事業によって624万人が帰国しました。中国残留日本人とは、戦争末期以降の混乱の最中で祖国への引揚げ家族などと離れ、中国の養父母に育てられたり中国人に嫁いだため、同国に残ることとなった日本人を指します。なお今日、日本の法規上は「中国残留邦人」と称され、その数は7000人余りと言われます。ここでは、日本政府とは異なる視点を紹介するので、「中国残留日本人」とします。

その大半が幼い時に中国に残留することとなったため、かつて日中両政府は「中国残留孤児」と規定し、以下５点を「孤児」認定の要件としました。（１）戸籍の有無にかかわらず、日本人を両親として出生したこと、（２）満州などにおいて1945年８月９日のソ連軍参戦以降の混乱によって、保護者と生別または死別したこと、（３）敗戦当時の年齢が13歳未満であること、（４）本人が自分の身元を知らないこと、（５）当時から引き続き中国に残留し成長したこと。

この要件によれば、肉親と離別した時に13歳以上だった女子は、「自分の意志で中国に留まった」と解釈され、長い間「残留孤児」と承認されませんでした。実際には、13歳でいずれかの判断を自ら下すことはほぼ不可能だったにもかかわらず、彼女らは長らく帰国支援の対象外に置かれたのです。これは、シベリアへ連行された青年以上の大半が男性だったことから、日中両政府は「残留孤児」と区別して、13歳以上で満州に留まった人たちを「残留婦人」と分類したためです。両者は、1994年10月に施行された「中国残留邦人等の円滑な帰国の促進及び永住帰国後の自立の援助に関する法律（中国残留邦人支援法）」で統合され、同法は戦争被害者に対する援助を国の責務と定めています。

❖ 中国残留日本人という「棄民」への道のり

そもそも、どうして中国残留日本人が生まれたのでしょうか。満州移民の起源は、1905年９月の日露戦争勝利に遡ります。日本は占領した遼東半島を関東州に改称し、関東総督府の設置と関東軍の駐屯に着手しました。翌06年に南満州鉄道株式会社（満鉄）が設立され、関東庁職員や満鉄社員とその家族、さらにその人たちを相手とした商人などが、満州へと移住を開始します。しかし同時に、現地では抗日勢力が強硬であったため、日本の実効支配は関東軍の「点」と満鉄沿線の「線」に留まっていることを理由に、日本政府内では反対意見が多数を占めていました。

1931年の満州事変、翌32年の満州国建国によって、日本は同地での植民地支配を加速させるなか、高橋是清蔵相は開拓移民事業に反対し続けました。現地の治安悪化と農産物の脆弱な競争力を懸念する彼は、いわば「満州移民事業のトーチカ（防御壁）」でしたが、1936年の２・26事件で倒れました。直後に成立

した広田弘毅内閣は軍部に掌握され、国家の重要政策として「満州農業移民100万戸移住計画」を実施します。さらに、1939年末に「満州開拓政策基本要綱」が策定されたことで、日本政府は未開地を開墾するイメージをもって移民の実態を隠しつつ、1942年頃まで農民と義勇軍を大量に送出しました。

　1945年8月9日にソ連軍が満州侵攻を開始すると、満州在住の民間人155万人は生命の岐路に立たされました。日本軍人・軍属家族、満鉄関係者らが優先的に避難できた一方で、国策の下で移住した民間人は、避難手段を断たれ見捨てられました。満州移民はまさに「棄民」とされたのです。その後、1946年5月から49年10月まで集団引揚げが行われ、約127万人が帰国します。さらに両国の赤十字機関などにより、1953年から58年まで再開された引揚げ事業では、およそ2万7000人が帰国し、そのうち2万人が「流用者」と家族でした。流用者とは鉄道、医療、軍事工場などの技術者で、戦後も中国側から請われて残留し、中国共産党や政府機関で技術支援にあたったエリート達です。

　結果的に中国に留まることを余儀なくされたのが、残留孤児と残留婦人でした。残留日本人は、戦後の治安の悪い状況下で飢餓や不衛生に耐え忍び、中国の家庭に入るなどして新たな人間関係を築き生きてきました。それは、自分の意志だけで祖国へ帰国するか否かを決断するのが不可能な状況だったからに他なりません。

　しかし頼みの厚生省や外務省、法務省など日本政府は、生存を証明する資料がないことを理由に、中国残留日本人の存在自体を認知しませんでした。生死確認が取れないため戸籍上は死亡となっており、書類に無いことは掘り返さないとの厚生省の立場から、この問題は放置され続けたのです。残留日本人は、養父母など中国の「家族」によって生きながらえることができたとは言え、なお「棄民」のままでした。

❖「棄民」から「家族」へ

　中国残留日本人の存在が公式に認められるには、1972年の日中国交正常化以後まで待たねばなりませんでした。それまで、民間団体や個人が肉親探しに尽力しました。長野県にある長岳寺の住職だった山本慈昭は、同村出身の子ども

達が中国で生きているとの情報を基に、1960年代半ばよりボランティアで活動を始めています。マスコミにも協力を求めて活動展開した彼の下には、中国に住む残留孤児だった方からも、肉親捜しを依頼する手紙が届いたそうです。1972年の日中国交正常化後は、残留日本人でも孤児から、同様の要望が厚生省や地方自治体に多く寄せられました。

　実際に孤児の身元調査が始まるのは1975年からですが、政府が該当者と思われる名簿を作成し、現地の孤児と連絡するという具体的措置を採ったことは、大きな前進を見せました。こうした官民の動きは政治を動かしました。1978年春には超党派の中国残留孤児問題国会議員懇談会が発足し、81年にようやく日本政府による孤児の訪日公開調査が始まりました。しかし同年、日本の民間団体が、第1回孤児探しの訪中団を大陸へ派遣し、双方向訪問を通じた調査・交流を実現させたところ、中国側は政府間事業という枠組みを重視すると、日本政府に確認を求めてきました。

　「戦争責任は日本軍国主義者にあり、日本国民は戦争の被害者」として残留日本人の支援に積極的だった中国政府が、こうした行動をとった背景には、国民感情や世論への配慮がありました。論理的には戦争責任について軍国主義者と国民を分ける区分論が成り立ったとしても、中国の国民感情のレベルでは日本人への複雑で割り切れないものがありました。残留日本人に注目が集まるにつれて、養父母らは否が応にもその判断と行為を世間から問われるかたちとなり、賛否両論の評価を突き付けられました。日本人以上に多く存在する中国人戦争孤児を棚上げしてまで、残留日本人の身元調査を進めるためには、強力な政治主導が不可欠だったのです。

　一方で、養父母の反応も様々でした。手塩にかけて育てた「わが子」と離れることが辛く、身元調査員に「死んだ」と嘘をついた人もいました。また一部ですが、労働力として孤児を受け入れた者が自らの虐待を隠そうと試みたケースもあります。しかし概して養父母は、孤児が日本に帰りたい気持ちをおもんぱかり、「落葉帰根」（葉が落ちて根に帰る）と受け入れました。この前まで侵略行為を繰り返した敵国の日本人孤児を迎え入れたのは、おしなべて決して裕福とは言えない農村部の家庭でした。中国の大地で育った残留日本人は、「家族」

への恩義を噛みしめつつ、その後の人生を選択しました。

❖ 課題と展望

　第二次世界大戦末期に生まれた中国残留日本人のすべてが、そうと判明し認定されたわけではありません。また、残留孤児の認定者は2016年2月段階で2800人以上いますが、身元まで確定できたのは1300人足らずです。さらに、身元確認が取れた人たちが、みな日本へ帰国したわけでもありません。残留日本人の各々は、日本への永住帰国か一次帰国を選択しますが、そのためには自分の意志だけでなく、中国の「家族」の理解と協力に加えて日本における身元引受人が不可欠です。

　それらの課題を解決し各条件を満たした人が永住帰国を果たしたとしても、それですべてが完了するわけでなく、むしろそこからが、新たな人間関係を築き直すスタートなのです。特に高齢化が進む今日、帰国者の平均年齢は80歳に迫っています。老後やその後の課題が、帰国者をなお苦しめています。日本語でのコミュニケーションや就業は困難を極め、定住先の地域に溶け込むことはあまりに高いハードルです。

　中国残留日本人の経験は、祖国への帰国が人生のゴールではなく、さらにそこから複合的で親密な人間関係の中で生きることが、人間としてより重要だという教訓を示唆します。この教訓を汲み取った私たちは、第二次世界大戦中に日本軍に徴用され、戦後に戦争犯罪人として裁かれた朝鮮人・台湾人の「棄民」経験からも、親密な人間関係を奪われる苦しみを改めて学び、ひいては東日本大震災、津波、そして東京電力福島第一原発事故をめぐって近親者と別れた被災者にも、新たな希望の灯を編み直す生命の力を見出すのではないでしょうか。

✚ 参考文献

　林博史『沖縄戦と民衆』大月書店、2001年
　半藤一利他『「BC級裁判」を読む』日本経済新聞出版社、2010年
　山崎豊子『大地の子〔上巻・下巻〕』文藝春秋、1991年

公衆衛生

　日本国憲法25条１項は、「すべての国民は、健康で文化的な最低限度の生活を営む権利を有する」と謳っています。国家が保障する最低限度の生活のことをナショナル・ミニマムと呼びますが、日本国政府はこの考えにもとづいて、所得や資産などの経済的側面だけでなく、充実した社会活動をも含む国民の生存権を保障する義務を負っています。ただし、これは日本独自のものでなく、元々は19世紀後半の英国で生まれ、「ゆりかごから墓場まで」と言われる公的社会保障の理念に由来します。

　また、公衆衛生とは、社会において生命を衛るという意味の熟語です。確かに、政府は衛生的な生活環境を維持し国民の生命を衛ることに注力しています。私たちも、予防接種や病気のときに社会保障によって費用の補助を受けていますね。日本では1950年代末に国民健康保健法に基づく制度整備がなされ、国民には「ゆりかごから墓場まで」全国津々浦々で均質な公衆衛生サービスが提供されています。

　しかし、政府に公衆衛生を一任していれば、私たちは健康で文化的な生活をずっと送り続けることが出来るのでしょうか。実際には、新たなインフルエンザ・ウィルスの感染拡大や食中毒などの健康リスクは、私たちの日常生活と隣り合わせです。私たち自身が、少しでも健康リスクを低減させるためには、疾病予防や健康増進に努めねばなりません。さらに、医療をはじめ多様な分野においては日進月歩で技術革新が起こり、それとともに公衆衛生の概念や内容は変化しています。変化を遂げる公衆衛生の実態に応じて、私たちは柔軟な思考によって対策をアップデートすることが求められています。

　6-G では、HIV／AIDS 感染の拡大傾向と差別との関連に着目し、その原

因と対策について考えます。また、大学生を対象とする調査結果から、HIV 感染リスクを高める背景として、無意識に蓄積された一定のジェンダー規範の存在が明らにされます。性の健康リスクを回避するためには、私たちにはどのような性についての姿勢と行動が必要とされるでしょうか。こうした点について HIV ／エイズは具体的に思考する機会を求めています。

6-P では、感染症に対する国境を越えた協力体制の歴史を振り返り、「ポジティブ・ヘルス」という考え方とそのための行動について検討します。この理念は、単に病気でないという意味にとどまらず、心身ともに、そして道徳的にも健康な状態を指します。しかし、現実の国際政治の下でこの状態を実現するには、私たち個人の努力が不可欠です。それではどうすればよいのか、一緒に考えてみましょう。

SARS（重症急性呼吸器症候群）や鳥インフルエンザなど、いまや公衆衛生は政府だけでマネジメントできるものではありません。医療機関や教育機関の他に NGO、個人もそうですが、主体が多様化しつつある／したことには意識が向きやすいものです。しかし、幅広い階層やグループの人々に加えて、国境や国籍に囚われない野生動物や鳥類といった公衆衛生の客体の多様化を捉える視座が、私たちに求められています。だれが社会においてだれの・何の生命を衛（まも）るのか、何が私たちの生命を危機にさらしているのか、という課題について、複眼的な視座を養い行動することが、健康で文化的な生活を築いていくうえで不可欠なのです。

Gender

6-G　性への思いこみと HIV 感染

❖ HIV/AIDS をめぐる国内外の状況

国連のなかに、エイズにとりくむ部署を統合した国連合同エイズ計画（UNAIDS）という組織があります。この組織は2013年の世界エイズデー（12月1日）に、3月1日を「差別ゼロデー」にすると発表しました。国連のエイズ

にとりくむ組織が、エイズだけでなく差別全般に取り組むと宣言したのはなぜでしょうか。**6**-G では、エイズを含む性感染症（STI）と差別のかかわりについて、公衆衛生の観点から考えます。

その前に、HIV/AIDS をめぐる現在の状況を確認しておきましょう。2013年時点で、エイズのもとになるウイルスである HIV に感染している人は、約3500万人です。エイズの流行が1980年代に始まって以来、およそ7800万人が HIV に感染し、3900万人がエイズに関連する疾病で死亡しています。その一方で、1990年代以降、毎年 HIV 感染者数は減少を続けています。2013年に限って言えば、全世界でおよそ210万人が新規に HIV 感染し、150万人がエイズによって死亡しました。この数字を見るとわかるようにいまだに感染は広がっていますが、5年前（2008年）に比べると HIV 感染者数で約50万人、死亡者数で約60万人、減少しています。HIV/AIDS 治療が1990年代後半に大きく進歩して以降、世界的に HIV 感染は減少傾向にあるのです。

ひるがえって、日本の状況はどうなっているでしょうか。まず2013年時点での累計で、HIV に感染した人の数（HIV 感染者とエイズ患者の合計）は2万3025人、エイズで亡くなった人の数は922人です。また2013年度にかぎってみると、HIV に感染した人は1490名で、5年前の2008年と比べると67名（4.5%）増えています。世界的には HIV 感染は大きく減少していますが、日本で HIV/AIDS はいまだ減少傾向にあるとはいえない状況にあります。

❖ セイファーセックスという考えかた

それでは、日本ではどのような人たちのあいだで HIV 感染が広がっているでしょうか。これまでの HIV 感染（累計1万2221件）の経路をみると、性的接触による感染が約9割を占めています。その内訳は、異性間の性的接触が20.7%、同性間性的接触が68.7%です（残りの1割の大半は感染経路不明）。以下では、異性間（男女間）および同性間の性的接触で HIV 感染が広がっている理由について考えます。

HIV 感染の広がりについて述べていく前に、セイファーセックスという考え方について紹介しておきます。HIV などの性感染症への罹患、そして望ま

ない妊娠などの性の健康リスクを回避できる、より安全な性行為のことをセイファーセックス（safer sex）と呼びます。具体的には、性感染症予防のためにセックスのさいにはコンドームを使う、避妊のためにピルを服用するといったことなどがあてはまります。セイフセックスではなくて、セイファーセックスである理由は、性行為をする以上、100％の安全を確保することはできないからです。100％の安全を求めるなら「ノーセックス」（禁欲）という方法しかありません。つまり、セックスをすることは一定のリスクを引き受けることであり、少しでもリスクを低減させる方法を模索することがセイファーセックスという考えの根本にあります。日本でHIV感染が広がっている背景を考えることは、セイファーセックスを実行するのがなぜ難しいのかを考えることであると言い換えることもできるでしょう。

❖ 男女間の性行為とHIV感染

　HIV陽性者支援などに取り組む団体「ぷれいす東京」の代表、池上千寿子らは大学生の男女にコンドームが使えない要因についての調査を行っています（2000〜02年）。その調査をつうじて、コンドームを使用する／使用しない傾向のある女性および男性には一定の傾向のあることが明らかになっています（池上千寿子　2011）。

　まず女性のコンドーム不使用に最も強い影響がみられたのが「相手との関連性参照」因子でした。これは、性行為のときに相手の意向に従う、相手の気持ちを先回りして考えるという傾向のことです。反対に女性のコンドーム使用に最も強い影響を及ぼしていたのが「コンドーム使用に対する優先性」という因子でした。これは、雰囲気に流されることなくコンドームを使用できる態度を持っていることを指します。

　つぎに男性のコンドーム不使用に最も強い影響を及ぼしたのが「性の健康リスクについての楽観的な態度」因子でした。この場合の楽観的とは、コンドームを使わなくてもHIVなどの性感染症にはきっと罹らないだろうという思いこみのことです。2番目に影響を及ぼしていたのは「使いこなし不安」因子でした。これはコンドームを上手に使えないと格好悪いと本人が感じていること

を指しています。一方で、男性のコンドーム使用に最も強く影響を及ぼしたのが「コンドーム使用に対する遊戯性」、2番目が「性に対するポジティブなコミュニケーション」でした。「遊戯性」とはコンドームを楽しんで使えることを、「ポジティブなコミュニケーション」とは性について気楽かつ率直なやりとりができることを指しています。

　以上が池上たちの調査結果です。まず女性と男性とではコンドームを使わない要因がかなり対照的なことがわかります。女性は、コンドームの使用を相手に切り出したら「相手に嫌われるのでは」と考えるあまり、コンドームを使用できない。女性からコンドーム使用を求めることが「女らしく」ないと考えられているのかもしれません。一方で男性の場合は妊娠や性感染症罹患といったリスクは気にしない、男はコンドームを格好良く使いこなさなければならないという態度、言い換えれば「男らしさ」がリスクを高めているといえます。このように考えれば、「女らしさ」「男らしさ」を遂行しなければならないというジェンダー規範とその内面化が、HIV感染リスクを高めていると言えるでしょう。

❖ 男性同士の性行為によって HIV 感染が広がる背景

　つぎに日本のHIV感染の約7割を占める同性同士の性行為でHIV感染が広がる背景についてみてみましょう。ちなみに、同性間の性的接触のうち、女性同士の性的接触による感染は過去5件しかありません。日本におけるHIV感染の中心は、男性同士の性的接触によるものです。

　日本で男性間の性行為でのHIV感染が高い割合を占めているのはなぜでしょうか。HIV感染が確認された1980年代、ゲイの間で感染が広がっているのは「不自然な」セックスをしているからだと語られたことがありました。異性間で行われる性行為が「自然だ」と考える人にとって、同性間での性行為は「不自然」なものとみなされたのです。アメリカではエイズは「不自然」な存在である同性愛者への「神の怒り」、さらには「ゲイのガン」とも言われました。

　しかし現在では、こうした理由はすでに否定されています。たとえ男性間の

性行為であっても、コンドームを使うなどのセイファーセックスをしていれば HIV 感染を防ぐことができるからです。逆に言えば、男女間のセックスであっても、予防行為をしていなければ HIV 感染は起こりうるのです。

　「不自然」なセックスが原因でないとしたら、男性同性間に HIV 感染が集中しているのはなぜでしょうか。国連合同エイズ計画の発行した「差別ゼロデー」のパンフレットには、「偏見や差別のない世界を目指すかどうかは選択の問題ではありません。義務なのです」という事務局長のミシェル・シディベの言葉とともに、「同性間の性関係を犯罪とみなす法律がある国は世界で約80カ国にのぼっている」「マラウィ、ナミビア、ボツワナでは男性とセックスをする男性の5人に1人が恐怖のため保健サービスを利用できないと答えている」との事実が記されています。国連合同エイズ計画がこのように記したのは、男性同性愛者への差別が HIV 感染の背景にあると考えているためでしょう。

　日本では同性間の性行為を犯罪とみなす法律はありませんが、同性間の性行為を「不自然」とみなす認識はいまだ根強くあります。2014年に筆者が大学生を対象に実施したアンケート調査（対象410名）では、「男性同士の性行為」についての認識を尋ねたところ、「気持ち悪い」と答えた男子学生の割合は83.1%、女子学生の割合は46.9%でしたが、「女性同士の性行為が気持ち悪い」と答えた割合は男性学生46.8%、女子学生46.1%でした。それに対して、「男女間の性行為が気持ち悪い」と答えた男子学生は5.2%、女子学生は9.4%でした。男女間の性行為と男性同士の性行為、女性同士の性行為に対するとらえ方には大きな違いがあることがわかります。とりわけ、男性同士のセックスに対する根強い嫌悪感は注目に値します。

　それでは、同性愛者に対する嫌悪感はどのように HIV 感染に関わってくるのでしょうか。学校教育における性差別を説明するものに「隠れたカリキュラム」という概念があります。学校の公式のカリキュラム、たとえば社会科などでは男女は平等・対等な存在であると教えられていますが、じっさいには非公式のカリキュラム（隠れたカリキュラム）を通じて、男女は実は対等ではないというメッセージが伝わっています。たとえば国語の教科書で取り上げられる物

語等における登場人物の描かれ方（男が働きに出て、女は家事・育児をする）や、男子が学校でリーダシップを取る役割を担い、女子が男子をサポートするといった役割分担がその例にあたります。

　それなら、学校の中に異性愛を前提とすることで同性愛差別を助長する、「隠れたカリキュラム」は存在しているでしょうか。教科書や授業等でとりあげられる家族の形態はもっぱら異性愛の家族です。また妊娠や性感染症予防の観点で取り上げられることが多いのは男女の関係です。同性間で性行為が行われることや同性カップル（と子ども）からなる家族という形態はほとんど想定されていません。じっさいに、宝塚大学看護学部の日高庸晴さんが 2 万821人の男性同性愛者・両性愛者を対象に行った調査（2014年）では、教育現場において同性愛について「いっさい習っていない」61.4%、「異常なものとして習った」5.7%、「否定的情報を受け取った」20.0%、「肯定的な情報を受け取った」7.0%、という結果が示されています。公的なカリキュラムから異性愛以外の関係性や性的欲望のあり方はほぼ省略され、異性愛が正しいとする価値観が隠れた形で伝達されていると言えるでしょう。

　ここでは教育現場を例として取り上げましたが、日本でも同性愛に対する忌避と嫌悪の根強さと異性愛を正しいとする価値観が、同性間の性行為による性感染症予防についての知識を得ることを妨げ、（男性）同性愛者の間で HIV 感染をもたらす一因となっているのです。

❖ からまりあう偏見

　1997年に、異なる作用を持つ複数の薬を組み合わせる「多剤併用療法」が導入されて以来、HIV の増殖や発症はほぼ抑えられるようになり、エイズによる死亡は大きく減少しました。そして、いまでは HIV に感染しても早期に発見し、免疫力の高い状態を維持できれば、寿命を全うできるようになってきています。「エイズ＝死の病」という認識をいまだ持っているのなら、私たちはその認識を改めなければならないでしょう。

　このような HIV の「慢性疾患化」が進む一方で、課題も存在しています。その 1 つは、保健所等で HIV 検査を受ける人の数が減少傾向にあることです

（2008年の受検者数は約14万7000件だったのに対し、2013年は約10万5000件）。HIVに感染しても寿命を全うするには、早期に感染に気づく、すなわちHIV検査を受けることが重要です。

　それでは、検査を受けに行く人が減少しているのはなぜでしょうか。まず、エイズに対する世間の関心が薄れていることが挙げられるでしょう。それ以外の理由としては、HIV検査を受けることへの抵抗感、もっと言えば検査をして陽性という結果が出ることへの恐怖心があるのではないでしょうか。

　結果への不安とは感染しているという事実を知る恐怖のことだけを意味しているのでしょうか。検査の忌避には同性愛者やセックスでうつる性感染症に対するとらえ方が関係しています。歴史的に性感染症になった人は、それに値する不道徳な行いをしたことへの罰が当たったと考えられてきました。こうした、病気と不道徳な行為とを関連させる認識のことを「病気の処罰モデル」と呼びます。同性とセックスをしているから、性風俗に通っているから、頻繁にセックスをしているから性感染症になったのだと言うわけです。

　こうした認識は同性とセックスしている人や性風俗で働いている人に対する偏見という形で現れるだけでなく、同時にこうした行いをしていない人に「安心」を提供します。性感染症にかかった人は不道徳な行いをした人だと考えることによって、自分は安全だ、自分には関係ないと考えることができるからです。たとえば、エイズは同性愛者の病気、あるいは性風俗で働く・性風俗に通う人の病気であると考えることで、自分は大丈夫と「安心」するわけです。しかし、たとえ性行為の相手が大好きな人であっても、その相手がウイルスを持っていれば感染する可能性が生じることを考えるなら、エイズを特定の人の病気であると思い込むことがいかに根拠のないものかわかるでしょう。自分は安全だという思い込みが自らの健康を危険にさらしているとも言えるのです。

❖ 課題と展望

　エイズは疾病の1つである。このような考えにもとづいてエイズは医学の問題と考えられてきました。しかし、HIV/AIDSの感染拡大を防ぐには医学的知識を持つだけでは十分ではないことがわかってきました。どうしたらHIV

に感染するか知ってはいても予防行動をとることは容易なことではないからです。

　まずセイファーセックスはひとりで行うことはできません。性交渉には相手がいるからです。たとえば、男女間の性行為であれば、男は○○すべきだとか、女は○○するほうがのぞましいという性についての思いこみ、すなわちジェンダーが2人のコミュニケーションに影響を及ぼすかもしれません。また、セイファーセックスにはどのような行為が「自然」でどのような行為が「不自然」かという日本社会のセクシュアリティについてのとらえ方も関わってきます。エイズを含めた性感染症＝不道徳な人がかかる病気という認識は、自分たちの性行為は自然だと考える人にとってエイズを自分の問題として考えることを難しくするでしょう。国連合同エイズ計画が差別ゼロデーをつくったのは、HIV感染の拡大とジェンダーやセクシュアリティの差別とが切り離せないという認識があったためでしょう。これらのことは、私たちが自らの健康を守るためには性についての「思い込み」から解き放たれることも大切なのです。文化人類学者の新ヶ江章友さんはエイズを「コミュニケーションの病」と呼びましたが、私たちのジェンダーやセクシュアリティ観がコミュニケーションに影響を及ぼしていないか、これを機会に考えてみたらどうでしょうか。

✚**参考文献**

池上千寿子『思いこみの性、リスキーなセックス』岩波書店、2011年

新ヶ江章友『日本の「ゲイ」とエイズ──コミュニティ・国家・アイデンティティ』青弓社、2013年

Peace

6-P 「ポジティブ・ヘルス」という安全保障

❖ グローバル公衆衛生への視座

　人は誰しも、健全な環境のなかで心身ともに健康に生きる権利、すなわち

「生存権」を享受するのを当然のこととして、日常生活を送っています。そして今日では政府や国家、ひいてはグローバル社会全体が、私たちのこうした権利・安全を保障すべきだと考えるようになりました。

その一方で、ヒト・モノ・カネが地球大で移動するグローバル化時代（� グローバル化を参照）にあって、私たちの健康に対する脅威はかつてないほどに高まっています。たとえば、2013年冬にギニアをはじめとする西アフリカで感染が確認されたエボラ出血熱（エボラウィルス病）は、数年にわたり70％という高い致死率を維持しながら大陸を跨ぎ感染地域を広げました。こうした事態に国連専門機関の世界保健機関（WHO）は、米国疾病管理予防センター（CDC）、欧州連合（EU）、西アフリカ諸国経済共同体（ECOWAS）、国境なき医師団（MSF）や国際赤十字・赤新月連盟（IFRC）などと連携して対応にあたっています。

それでは、グローバル社会はどのような経験を重ね、上述の共通認識を築き上げたのでしょうか。また、主権国家の共同体としての国連およびWHOが中心となってグローバル公衆衛生行政を担うことは、世界の人びとが「生存権」を獲得するためのベスト・ミックスなのでしょうか。こうした視点から、今日の公衆衛生をめぐる危機を見つめなおすことで、「生存権の有権者」として私たちにできること、なすべきことを考えてみましょう。

❖ 公衆衛生をめぐる国際協力のあゆみ

感染症の起源は、人間が定住し野生動物の家畜化が進んだ文明の興りと一致しており、まさに文明が感染症の「ゆりかご」となったと言えます。感染症は神の祟りだと考えられており、聖職者による祈祷や科学的根拠のない治療の結果、被害がさらに深刻化する二次災害を招きました。しかし、5〜6世紀に黒死病（ペスト）がヨーロッパで大流行し、人間社会に壊滅的な被害をもたらしたことが契機となって、こうした状況に変化がみられます。ヒトやモノの移動とともに感染症が拡大するルートを封じるべく、公衆衛生分野での広域連携が芽生えました。たとえば、感染地域からやってきた人を隔離し、船の入港を禁じる等の措置が講じられたのもこの時期です。

　さらに14世紀半ばには、病原菌の感染メカニズムの解明など科学的研究が進みますが、15世紀半ばに大航海時代が到来すると、感染症は大陸間で拡大し始め、16〜18世紀にかけて天然痘、麻疹、インフルエンザ、チフスやマラリアといったヨーロッパとアフリカで猛威をふるう種々の感染症が、南米大陸でも流行しました。野口英世の死因でもある黄熱は、17〜18世紀に奴隷貿易とともにアフリカから南米およびカリブ海地域に持ち込まれ、20世紀初頭までに多数の南北米大陸の人びとの命を奪いました。

　感染症が国際的に蔓延するにともない、先進国・地域は独自の防疫措置を講じます。しかしそれは、産業革命を経た貿易圏にとって自由航行を阻害する諸刃の刃にほかならず、また密輸のための賄賂や汚職により非効率性が露呈されたことで、国家横断的な対策ネットワーク確立への機運が高まります。さらに、もともと感染地域が中央アジアに限られていたコレラは、19世紀に6回もの世界的流行を繰り返し、インドからヨーロッパ、アメリカ大陸へと触手を伸ばしました。そこで1820〜40年代に、オスマン帝国のコンスタンティノープル衛生理事会など各地で多くの地域内衛生組織が設立されました。また1903年にパリで開催された第11回国際衛生会議では、コレラ、ペストと黄熱に対するヨーロッパ帝国諸国の防疫措置が検討され、史上はじめて法的拘束力のある国際衛生規約が成立します。

　1907年、史上初の国際保健機関として国際公衆衛生局（OIHP）が設立されますが、その役割は専ら先の国際衛生規約を監督するだけの限定的なものでした。グローバル社会が人びとの心身の健康を保全すべきとの共通認識が結実するには、第一世界大戦後の国際連盟保健機関（LNHO）の設立を待たねばならなかったのです。終戦後、ロシアからの兵士・難民の移動により東欧各国でチフスが流行し、1919年段階においてポーランドで約25万人、ロシアでは16万人以上の患者が報告され、これに加えてコレラや新型インフルエンザの撲滅が急務となります。

　しかし、独自の保健機関を擁護するフランス外務省などの反対を受け、国際連盟は1921年に設置した臨時保健機関を23年になってようやく常設化するに至ります。LNHOは、人類史上初めて世界規模での公衆衛生行政を担いました。

その活動理念は、感染症の撲滅から一歩踏み込んだポジティブ・ヘルス（Positive Health）と称されます。ここで言う「ヘルス」とは、単に病気でないという意味にとどまらず、心身ともに、そして道徳的にも健康な状態を意味します。

　複雑な国家間政治のなかにあって、人々のポジティブ・ヘルスを実現することは、グローバル社会全体の取り組むべき課題であるという思想が、LNHOの活動をつうじて国際的常識となったのです。この理念が第二次世界大戦後のWHOへと継承されたことは、1943年に戦後の国際的保健機関構想が提起されWHO憲章が起草された点からも確認できます。

　さらに1945年、サンフランシスコで開催された「国際機構創設のための連合国会議」において中華民国とブラジルは、WHOの設立と国連憲章55条ｂ項に「ヘルス」という一語を盛り込むとした共同宣言を発表します。もちろん、この一語が意味するところはポジティブ・ヘルスにほかなりません。これが全会一致で採択され、LNHOを継承する国連の包括的保健機関を設置するとの方向性が確定しました。WHO設立から70年を経た今日、越境的感染症の脅威に直面する私たちにとってLNHOが残した教訓と示唆は、これまでにないほどに重要な意味を持ちます。

❖ WHOによるグローバル公衆衛生行政と主権国家の壁

　WHO憲章の１章１条は、その活動目的を「すべての人々が最高基準の健康を享有できるようにすること」と定め、健康を享受することは「すべての人々が持つ基本的な権利」と謳っています。さらに、WHOメンバーが一堂に会す世界保健総会（WHA）は、1977年の年次総会において「すべての人々に健康を（Health for All）」を2000年までに達成すべき活動目標と策定しました。ただし、ここで私たちは、だれが「すべての人」の対象なのかという逆説的な疑問に突きあたります。たとえば、国連加盟国でないバチカンとパレスチナがWHA常駐オブザーバーである一方で、国連でのオブザーバー資格さえ持たないクック諸島とニウエは、WHAの正規メンバーなのです。国連加盟国とオブザーバー国・地域の人々の間にも差があるのです。

　この疑問に関連して、1977年の決議が2000年代に入ると皮肉なかたちで陽の目を見ました。2002年秋から半年にわたり中国・東南アジアを中心に重症急性呼吸器症候群（SARS）が猛威をふるい、8000名を超える発症数が確認され770名あまりの死者を出しました。またその頃から、鳥インフルエンザ（H5N1）や新型インフルエンザ（H1N1）も予断を許さぬ状況が今なお続いています。

　そのようななか、2009年6月にマーガレット・チャン（陳馮富珍）WHO事務局長は、「2009年インフルエンザ・パンデミック」の発生を宣言し、この会見を「私たち全員でこの事態に取り組み、ともに乗り切ろう」という言葉で締めくくりました。この「私たち」には台湾住民も含まれていますが、国連機関の長が台湾を内包した管轄領域を念頭に公式の場で発言したのは、1971年以来初めてのことでした。

　1971年10月、国連総会は、中華人民共和国が中華民国に代わって国連システムでの中国議席を代表することを確認する総会議決2758を採択しました。この「中国代表権問題」が解決して以来、グローバル社会は台湾住民の「生存権」を保障しえなかったという現実政治が、「2009年インフルエンザ・パンデミック」宣言の背景にありました。1997年3月、章孝厳外交部長は、オブザーバー資格による「中華民国（台湾）」のWHA参加を求め、中島宏WHO事務局長あての書簡を送付しました。実質的にはこれが、台湾の「WHO参加」政策の端緒です。しかし国連事務局は、中華人民共和国への配慮から、この「国連加盟」申請提案を「門前払い」します。

　その法的根拠は、国連憲章に規定される国連加盟の承認要件にあります。そこでは「国際連合における加盟国の地位は、（略）すべての平和愛好国に開放されている」（国連憲章4条1項）と、主権国家であることが前提とされます。同様に、WHO憲章3章3条も「すべての国家に開放される」と定めています。さらには、加盟手続きに関しても、「国際連合加盟国となることの承認は、安全保障理事会の勧告に基づいて、総会の決定によって行われる」（同条2項）と規定されています。つまり、台湾の「国連加盟」につながりうるいかなる試みについても、安保理常任理事国の中華人民共和国からの承認が不可欠なのです。

❖ だれがグローバル公衆衛生行政の対象なのか？

　他方で、同憲章 3 章 8 条には、WHO への参加方式は加盟国のほかに準会員、そしてオブザーバーという資格も設定されています。準会員とは、「国家間関係を司る能力を持ちえない領域またはグループ」と規定されるため、国家としての参加を目指す台湾にとっては、当初より「準会員」という選択肢は想定されていません。結果的に、「実務外交」を積極的に展開してきた台湾としては、オブザーバー資格の獲得が必然的かつ現実的な政策目標となります。

　しかしながら、2001 年 8 月に台湾当局が、「中国の干渉を避けられない」ため「191 の WHO 加盟国の過半数支持を得ることは、依然として非常に困難だ」との認識を示すほどに、台湾住民が国際政治空間で「生存権」を獲得する試みは、数年間にわたり膠着状態が続きます。この時期、台湾当局は1998年の腸内ウィルス（EV-71）感染や99年の台湾中部大地震を例に挙げて、「台湾の2300万の人民が、（略）WHO のセーフティネットから除外されている」現状を "Health Apartheid" だと訴えました。

　その台湾が、「パンデミック宣言」の 1 カ月前に、第62回 WHA でオブザーバー参加を果たしました。国連総会でなく専門機関の年次総会への参加、ましてやオブザーバー資格での出席は、中華人民共和国の地位を揺るがすものではありません。とは言え1997年に台湾が「WHO 加盟」を対外政策に掲げて以来、国連の場で審議さえ拒否されてきた台湾の「WHO 参加」が、なぜこの段階で認められたのでしょうか。新型インフルエンザ（H1N1）の感染地域にのみ込まれつつある台湾、ひいては世界各国での防疫強化措置の一環といった解説だけでは、あまりに表面的で雑駁に過ぎます。

　WHO が台湾を管轄領域に取り込むことは、中国政府からみれば自国に対する介入主義にほかならず、同国は従来こうした国際社会からのバイアスを合法的に排除してきました。しかし新型インフルエンザ（H1N1）の脅威が高まるなか、一転それを容認する政治判断を下したのです。それは SARS の災禍から得た「教訓」だったのです。2003 年 4 月、SARS 対応の只中で同国政府は、情報隠ぺいを WHO から痛烈に批判されたのを皮切りに、国際社会からガバ

ナンス能力を問われました。最終的には、一部ながらも中国人民の「生存権」
を WHO に保障してもらう事態に陥りました。WHO による台湾へのアプロー
チを容認したのは、そのような状況を繰り返さないという意思表明だったと言
えます。

　ここで、一体だれが「すべての人」の対象に入るのかという逆説的な疑問へ
の解答が導き出されます。つまりそれは、その時々の国際関係のなかで線引き
されるのです。たとえそれが、越境的な感染症からの「生存権」保障というグ
ローバル公衆衛生行政においてさえも……。

❖ 課題と展望

　14世紀半ばに黒死病（ペスト）がヨーロッパで流行した当時、ユダヤ人が井
戸に毒をまいたという噂から、ユダヤ人に対する虐殺や迫害が横行したと言い
ます。悲しいことに、「それは昔の話」と割り切れぬ事例が報告されています。
後天性免疫不全症候群（AIDS）が感染拡大を続けるなかで、特に貧困層に苦し
む社会的マイノリティの生活スタイルを批判材料とした排外的言動が繰り返さ
れています。中国・河南省の W 村では、生活のために売血を余儀なくされた
村人に対して省政府が売血奨励政策を採りました。にもかかわらず、1990年代
末には村人の半数が HIV ウィルスに感染したことから、「エイズ村」として深
刻な差別を受けました。

　また、エボラ出血熱（エボラウィルス病）の脅威に晒された米国ニューヨーク
市でアフリカ系移民というだけで差別を受けたり、東日本大震災にともなう東
京電力福島第 1 原発事故（**11**-G　核・原子力　話しにくい原発事故の被害を参照）
を受けて、「福島ナンバーの自動車に近づくと被ばくする」という流言飛語が
広まったという話は、私たち自身に大きな課題を突きつけます。

　私たちは、自らの生存権を保障しようと「ポジティブ・ヘルス」を追求しま
す。それは、「私以外のすべての人」も同様に有する権利です。「すべての人」
を 1 人でも増やす努力が、グローバル公衆衛生の保障に不可欠だからこそ、自
己の「ヘルス」を追求することは、他者の「ヘルス」を侵害しかねないとの自
覚が、私たちに求められます。みなさんも、すでに気づいているのではないで

しょうか。国家や国際社会に任せておけばうまく調整してくれるものではなく、「すべての人」を線引きするのは、まぎれもなく私たち自身なのだと。

✚参考文献

大谷順子『国際保健政策からみた中国——政策実施の現場から』九州大学出版会、2007年

安田佳代『国際政治のなかの国際保健事業——国際連盟保健機関から世界保健機関、ユニセフへ』ミネルヴァ書房、2014年

山本太郎『感染症と文明——共生への道』岩波書店、2011年

7 行為主体

　それがいかなる様式であれ、暴力を前にしたときに言葉は沈黙してしまうものです。精神分析の創始者ジークムント・フロイトは、理不尽な暴力に遭遇した人は、それを語る言葉を失う傾向があり、時間をかけて無意識のうちにその経験を心の奥底に封印し、最終的には忘れることで平常を保ちうる心的メカニズムを解明しました。そして彼は、それを「抑圧」（repression/verdrängung）と称しました。被害を受けた人は、強制されずとも自ら抑圧されることを選ぶというのです。ただし、その"自発的な"沈黙もしくは忘却は、暴力を前提とすることを忘れてはなりません。

　視線を日本に転じれば、高度経済成長を実現し1968年から2010年までの約40年もの間、世界第2位の経済大国の座にありましたが、バブルが崩壊した1990年代以降は「失われた20年」を経験しました。経済的停滞により公的社会保障は縮小し、多様な社会的弱者が生まれました。先進国からなる経済協力開発機構（OECD）によれば、日本の10万人あたり自殺率は20.9人と、OECDの平均を8.5ポイント上回ります（2014年）。この数字は、暴力により自らの心身を統制する尊厳を奪われたとき、老若男女を問わず人は自ら生命の沈黙さえ選ぶことを示しています。

　一見すると平穏な私たちの生活空間にも、周りに目を凝らせば、自らのことを自ら決定する力、主体性を喪失し沈黙する人々が多く存在することに気が付くでしょう。主体性の喪失は私たちの内面に忍び入るかもしれませんし、ともすれば私たち自身が他者の主体性を踏みにじってしまうのです。この点を自覚し、「声なき声」に耳を傾ける姿勢にあることで、私たちの生活空間に存在する個々人の主体性は保障されるでしょう。それは、私たちが包容力ある社会を

築く第一歩なのではないでしょうか。

　7-G では、日本への移住労働者をめぐる過酷な歴史と現状を手掛かりに、この国の多文化共生のあり方を再検討します。バブル期における人手不足や昨今の少子高齢化に対応するため、日本は海外の労働力を「調達」してきました。その法的根拠が、日系人の就労に門戸を開いた「出入国管理及び難民認定法」（入管法）です。ここでは、日系人などが人権侵害や不法就労に関する言葉を沈黙する現実に対して、尊厳ある人間として移住労働者と向き合う非営利団体（NPO）「移住連」の活動を紹介します。同時にそれは、日本人を含む女性が活躍しやすい社会づくりとも通底するものです。

　7-P では、日本が経済大国への道を突き進む過程で露見された公害問題に着目し、健康被害とは異なる社会的被害をめぐる主体とその教訓について考えます。四大公害の被害者の声に耳を傾ければ、彼ら彼女らが受けた社会的被害が近代化や経済成長を追求する過程に限った特殊な現象ではなく、善良な人々の日常にもその芽はあるとの認識に至ります。つまり私たちは、ともすれば被害者への抑圧を正当化しかねないのです。その自覚を喚起することで、多様な行為主体が活躍できる社会へのヒントが得られるのではないでしょうか。

　また、高齢化が歴史的事実をめぐる沈黙や忘却を加速させる今日、消えゆく事実を語る声に、しっかりと耳を傾ける人々も現れています。私たち自身がそうした行為主体となるために、自らが行動するきっかけについて考えてみましょう。

Gender

7-G　移住労働者と NPO

❖ 移住労働者への関心の高まり

　2020年のオリンピック・パラリンピック東京大会の開催が2013年秋に決定しました。開催決定の歓喜に沸く一方、建設業界の人手不足をどうするのかという問題がすぐに持ち上がりました。

建設業界の他に近年最重視されているのが、介護や家事支援をする労働者を
どのように海外から調達するのかという問題です。

その背景には、日本の人口が減り続けている現状があります。2005年に1億
2700万人であった人口は、2055年には8900万人になり、2105年には4459万人に
なると推計されています。また、65歳以上の人口は2040年に全人口の4割近く
になると言われており、労働力不足が心配されています。

人口減少や高齢化の現状をみると、海外からの移住労働者受け入れ政策は、
日本で議論されなければならない重要な課題の1つと言えるでしょう。

そこで7-Gでは、まず日本の移住労働者にかかわる歴史を振り返り、移住
労働者の問題を整理したのち、それらの問題に取り組んでいるNPOを紹介し
たいと思います。

❖ 移住労働者にかかわる歴史

日本における外国人登録者数は1970年に70万人でしたが、2013年には207万
人となりました。1970年代まで日本の労働力は、農村から都市への人口移動に
頼っていました。しかし1980年代に入ると景気上昇により、建設・製造・卸
売・小売・飲食の中小企業で人手不足となり、それまで日本の外国籍者の大多
数を占めていた在日コリアンをはじめとする旧植民地出身者とは異なる形で、
多くの移住労働者が来日するようになりました。

1980年代前半には、フィリピンやタイから女性が多く来日し、その多くは飲
食店で働いていました。なかには人身売買とも言える状況で働くものもありま
した。その後80年代後半になると、東南アジア、南アジア、西アジアからの男
性の移住労働者が増えていきました。

ところで、1951年に「出入国管理令」という名称で制定された法律は、日本
の難民条約加入に伴い1981年に「出入国管理及び難民認定法」（以下、入管法と
記す）と名称を新たにし、さらに1990年、入管法が改定されました。この改定
により日系人の就労が認められたため、ブラジルなどから多くの日系人がやっ
てきました。この法律は、知識・技術者の受け入れ拡大とともに、就労資格の
ない外国人を雇った雇用主への罰則規定を設けており、さらに外国人研修制

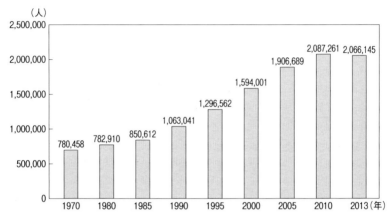

図表1　在留外国人数の推移

（人）

出典：法務省『平成26年度版　出入国管理日本語版』57頁、図17「在留外国人数の推移と我が国の総人口に占める割合の推移」をもとに筆者作成。

度・技能実習制度についても記しています。これは、不法就労外国人の増加を懸念する声を沈静化させ、日本人の血縁であるよそ者ではない日系人に門戸を開くことで中小企業の労働力不足を補い、研修という名称を使うことで国際貢献のイメージを強めようという政策でした。

　日本は表向き、単純労働者の受け入れはしないとしながらも、入管法改正以来、日系人・研修生・技能実習生・非正規滞在者が、人権侵害行為や不法就労といった問題を抱えつつ、事実上、単純労働をし日本における労働の底辺を担っていました。

　1990年代に入ると、国際的に、高度技能移民（医療・科学・ITなどの高度技術分野および金融部門における専門家）への需要が高まり、1999年、専門的・技術的分野の労働者を受け入れる方針が日本政府によって示されました。

　2000年代における移住労働者をめぐる事がらはいくつかありますが、紙幅の都合上、以下の3点に絞ります。1つは「多文化共生」概念の誕生、2つめは入管法の何回かの改正、そして3つめは看護師・介護福祉士の受け入れ開始です。

　外国からやって来た日系ブラジル人などの存在が、かれらの携わる産業集積地で顕著になると、1993年頃からメディアを中心に「多文化共生」の言葉が使われるようになりました。そして移住労働者が多く住む静岡県浜松市、愛知県豊田市、岐阜県美濃加茂市などによって、2001年、外国人集住都市会議が設立され、国の適切な施策を求めるようになりました。2006年には政府から「多文化共生を推進する方針」が示され、「多文化共生」とは、「国籍や民族などの異なる人々が互いの文化的違いを認め合い、対等な関係を築こうとしながら、地域社会の構成員として共に生きていくこと」と定義づけられました。同年、政府は、「地域における多文化共生推進プラン」を策定しました。

　入管法に関しては、何回か改正され、なかでも、2005年の改正は、人身取引被害者の保護に関するものでした。その背景には、アメリカ国務省が2004年の人身売買報告書で、日本を監視対象国にあげ、人身売買の犠牲者が売春産業で搾取されている外国人女性であることを指摘したということがあります。とりわけ興行ビザを取得して入国したフィリピン人女性が人身取引の被害にあっていることが問題となり、2006年興行ビザに関する基準省令が改正され厳格化されたことで、フィリピン人女性の新規入国数は激減しました。しかし近年では、日本人男性との偽装結婚によって入国し劣悪な労働条件の下でホステスなどをしている実態がわかってきています。

　2008年からは、看護師・介護福祉士の受け入れが、各国とのEPA（経済連携協定）にもとづき、インドネシア、フィリピン、ベトナムという順序で始まりました。なかでも介護福祉士不足は深刻です。2025年には介護人材が100万人不足すると推計されています。「介護現場の労働力不足を外国人で補完し人口減によって限られる日本人を産業の国際競争力強化に振り向ける」とした2006年の経済諮問会議のグローバル戦略を背景に開始された受け入れですが、実は国内の福祉・介護関係者の労働組合等から強い反発がありました。つまり、安易な外国からの受け入れが、国内の劣悪な介護従事者の労働条件を放置することになり、離職が促進され介護の質が低下すると懸念されたのです。したがって、受け入れる人材は高等教育機関の修了者であり、日本語研修を受け、３年以上介護業務についた後に国家試験に合格しなければならないという条件がつけ

られました。高いバリアのためか2008年からの累計で1538人が日本で働いているにすぎません。そのため、新たに技能実習制度の対象職種に介護を加えて、この不足問題に対応しようと現在政府は考えています。

❖ 移住労働者の問題

　わが国が抱えている移住労働者の問題はたくさんあります。まず在留資格の問題として、観光ビザで入国し超過滞在してしまうこと、あるいは偽装結婚によって外国人女性を日本人配偶者として入国させてしまうことがあげられます。次に、就労形態の問題として、男性は日本人が就労しない底辺労働者がきわめて多く（たとえば3・11後の原発処理作業など）、女性は底辺労働あるいはホステス等の仕事についています。就労先での問題として、長時間労働・低賃金・賃金不払い・ピンハネ・突然の解雇・職場での暴力・差別・恐喝・セクハラがあります。不法就労であれば、病気に対して保険を使えないという事態にもなります。生活問題としては、言語・習慣・宗教の違いによって地域で困難やトラブルを抱えたりすることがあげられます。移住労働者に快適な施策が整備されている地域はなく、また、家族で来日することの多い南米からの移住労働者の子どもたちは、言語や教育の壁にもぶつかりがちです。

　こういった様々な問題を抱えつつ日本社会に生きている移住労働者を支援するNPOを次に紹介します。

❖ 「移住連」というNPO

　「移住連」は正式名称を「移住者と連帯する全国ネットワーク」と言います。1997年に、日本に住む移住者の権利を守り、その自立への活動を支え、多民族・多文化が共生する日本社会を作るために発足しました。そして「移住連」は、2015年6月にNPOとなり、「移住連」の全国約80の団体会員および関係領域の300名以上の個人会員が、様々なネットワークを結び、広範な問題に取り組んでいます。

　「移住連」の活動精神は、在留資格のあるなしにかかわらず移住者の基本的人権を認めるべきとした国連の「すべての移住労働者とその家族の権利保護に

関する条約」にもとづくものです。

「移住連」が課題としてあげているのは、(1)南米出身者、(2)外国につながる子どもたち、(3)外国人研修生、(4)移住女性、(5)非正規滞在者です。これらの課題解決のために立てている活動の柱は、(1)「つくる〈Advocacy〉」(政策提言、省庁交渉、ロビーイング)、(2)「つながる〈Networking〉」(全国フォーラム、全国ワークショップ)、(3)「つたえる〈Publicity〉」(情報発信、出版、ホームページ)であり、女性プロジェクト・外国人技能実習生権利ネットワーク・医療・生活ネットワーク・入管法対策会議・生活と権利のための外国人労働者総行動実行委員会・貧困プロジェクト・外国人人権法連絡会・人身売買禁止ネットワーク・人種差別撤廃 NGO ネットワーク・国内と人権機関と選択議定書の実現を求める共同行動・子どもの教育に取り組んでいる組織との連携・難民支援を行っているネットワークとの連携といった12のプロジェクト活動を実施しています。2011年から2015年の5年間に出された声明・政策提言・プレスリリースは、技能実習制度、移民女性の DV シェルター利用、建設労働者、ヘイトスピーチ、家事支援人材、ハーグ条約、移住女性の DV 施策、東北・関東大震災にかかわる緊急支援などに関するものです。

「移住連」の様々な具体的活動はどれも特筆すべきものですが、ここでは1つだけ記しておきます。2014年4月に日本が署名国となったハーグ条約に関して、子どもを連れて逃げ帰ってきた DV 被害女性を守るために、「移住連」が、ハーグ条約国内実施法に DV の規定を入れるよう交渉を続けました。つまり、子どもを返還するかどうかの裁判官の判断時に、DV で逃げてきた事実を考慮してほしいというものです。これは、「移住連」が、外国籍の移住女性だけでなく、日本人の海外移住女性をも支援したことを意味します。

確たる移民政策のない日本において、移住労働者をめぐる問題は山積みです。「移住連」は、外国人人権基本法と移民政策の確立をめざして、今後も重要な活動を NPO として担っていくでしょう。

❖ 課題と展望

困難を抱える移住者は女性だけではありません。移住男性は危険な底辺の仕

事をすることが多くあります。しかし、外国籍であり女性であることは二重の意味で日本社会において周辺化する恐れがあります。人身売買で性産業に従事させられるケースはもとより、日本における国際結婚で76％を占める男性日本人夫・女性外国籍妻もDVの温床となりがちです。婦人相談所でDVを理由に保護された外国籍女性は、人口比でみると日本人女性の6.5倍です。EPAで来日した看護師は8割以上が女性です。現在検討中の家事支援も多くは女性が対象でしょう。そうなると移住労働者の複雑な問題は、ジェンダー問題の様相をますます呈することになるでしょう。

　さらにこの先を考えた場合、少子化による人口減を移住労働者によって、ひいては将来移民受け入れ大国になることで食い止めようとするのは安易かもしれません。ヨーロッパの国によっては、移住者第1世代の女性の出生率は高くても、第2世代になると下がることがあります。日本の調査では外国籍の女性の出生率が1995年から2005年の10年で1.53から1.13に減少しています。日本が子どもを持ちにくい構造を抱えているからでしょう。また、日本人女性が敬遠しがちな介護士に代表される劣悪な労働条件が改善されない限り、いずれ外国から来た人もその職を敬遠するようになるでしょう。

　多文化共生の意味を、今一度再定義する必要があるのではないでしょうか。多文化は諸外国の文化を指すだけでなく、日本女性あるいは他のマイノリティも含めた文化を言い、それらの共生と繁栄がなければ、移住を考える人々にとって決して日本は魅力的な目的国にはならないということです。移住を考えるときに必要なのは、人口減少に対応するということではなく、来日外国人にも、日本人にも、暮らしやすい社会をつくっていくという発想なのではないでしょうか。

✚ 参考情報

　移住連ホームページ　http://migrants. xsrv. jp/smj/about-migrant-in-japan

Peace

7 -P 「公害」をめぐる多様な主体

❖ 生活空間における「政治」の主体

　「今日のランチは学食でカレーライスを食べよう」という決定は、1つの政治的行為です。政治とは、限りある資源や希少な価値を誰にどれだけ分配するかを決定することで、それは決定のプロセスで展開される関係者間のやりとりを含みます。私たちは日常的に、限られた情報や選択肢のなかで何を優先させ何を諦めるか、その時々で最善と考える決定を重ねています。みなさんも、友人との関係性や午後の講義の開始時刻といった外的要素を考慮しつつ、ランチの場所やメニューを決定していますね。元々は学外のカフェへ行くつもりだったけど、弁当を持参した友人も一緒に食べられるように学食を選び、ちょうど季節限定のカレーライスがあったから……、という具合に。

　この意味で、私たちは何かに妥協しつつも主体的に政治を行っていますが、それは生活空間で直面する現実的課題に対応するための思考的かつ身体的な態度表明なのです。そして、西欧由来の民主主義社会では、選挙で投票することが最善の態度表明であり最高の政治的行為とされます。翻って、低迷する日本の若者の投票率を捉えて、政治意識が低いなどと声高に叫ばれます。ただし逆説的に言えば、政治意識が高ければ高いほど、選挙とは違う場面であっても政治的行為の必要性や重要性を見出すものではないでしょうか。生活空間が政治の場であるからこそ、日常生活を通じて私たちはみな、政治の主体として社会を変えることも可能なのです。

❖ 高度経済成長と公害、その主体

　私たちが暮らす日本社会は、四季折々の自然豊かな風土を育んできました。色を表す日本語には、鶯色や桃色、桜色、茜色、はたまた水色など自然にある色彩をそのまま引用したものが多数あります。これは、古来より日本人の生活空間が自然環境と調和するなかで、その感性や文化を培ってきたことの証左で

す。しかし、明治時代に近代化が始まって以降は、二度の世界大戦およびその後の朝鮮特需を契機とする高度経済成長期にわたって、日本社会は生活空間を顧みることのないまま富強と開発を急ぎました。実に1955年から73年までの19年もの間、年平均10％以上の成長を続けた日本経済は、のちに「東洋の奇跡」と称されたほどです。

　近代日本の幕開けの裏では、人々の健康をもないがしろにした社会問題が生じました。1880年代、日本の公害事件の起源とされる足尾銅山鉱毒事件が起こります。現在の栃木県日光市の足尾銅山周辺では、二酸化硫黄を主とする鉱毒ガスによって酸性雨が降り野山は荒れ、その川下にあたる群馬県の渡良瀬川流域で銅イオンなどを含む排水が田畑を枯らすなどの悪影響が散見され始め、周辺住民のなかには健康被害を訴える人も多く出てきました。こうした被害を粘り強く国会や世論に訴え、最終的に政府に鉱毒対策を講じさせたのは、田中正造と被害を受けた周辺住民でした。生活空間が侵され、やむにやまれぬ状況に追い詰められた人々が声を上げましたが、それが容易ではないことは想像に難くありません。

　しかし残念ながら、足尾銅山鉱毒事件を経てなお1920年代に四大公害の端緒となるイタイイタイ病が富山県で起こります。さらに第二次世界大戦後の復興とそれに続く高度経済成長の道をひた走るなかで、1950～60年代には水俣病（熊本県）、四日市ぜんそく（三重県）、そして第2水俣病（新潟県）が立て続けに引き起こされます。公害を突き付けられた当事者は、高い政治意識をもって態度表明してきました。そして、今日なお被害に苦しんでいる人々は、公害被害者という主体として私たちに語りかけてくれます。ここでは、日本社会が経済大国化の過程で生み出した四日市ぜんそくと水俣病を事例として、健康被害に限らず社会的被害をめぐる多様な主体について考えます。

❖ 公害が生み出す多様な被害

　日本政府は1955年、石炭から石油へのエネルギー転換を目指す「石油化学工業の育成対策」の1つとして四日市市塩浜地区内にある第2海軍燃料廠跡地に石油化学コンビナートを建設することを決定しました。1959年に四日市第1コ

116

ンビナートが稼働するや否や、石油精製工場から大量に排出される硫黄酸化物を含んだガスが大気汚染を引き起こし、コンビナートに隣接する磯津地区に住む多くが、ぜんそくや気管支炎といった呼吸器系の疾患を訴え始めました。

　当時、深刻な環境汚染と健康被害をはじめとした被害者の苦難を関連付ける因果関係は、認められていませんでした。よって、患者たちは高額な医療費を自己負担せねばならず、それがかなわぬ場合は疾患を放置するほかなかったのです。そこで1965年5月に、四日市市は独自に、市内に住む公害認定患者を対象とする医療費救済制度を開始します。この全国初の公害被害者への補償制度は、重篤な患者が市内の塩浜病院に新設された「空気清浄室」に入院する措置を兼ね備えていました。同市にならい国も、「公害に係る健康被害の救済に関する特別措置法」および「公害健康被害補償法」を施行したことで、対象となる公害認定患者は、同市に住む約2000人から全国の約19万人へと拡大しました。

　四日市市が補償制度を始めて2年半後の1967年9月、公害認定患者9人が、第1コンビナート企業6社を提訴します。複数企業の共同不法行為による住民被害を疫学的に立証した初の裁判は、1972年7月に被告6社に総額8821万円の賠償金支払いを命じ、原告の全面勝訴で結審しました。公害被害者に寄り添い、その声を記録し続けてきた澤井余志郎さんが撮影した写真には、四日市訴訟判決報告会でバンザイする原告団の背後で、相変わらず煙を排出する被告企業の煙突が写っています。また、原告のうち最年少の野田之一さんは、その報告会にて「この判決のもとに青空が戻るという問題ではございませんから、ご支援ありがとうという言葉は控えさえてもらいます」と語りました。

　野田さんは、15歳から漁師として一家を支えてきましたが、気管支ぜんそくと肺気腫を患ったうえに「臭い魚」しか獲れなくなったため、「このままだと死ぬのを待つだけ」と、やむなく提訴を決定しました。10年にわたる入院生活のある日、一緒に大相撲中継を見ていた患者の1人が発作で苦しみだし、看護師が発作止めの注射を準備する間に息を引き取ったそうです。また、別の患者は苦しみ続けた末に、「今日も空気が悪そうだ」という言葉を残して自殺しました。野田さんは、「次は俺の番かな」という恐怖にも似た胸の内を、判決後

に被告企業本社で行われた面談にて、塩浜病院にも磯津の現地にも来たことのない企業幹部を前に語りました。

　一方で、彼の家族や親せきは裁判にずっと反対でした。大企業を相手取って提訴するなんて無謀だという意見や、賠償請求は「カネ目当て」との誹謗中傷を怖れてのことでした。また、家族や親せきに被害者がいることが公になれば結婚できないとあって、親せき同士が疎遠になるケースも少なくありませんでした。しかも、原告が完全勝訴してからは、公害経験を語ることさえ憚（はばか）られるといった新たな風潮が生まれます。公害は過去のものであって、１日も早く「四日市 ＝（イコール）公害の町」というイメージを払しょくしたいという“ごく当然の願望”により、周辺住民の間、公害被害者同士に深い亀裂が入りました。

　公害は健康な身体に限らず患者やその家族、親せき、ひいては周辺住民のこころや人生そのものを深く傷つけます。大半の住民生活を含む地元経済が公害の原因企業に依存してきた現実の前に、周辺住民は被害者の存在を疎ましく思うようになりました。また周辺住民も、その地域の出身という理由だけで他地域の人々から差別を受けることもありました。被害者である患者への偏見から、患者本人や家族、親せきが地域で孤立したうえに、患者同士、家族や親せき同士、さらに住民同士が相互不信に陥った結果、コミュニティはばらばらになりました。

❖ ヨッカイチとミナマタ、その他の被害をつなぐ視点

　同様の悲劇は、熊本県水俣市をはじめとする水俣病の被害地域でも見受けられます。1953年、のちに認定患者第１号となる５歳11カ月の女児が発症し、1956年に彼女は亡くなりました。同年に幼児ら４人が、口がきけない、歩くことができない、食事もできないなどの重い症状を訴えて病院で受診し入院したことで、原因、病名とも不明のままこの病気は公式確認されました。のちに水俣病と呼ばれるこの公害被害には、４つの特徴的な症状があります。視野が狭くなる視野狭窄、聴力障害、手足の末端の感覚が麻痺するなどの感覚障害、そして、言語や歩行の障害などの運動失調です。

　昭和52年（1977年）、国は、複数の症状がなければ水俣病と認めないという

「52年判断条件」を示しました。以来、あまりに厳しい認定基準が公害患者「救済」において壁となっていると、繰り返し指摘されてきました。実際に、これまでに2万9000人が申請しましたが、認定患者数はおよそ3000人に過ぎません。しかしながら、公害が生み出す被害は身体面に限らず、行政がこれまで講じてきた公害健康被害の補償や問題解決のための法整備といった財政的な「救済」措置では救えぬ人が多くいることを忘れてはなりません。

　当初は、得体の知れぬ「奇病」に怯える周辺住民の間で「患者家族は祟られている」という流言が広まり、科学的な治療を施すべき病院でも、確証を得られぬまま"伝染"するのを危惧して患者を他の入院患者から隔離するなどの措置が採られました。また、ある港町では、同じ水俣湾で獲れた魚や貝であっても被害者やその家族が水揚げしたものだけは取引が敬遠されました。「食の安全」を求めて不安材料を排除するという"良識"が、じわじわと被害者家族の生活の糧を奪っていったのです。

　水俣病の公式確認から数えて12年もの間、原因企業から八代海に排出されたメチル水銀を魚が摂取し、それを捕食したカラスやネコ、そして周辺住民の中枢神経が侵されるという因果関係が公表されることはありませんでした。その間、被害者は身体が蝕まれていく恐怖を背負い、患者家族はこの病や患者を"恥"としてコミュニティで肩身の狭い思いを募らせ苦しみ続けました。これは、ヨッカイチやミナマタだけのことではありません。社会的"良識"の大義の下で、今日も被害は広がり続けているとの視点は、フクシマなど他の地域をも捉えています（**11**-G　話しにくい原発事故の被害を参照）。

❖ 課題と展望

　公害それ自体が、患者などの社会的弱者を生み出し、さらに彼ら彼女らが被害者として手を挙げることを許さないかのように捉えられがちですが、そのような状況をつくり出すのはあくまで人です。四日市ぜんそくの原因企業だった昭和四日市石油株式会社の社員食堂には、自社が過去の経験から得た教訓を学ぶコーナーがあります。その空間は、公害を繰り返さないという自覚を社員に促し、患者ら被害者と向き合い続ける人材を育成する場ともなっています。

四日市公害訴訟の原告勝訴に際して、「ありがとう」はまだ言えないと語った野田さんは、2015年3月に開館した「四日市公害と環境未来館」の式典あいさつにおいて、ついに「ありがとう」という言葉を口にされました。また近年、四日市コンビナート夜景が注目を集めていますが、これを観光資源とする活動は、首都圏に住む同市出身の大学生らがふるさとへの思いを語ったことが発端です。その声をかたちにするため、四日市市役所の担当者は公害被害者と何度も話し合いました。

　野田さんの目は、公害被害者の声を未来へとつなぐ主体を見据え、その表情からは、彼ら・彼女らが今日の四日市を支えているとの確信がうかがえました。善良な人々でさえ、患者らを身体的のみならず精神的にも苦しめるとともに、偏見や差別を受ける側に立つこともあります。つまり私たち自身が、ともすれば被害者への「抑圧」を正当化しかねないのです。こうした自覚を促すことが、1人ひとりが社会を変える主体へと成長するきっかけとなるのです。

✿参考文献

石牟礼道子『苦海浄土——わが水俣病〔新装版〕』講談社文庫、2004年

公害を記録する会（代表：澤井余志郎）『「四日市公害」市民運動記録集』日本図書センター、2007年

庄司興吉『社会変動と変革主体』東京大学出版会、1980年

性別（多様な性）

　私たちの社会は性について様々な規範を持っています。この章では、こうした性の規範がゆらぎつつある現状、また性の規範がもたらす問題について考えてみたいと思います。

　この章でとりあげている性についての規範に、性別二元制（性は女と男の２つであり、それぞれが女らしさ、男らしさを持っている）があります。また、性別二元制には、女と男は互いに異なるのだから、惹かれ合うのが自然だ、という異性愛主義（ヘテロセクシズム）も含まれています。また、異性愛主義と密接な関係がある概念に同性愛嫌悪（ホモフォビア）という概念もあります。これは同性愛者に対する恐怖や嫌悪感を指す考えです。アメリカ精神医学会が1973年に同性愛は疾病とはみなさないという決定を下すまで、同性愛は病気とされ、治療の対象とされていました。ホモフォビアという概念によって、同性愛という性的指向を異常視する当時の考えはむしろ問題とされ、同性愛を嫌悪する側が問題視されるようになったと言えます。

　また性別二元制はこの枠組に当てはまるか否かで人びとを二分します。性別二元制に当てはまる人たちを性的マジョリティ、当てはまらない人のことを性的マイノリティと呼びます（マジョリティとは多数派、マイノリティとは少数派という意味です）。性的マイノリティについては、近年、LGBTという言葉が市民権を得つつあります。Ｌとはレズビアン（女性同性愛者）、Ｇとはゲイ男性（男性同性愛者）、Ｂとはバイセクシュアル（両性愛者）、そしてＴはトランスジェンダーを指します。トランスジェンダーとは身体の性とは異なる性で生きることを望む人のことで、その医学的名称が性同一性障害です。

　こうしたLGBTの人びとをどのように認識するかについては国や文化に

よって差異があります。世界の約20カ国で同性同士の結婚（同性婚）が認められている一方で、同性同士の性行為を理由に死刑になる国も約10カ国もあります。日本では、2015年の３月に東京・渋谷区で同性カップルに対してカップル証明書を区が発行する条例が可決されましたが、条例の審議においては、同性カップルを認めることは伝統的な家族の崩壊につながるという反対意見が出されました。LGBT の人権をめぐる議論はこれからますます活発になされるようになっていくでしょう。

　こうした LGBT をめぐる状況は刻々と動いています。この章では、LGBT をめぐる状況を２つの観点から考えていきます。 8-G 「フェイス・ブック（Facebook）の性別欄とアップル最高経営責任者のカミングアウト」は、アメリカに本社を置くフェイス・ブック社と、アップル社のティム・クック最高経営責任者が性的マイノリティの人権を保障するためにおこなった行動をとりあげています。また、こうした動きに対する中国やロシアの反応もあわせて知ってもらえたらと思います。 8-P 「LGBT と難民」は、難民の定義を確認した後に、LGBT であることを理由として迫害された場合、その人は難民として認められるのかという問題をとりあげています。LGBT が難民となりうるかという問題は、難民希望者の出身国が LGBT の人びとをどのように扱っているのか、そして難民申請された国が LGBT の人権をどのように認識しているのかが明確に現れる事象だと言えるでしょう。

　本章では、外国の事例を鏡としながら、日本における LGBT をめぐる状況を考え、どのように解決していくことが可能なのか、ぜひ考えてもらいたいと思います。

Gender

8-G フェイス・ブック（Facebook）の性別欄とアップル最高経営責任者のカミングアウト

❖ 性はいくつか？

　性はいくつあると思いますか。このように尋ねられたら、多くの人が２つと

答えるのではないでしょうか。じっさいに、アンケートの性別欄は男・女という２つの選択肢しかないものがほとんどです。

　しかし、最近になってアンケートの性別欄で男・女に加えて、「その他」という選択肢を用意しているものも少なからず見受けられるようになりました。「その他」は男でも女でもない性、ということになりますが、それはどういう性のあり方なのでしょうか。ここでは、性の多様性とはどういうことなのか、また、それについての人びとの対応について考えてみましょう。

❖ フェイス・ブックの性別欄

　みなさんの多くはソーシャル・ネットワーキング・サービス（SNS）を使っているのではないでしょうか。そのなかのフェイス・ブックの性別欄が最近ニュースで取り上げられました。日本の利用者は男性か女性の、どちらかしか選ぶことができませんが、アメリカの利用者は2014年２月より50を超える中から性別を選ぶことができるようになったからです。フェイス・ブックが増やした選択肢には、中性 androgynous、インターセックス、性転換者が含まれています（なおフェイス・ブックはアメリカ以外の国々でも、それぞれの国のセクシュアル・マイノリティの人権活動家と相談しながら、それぞれの国にあった用語をつくることを計画しているようです）。また、３人称を表現する代名詞も he, she に加えて they の３つから選択できるようになりました。ちなみに they は男にも女にも括られることを望まない人が選ぶことの多い代名詞です。なぜ選択肢を増やしたのか、その理由についてフェイス・ブック側は「利用者が自らをどのように表現するのか、より多くの選択肢を提供するため」と説明しています。

　フェイス・ブックのスポークス・パーソンであり、自身もまた男性から女性に性別変更を望んでいるトランスジェンダーのブリエール・ハリソンは、選択肢が男と女の２つしかなかったときにどのように感じていたか、次のように述べています。「私のようなトランスジェンダーを含め性に違和感をもっている人であっても、性別の選択肢は２つしか与えられていません。あなたは男ですか女ですか、あなたの性別は何ですか、というふうに。こうした選択を迫られるとがっかりします。なぜかと言えば、選択肢のどれを選んでも私が何者か

を説明することにならないからです」。そのうえで、今回の変化がもたらした
意義を「今回の決定はこうした状況を大きく変化させるでしょう。自分のフェ
イス・ブックのページで、私の性が何であるかをすべての人に正確に示すこと
ができます」と語っています。ハリソンの発言から、女か男かという性別の二
者選択自体がある人びとに苦痛を与えるものであることがわかります。

　しかしながら、こうした動きに反対意見を表明する人もいます。「家族に焦
点を当てる（Focus on the Family）」という団体のジェフ・ジョンストンは、
「フェイス・ブックには選択肢を増やす権限があるが、人間が男と女の２つに
別れているという生物学的な現実を変えることはできない」と主張していま
す。

　伝統に基づいて性を２つとする考えを維持するべきなのか、フェイス・ブッ
クのように多様化している現実に合わせて性の選択肢を増やすべきなのか、ア
メリカ社会でも議論が巻き起こっています。

❖ 性別について考えるための３つの概念

　それでは、男でも女でもない性別とはどういう性別のことを指すのでしょう
か。そもそも、性や性別を私たちはどのように考えたらよいのでしょうか？

　ここでは、①身体の性、②心の性、③好きになる性、という性について考え
るときの３つの軸を説明しましょう。

　まず、①身体の性は、生物学的な性別と言い換えることができます。身体の
性とひと言で言っても、いろいろな次元があります。まず思いつくのは外性器
（ペニスやヴァギナ（膣））のレベルでしょうか。そのほかにも性腺（精巣や卵巣）
や性染色体（男性なら XY、女性なら XX）、さらには男性・女性ホルモンを頭に
浮かべる人もいるかもしれません。

　「性が２つ」から連想されるのは、男にはペニス・精巣があり、性染色体が
XY 型で、男性ホルモンが多量に分泌される、女にはヴァギナ・卵巣があり、
性染色体が XX 型で、女性ホルモンが分泌される、というものではないで
しょうか。しかし、「国際スポーツ大会」の章（ 2 -G　女性競技の拡大と性別確認
検査を参照）で述べたように、陸上競技選手のセメンヤは、外性器としてヴァ

ギナをもっていましたが、性腺として精巣を持っていたため、男性ホルモンの一種であるテストステロンが多く分泌されていたと言われています。生物学的に男性と女性の中間形態とも言える、非典型的な身体の状態にある人のことを性分化疾患（インターセックス）と呼びますが、このキャスター・セメンヤの場合、生物学的なレベルでは男と女のどちらかに単純に分類されないことがわかるでしょう。

つぎに②心の性は、性自認とも言われ、自らが認識する性別のことを指します。ここでは、自らの生物学的な性別と心の性が一致するとは限らないということを知っておく必要があるでしょう。さきに紹介したフェイス・ブックのスポークス・パーソンであるハリソンは自らのことをトランスジェンダーと語っていました。トランスジェンダーとは身体の性と心の性が一致していない人々のことです（医学的にはこうした状況にあり、治療が必要な人のことを性同一性障害と呼びます）。生物学的な性別は男性で、心の性は女性であるハリソンのような人をトランス・ウーマンと言います（その逆はトランス・マンです）。では、心の性別は男と女に二分できるのでしょうか。自らを男とも女とも認識しない人もいれば、両方と考える人もいます。心の性もまた男と女に二分されないのです。

最後に、③好きになる性は、自分が感情的・性的に惹かれる性別です。異性に惹かれる人を異性愛者、同性に惹かれる人を同性愛者、男女両性にひかれる人を両性愛者といいます。それでは、好きになる性は男性か、女性か、両性かに三分できるのでしょうか。

性的に惹かれる対象にはグラデーションがあることが知られています。この事実を最初に発見したのは、第二次世界大戦後に、アメリカで活躍した性科学者のアルフレッド・キンゼイでした。1万人以上の男性・女性へのインタビューをもとに作られたキンゼイ・スケールは、完全な異性愛／ほぼ異性愛だが偶然的な同性愛経験あり／ほぼ異性愛だが偶然以上の同性愛経験あり／異性愛と同性愛が半々／ほぼ同性愛だが偶然以上の異性愛経験あり／ほぼ同性愛だが偶然的な異性愛経験あり／完全な同性愛、の7区分からなっています。ただし、人を好きになるパターンがこの7つしかないのかと言えばそうではないで

しょう。さらに言えば近年では、性的感情を抱かない無性愛者（アセクシュアル）というアイデンティティを持つ人もいます。無性愛とは性的に惹かれる性別がないことを指しますが、そのなかには特定の人とのあいだで性的な関係を持つことを望まないけれども、親密になりたいという感情を持つ人もいます。このように考えるとどの性別に惹かれるのかということも、同性と異性に二分されないことがわかってもらえるでしょうか。

　グラデーション（濃淡）と言うことができるくらいに、性の現実は複雑です。こうした現実があるにもかかわらず、私たちの社会が性を二分し続けているのはなぜでしょうか？

❖ ティム・クックのカミングアウト

　性のあり方が多様であること、けっして男／女に二分できるものではないことが確認できたでしょうか。次に、カミングアウトの問題について考えてみましょう。カミングアウトとは、それぞれ自分の性のありかたをアイデンティティとして受け入れ、他者に伝えることです。同性愛者であることやトランスジェンダーであることを公表することなどが含まれます。日本では、自分の性のありかたを著名人がカミングアウトしたというニュースはまだまれですが、欧米やオーストラリアでは近年、カミングアウトする著名人が増えています。最近の例として、アップルの最高経営責任者（CEO）であるティム・クックのカミングアウト（2014年10月30日）を取りあげてみましょう。

　「基本的なレベルでプライバシーを維持しようとしてきた」クックが自らの性的指向を明らかにする決意をしたのはなぜでしょうか。アメリカでは2015年6月に連邦最高裁判所において同性婚を禁止する法律を違憲とする歴史的な判決が下されました。アメリカでは異性間、同性間を問わず結婚平等法の時代に進んでいると言えるでしょう。にもかかわらず、クックはこのように述べます。「それでも、今でも多くの州にはどの性に惹かれるかを理由に従業員を解雇することを認める法律がある。ゲイだという理由で大家から立ち退きを迫られたり、病気のパートナーを訪ねることや遺産の相続を妨げられたりするような場所もたくさんある」と。こうしたゲイやレズビアンに対する差別や偏見の

存在は、社会がいまだ性的マイノリティを受け入れていないというメッセージとして受け取られかねません。その影響を最も受けているのが、子どもたちです。クックは次のように続けます。「特に子どもたちが、性的指向のために毎日恐怖や虐待に直面している。……もしアップルのＣＥＯがゲイだという話を聞くことによって、自分自身を受け入れることに苦労している人が助けられ、孤独を感じている人が慰められるなら、私のプライバシーを犠牲にする価値があると考えた」と。

　世界的な大企業の最高経営責任者のなかには、おそらくクック以外にも同性愛者や両性愛者がいることでしょう。しかし、同性愛者であることをカミングアウトしたのはアップルのティム・クックが最初でした。世界のなかには同性愛に対する様々な価値観があります。アップルのように世界中に製品を販売している企業であれば、製品の売り上げや企業の評判が下がることを心配して、企業のトップがカミングアウトをためらうのかもしれません。それでは、クックのカミングアウトはアメリカ以外ではどのように受け取られたのでしょうか？

❖ 中国の反応、ロシアの反応

　ここでは中国とロシアの反応をとりあげてみたいと思います。

　アイフォンが大人気の中国ではクックのカミングアウトが報じられると、ＳＮＳのサイトに掲載された記事は、４時間もたたないうちに２万5000回以上リツイートされたそうです。中国のネット民の反応には興味深い特徴がありました。それはクックがLGBTコミュニティに貢献するためにカミングアウトしたという動機はすっぽり抜け落ち、アイフォンの評価と結びつけられたことです。曰く、「アイフォン６が曲がりやすいのは、クックが曲がった男（bent man）だからだ」。ここでのbent manとは、同性愛者のことを揶揄する俗語で、その反対はまっすぐを意味するストレート（異性愛者）です。中国のネット民は同性愛者に対する俗語とアイフォン６の曲がりやすさをかけて、揶揄したわけです。その一方で、同性愛への嫌悪感をあらわにしつつも、アイフォンを使い続けるユーザーの偽善を批判する声も上がりました。中国での反応は、

タブーであった同性愛が、すくなくとも公の場で議論されるようになった社会の変化を示しているのかもしれません。

　一方で、ロシアの反応はずっと激しいものでした。クックが同性愛者であることを明らかにしたのを受け、サンクトペテルブルクに設置されていた、アイフォンをかたどったスティーブ・ジョブズ（アップルの共同設立者）の記念碑が撤去されてしまったのです。その理由は「同性愛宣伝禁止法」を順守するためでした。同性愛宣伝禁止法とは、未成年者に同性愛を含む非伝統的な性的関係を知らしめることを禁じた法律で、2013年にロシアで制定されました。撤去したのは複数のロシア企業で構成される西欧金融組合（ZEFS）と呼ばれるグループです。このグループは11月3日に声明を発表し、同性愛宣伝禁止法を順守する必要性から、この記念碑を10月31日に撤去したと説明しています。「ロシアでは、未成年者に同性愛や性倒錯を宣伝する行為が法律で禁じられている」とZEFSは声明で説明し、記念碑は「若い学生や研究者が行き来するエリア」に設置されており、「アップルのティム・クックCEOが同性愛をカミングアウトしたことを受け、……伝統的な家族の価値観を否定するような宣伝情報から子どもたちを守るロシア連邦法を順守するためだ」と、声明は続いています。

　「同性愛宣伝禁止法」が制定されたのは、ソチオリンピックが開かれる前年の2013年です。ウラジミール・プーチン大統領は「伝統的な価値観」を促進すべく、未成年者に同性愛を宣伝する行為を禁じる法律に署名したのです。プーチン大統領は「ロシアでは同性愛者に対する差別はない」と主張し、この法律は「若者を守るためのものだ」と強調しています。しかし、同性愛者のコミュニティは、この法案が可決されて以降、同性愛者への暴力が増えていると訴えています。「若者を守る」ためにつくられた法律が同性愛者の「若者」への暴力の引き金になったのです。

❖ 課題と展望

　⑧-Gでは、フェイス・ブックの性別欄、そしてクックのカミングアウトを題材に、性の多様性をめぐってさまざまな考えが世界に存在することを見てき

ました。ひるがえって日本では性の多様性は受け入れられつつあるでしょうか？

　スマートフォン市場においてアイフォンが圧倒的なシェアを占める日本では、クックCEOのカミングアウトはどのように受けとられたでしょうか。私の知る限り、クックのカミングアウトについて否定的な反応はなかったように思います。この事実は日本では同性愛を1つのライフスタイルとして受け入れられている証とみなしてよいのでしょうか。それとも議論を喚起するだけの関心がもたれていないだけなのでしょうか。否定的な反応がなかった理由について、私はアップルのCEOがゲイかどうかは自分の生活に関係ないという無関心からではないかと睨んでいます。

　しかし、自分の生活に関係のある人、たとえば家族が性的マイノリティだったら無関心ではすまないかもしれません。そしてその感情が肯定的なものであれ、否定的なものであれ、その気持ちをまずは受け入れ、自分がどういうふうにみているのかの認識を、性的マイノリティについて思考するスタート地点にしたらよいのではないでしょうか。そのつぎに、それを周囲の人と話し合ってみる。日本で性的マイノリティや性の多様性が受け入れられていくには、こうした過程が不可欠だと言えるでしょう。

✝ 参考文献

風間孝、河口和也『同性愛と異性愛』岩波新書、2010年
杉山文野『ダブルハッピネス』講談社文庫、2009年
薬師実芳他『LGBTってなんだろう？──からだの性・こころの性・好きになる性』合同出版、2014年

Peace

8-P　LGBTと難民

❖ グローバル・アジェンダとしてのLGBT

　UNHCR（国連難民高等弁務官事務所）が2014年6月に発表した『グローバル・

トレンズ・レポート』（年間統計報告書）によると、難民、庇護申請者、国内避難民の数は、第二次世界大戦後はじめて5000万人を超えました。世界中で続く紛争や暴力は難民増加の大きな原因になっています。そして、近年はLGBTの難民申請というケースが増え始めました。したがって、ここでは同性愛者を含むLGBTの人が何らかの理由で難民申請を行った場合、難民として認められる可能性について検討してみたいと思います。

　欧米諸国では最近、LGBTにインターセックス（Intersex）の人びとを含めてLGBTIと記す場合も増えています。8-Pでは、インターセックスの人びとも対象として含みますがいまだ日本社会では用語が馴染んでいないために、ひとまずLGBTとして捉えておきます。

　また、多くの人は難民という言葉を知ってはいても、周囲に難民がどれくらいいるのか、そして日本政府は難民申請者に対してどのような政策をとってきているのかについては詳しく知らない場合がほとんどでしょう。

　したがって8-Pでは、LGBTであることを理由に「迫害を受ける恐れがある」として難民申請を行った場合、どのように認められるのか認められないのかについて理解を深めることを目的とします。

❖ 難民とはどのような人々か？

　普遍的な次元での難民の地位は、「難民の地位に関する1951年の条約」および「1967年の議定書」により国際法で定められています。この国際法の運用は締約国の国内法に基づきますが、より有効な運用のために国連難民高等弁務官事務所（UNHCR）は「難民認定基準ハンドブック」を作成しており、UNHCRの駐日事務所が翻訳した日本語版をインターネットからダウンロードすることも可能です。まずは一般的な難民の定義を調べてみましょう。

　　　「……人種、宗教、国籍若しくは特定の社会的集団の構成員であること
　　　又は政治的意見を理由に迫害を受けるおそれがあるという十分に理由のあ
　　　る恐怖を有するために、国籍国の外にいる者であって、その国籍国の保護
　　　を受けることができないもの……」

　国際法の難しい法律用語を日本語に翻訳しているために、その意味合いがなかなか頭の中に入ってきませんよね。したがって、**8**-P ではより具体的な事例、すなわち LGBT であることを理由に難民申請をする事例から考えてみます。

❖ LGBT は難民に当てはまるのか？

　日本での事例を考察する前に韓国で起きた出来事を紹介します。2014年１月20日付の韓国の『聯合ニュース』は、韓国ではじめて同性愛者との理由で難民に認定されたウガンダ人女性が出国の危機にさらされていると報じました。抜粋した記事の一部を以下に紹介します。

　　　ソウル高裁は同月20日、女性がソウル出入国管理事務所長を相手に難民不認定処分取り消しを求めて起こした訴訟の控訴審判決で、難民と認めた一審を取り消し、女性の請求を棄却した。女性は2011年２月に韓国に入国し、同４月に出入国管理事務所に難民申請を行ったが受け入れられず提訴した。法務部は女性の異議申し立てを棄却したが、人道的見地から滞在を許可した。
　　　女性は裁判で、自身が同性愛者であり、ウガンダ政府が同性愛者を弾圧していると強調した。一審は、ウガンダ政府が同性愛者を迫害し地域住民の弾圧からも効果的に保護していないことを認め、女性が抱いている恐怖は十分な根拠があると判断した。
　　　韓国では同性愛者であることを理由にレズビアンが難民認定を受けた初のケースとなったが、出入国管理事務所が判決を不服として控訴した。控訴審では女性に不利な証拠が新たに示された。出入国管理事務所側は、女性が過去に独身同士の出会いを取り持つインターネットサイトを通じて複数の男性とメールをやりとりした記録を証拠として提出した。女性は「経済的に厳しかったため、やむを得ず異性愛者のふりをしてサイトに登録した」と主張したが、受け入れられなかった（後略）。

　要するにこのウガンダ人女性は、韓国政府（法務部）から難民としては認め

られなかったけれど、ソウル高裁が人道的な配慮からこの女性の滞在許可を認めていましたが、控訴審で不利な情報が出てきて難民申請が棄却されたことになります。この記事にもあるように、難民申請をめぐっては①「申請者が本当にLGBT」であるのか、それによって②「迫害を受ける恐怖を有するのか」が争点になることも事実です。

❖ LGBTの権利をとりまく世界の現状

LGBTの権利をとりまく世界の状況も大きく異なります。各国家・社会における人々の認知度や許容度をはじめ、権利を保護するための国内法の整備にいたるまで、地球上の国々が置かれている状況はまちまちです。その状況を一目瞭然に把握することは困難でありますが、同性間の結婚やパートナーシップ制度は1つの指標として参考になるでしょう。

一般的に、欧米社会は同性愛の権利が法的に保障されている傾向があり、中東・アフリカの一部の国や地域では終身刑あるいが死刑になど厳しい規制が加えられる場合もあります。巷では「イスラム教の国では同性愛者は死刑になる」と言われていますが、イスラム国の対応も一概にそうとは言えず、状況によって異なるでしょう。しかし、LGBTの権利の面では欧米諸国と比べて厳しい処罰が設けられており、これが難民認定においては「迫害を受ける恐怖を有する」という判断根拠の1つになっています。

❖ LGBTを難民として認める国にはどのような国があるのか？

同性愛者を難民として認めた最初の事例は1983年のドイツの行政裁判所の判決です。当時ドイツに暮らしていたイラン人のゲイが、本国では死刑などの重刑になる恐れがあり難民申請をしました。ドイツ連邦難民認定庁はその申請を却下しましたが、行政裁判所に男性が異議申し立てをして、難民の地位が最終的に認められました。

また、最近では、2014年8月27日付の『朝日新聞』（デジタル版）が「同性愛者の難民申請、合法国のベルギーで急増」という記事を報じました。

　ベルギーで同性愛者の難民申請が急増している。首相も同性愛者であることを公言する国で、個人の自由や私生活が尊重されるイメージが影響しているようだ。アフリカやロシアでは同性愛者への弾圧やホモフォビア（同性愛嫌悪）の動きが広まっており、さらに増えることも予想される（後略）。

　加えて、アムネスティ・インターナショナルのウェブサイトの「LGBTと人権」というコーナーには以下のような記述もあります。

　難民認定
　　国連難民高等弁務官事務所（UNHCR）は、性的指向を理由とする迫害も難民となりうる要件の一つとして認めていますが、各国政府や各ケースによって庇護の申し立てが却下される場合は少なくありません。また、LGBTの人びとは難民申請の理由が何であれ、裁定が出るまでの間、看守やその他の職員、あるいは周囲の被拘禁者から拷問や虐待を受けることもあります（多くの国では、難民申請者は申し立ての審査中、拘禁センターや刑務所に収監されることが多い）。
　　ニュージーランドやオーストラリア、カナダなどの欧米諸国では、性的指向に基づく難民申請が認められたケースもあります。

　このように、LGBTが難民として認められていく傾向があるようです。

❖ LGBTは日本でも難民として認められるのか？

　日本の場合は、どうでしょうか。実は日本でも、2000年にシェイダさんというイラン人のゲイが難民申請を行ったケースがあります。
　シェイダさんは1991年にイランから日本にやってきました。その後、同性愛者の人権を求める「ホーマン」という団体の唯一の日本会員になり、1999年には「私はゲイ。私の住んでいた所はイラン。イランではゲイは処刑されています。イスラム圏でのゲイの処刑に反対します。」とカミングアウトしました。
　しかし、2000年4月にシェイダさんは「不法滞在」の容疑で逮捕され、その

後難民申請を行いましたが、日本政府は彼を難民として認定せず、以下の理由で強制送還をさせようとしました。

　　　イランでは同性愛は容認されており、帰国させても迫害される恐れはない。したがって、シェイダさんは迫害を受けておらず、難民とは言えない。

　シェイダさんの難民性をめぐって、①「イランでの同性愛者に対する迫害の状況について」と、②「十分に理由のある迫害の恐怖」とが争点になりましたが UNHCR が「マンデート難民」として認めたシェイダさんを日本政府は最後まで難民として認めず、また人道的な配慮に基づく滞在も認めませんでした。結局2005年3月30日に、シェイダさんは自身を難民として受け入れてくれる欧米の第3国へ出国しました。

❖ UNHCR の判断（あるいは関与）に法的拘束力はないのだろうか？

　シェイダさんの事件から私たちが学ぶべき点は大きく2つあります。1つは、なぜ日本はシェイダさんの滞在を認めず、また他の国は彼を難民として受け入れたのだろうかという点です。もう1つは、UNHCR の「マンデート難民」の法的拘束力はどのようなものなのか、という点です。

　前者について問題の本質や人権的な配慮よりも「前例があるかないか」で物事を判断する日本の官僚主義的な性質があらわになった顕著な例だと考えます。シェイダさんに難民のステータスを与えたり人道的な配慮から滞在を認めたりするよりも、例外を認めたくないという行政の判断が生み出した結果なのです。

　後者については、国際法上は、難民条約の締約国の裁量に委ねられますが、フランスでは難民認定において UNHCR の積極的な関与を認めています。ドイツの場合も UNHCR が求めた場合には難民認定の判断を UNHCR が監視できるように認めています。そして、ベルギーの例からも日本の対応とは大きな違いが見えるでしょう。

❖ 課題と展望

8-P では主に LGBT の難民性について考察してきましたが、日本における LGBT 問題に拡大して考えてみましょう。グローバル化の今日、海外の同性婚をしたカップルや家族が留学や駐在員、移住者として日本で暮らしたいという場合、日本政府は通常の家族に与える「配偶者等」のビザを発給するのでしょうか。同時に、日本では職場や留学先の大学などで十分なサポート体制がとれているのでしょうか。同性のカップル同士が同居したり旅行をしたりするのは簡単でしょうか。この種のテーマについて大学の講義で情報を提供し、自由に感想を求めると、多くの学生から以下のような内容が記されます。「大変ためになりました」「難しい話だと思います」「これからもっと知識を深めてみたいと思います」……。これは難民問題や LGBT への嫌悪感や批判ではありませんが、どこか他人事というか自分とは関係ない、勝手にしてくれという感じの距離感とも受け取れます。嫌悪感や反対論者にはそれなりの立場があり、また言い分もあったりすることもあります。良く話し合えば、お互いの理解が深まり、落としどころも見つかり得ると期待を抱けます。けれども、「ためになった」「難しい話である」「いつかは関わるかも」は単なる無関心かつ他人事として切り離す行為の延長戦に思えてしまうのです。

8-P のテーマに限られることではありませんが、どこかのだれかは他ならぬあなた自身のことであるかもしれません。無関心と無自覚は紙一重です。

✚ 参考文献・情報

上原道子「同性愛者の難民申請―― UNHCR の認定基準に関する考察」東京外国語大学2006年度卒業論文

国連難民高等弁務官（UNHCR）駐日事務所『難民認定基準ハンドブック――難民の地位の認定の基準及び手続きに関する手引き〔第 3 版〕』2008年

『朝日新聞』2014年 8 月27日

『聯合ニュース』2014年 1 月14日

アムネスティ・インターナショナル

http://www.amnesty.or.jp/human-rights/topic/lgbt/approach_of_the_international_
community.html
ウィキペディア日本語版
「同性結婚」
「日本における LGBT の権利」
チーム S・シェイダさん救援グループ
http://www.sukotan.com/shayda/shayda_top.html

性 暴 力

　1960年代から70年代に誕生したフェミニズム運動と冷戦終結を機に国連が主導したウィーン世界人権会議の影響により、人権という概念が以前よりも人々の関心を集めるようになり、性暴力という問題を顕在化させることとなりました。1993年には国際連合が「女性に対する暴力の撤廃に関する宣言」を採択し、96年には国際連合から任命されたラディカ・クマラスワミが世界中の女性に対する様々な暴力に関する調査報告書を発表しました。

　性暴力とは、広義には性に基づく強制力の行使を意味し、狭義には性的侵害行為を意味します。そのなかには、レイプ、DV（性的暴力）、セクシュアル・ハラスメント、子どもへの性的虐待、性にかかわることのいじめ、痴漢行為、盗撮、リベンジポルノ、人身売買、買春、児童ポルノ、成人ポルノなど様々なものがあります。

　ここではとくにレイプの問題を焦点化し、性暴力についての理解を深めていきましょう。9-Gでは、「あなたの身近にあるレイプの問題」と題して、どのくらいの人が被害に遭っているのか、被害に遭った人はどんな症状に苦しんでいるのか、人々がレイプについて誤って信じ込んでいる強姦神話とはどのようなものなのか、法律はどのように加害者を裁いているのか、被害に遭ってしまった人に対してどのような救済機関が現在存在しているのか、といったことについて学習します。

　9-Pでは、「アジア太平洋戦争下の従軍慰安婦」と題して、アジア太平洋戦争中に日本軍の慰安施設にいた女性たちを焦点化します。先述のクマラスワミは、慰安婦を「性奴隷」と断ずる報告書を作成していますが、近年の日本では、この見方を真っ向から否定する世論が広がりつつあります。すでに解明さ

れている事実を手がかりとして、慰安婦を性暴力の被害者と見なす是非について考えてみたいと思います。

9 -G　あなたの身近にあるレイプの問題

❖ 性暴力はあなたに関係のないことなのか？

　内閣府が2012年に発表した『男女間の暴力に関する調査』によれば、恋人から「いやがっているのに性的な行為を強要された」と答えた人は、20歳代で2.5％います。40人に1人が、デートDVのなかの性的強要を経験しています。では、恋人ではない人から無理やりに性交された経験を持つ女性はどのくらいいるのでしょうか。同じ内閣府の調査によると全世代（20歳代〜60歳代以上）の7.7％がそのような経験をしており、およそ13人に1人となっています。しかも加害行為をはたらいた人は面識のある人である、と答えた女性が76.9％います。ではどのような知り合いであったかというと、「職場・アルバイトの関係者、通っていた（いる）大学・学校関係者」が実に25.2％を占めます。しかも被害に関して誰にも相談しなかった人が67.9％にものぼります。

　一方、警察庁が2014年に公表した『平成25年度の犯罪情勢』によれば、強姦は1410件、強制わいせつは7672件（そのうち女性被害件数は7463件）となっており、内閣府のデータとはかなりの隔たりがあります。警察庁のデータでわかるのは70歳以上の女性も強姦の被害に遭っていることです。男性も強制わいせつの被害に遭っています。その場合に注目したいのは、加害者も男性であることです。なお、警察庁や内閣府のデータにはあがってきませんが、LGBTの人達も被害に遭っていることを付け加えておきたいと思います。

　被害を受けた人は、様々な症状に悩まされます。不眠・食欲不振・無気力・精神的不安に陥り、外出できなくなったり、被害現場となった自宅や通学路・通勤路を避けるといったことなどから社会生活に支障が出ることもあります。また、性的暴力の被害を受けたひとは、他の犯罪に比べPTSDの発症率が高

いと言われています。

　性暴力被害者をさらに苦しめるのが、二次被害です。これは、最初の強姦を一次被害とすると、捜査機関や裁判所で被害を再現させられたり、弁護側から反対尋問を受けることによってさらに傷つけられる、医療関係者から責められるような言動を受けることなどを指していいます。

❖ 強姦神話とは何か？

　2次被害が起きる背景に、強姦神話──セクシュアリティや性暴力に関する間違った思い込み──の存在があります。強姦神話とはどういったものなのか、内閣府から出ている資料をもとに具体的にみていきましょう。

　(1)　レイプは普通の性行為である。
　(2)　若い女性だけがレイプに遭う。
　(3)　レイプは女性側の服装や挑発が誘因である。
　(4)　女性は襲われることを望んでいる。
　(5)　レイプは特定の環境や文化にある女性に起こる。
　(6)　被害者が抵抗すればレイプされなかったはずだ。
　(7)　女性は感情的で物事を誇張して言う。
　(8)　レイプ加害者は被害者にとって見知らぬ人である。
　(9)　男性はセックスなしで生きられないし、性欲をコントロールできない。
　(10)　レイプは衝動的なもので、被害者は野外で襲われる。
　(11)　レイプ加害者は精神異常者である。

　それぞれ上記(1)から(11)について検討してみましょう。(1)レイプは性行為ではなく暴力犯罪です。なぜなら、加害者はお互いの合意に基づいて性的な喜びを求めているのではなく、相手を支配し屈辱を与えることを求めているからです。(2)上述のとおり、子どもから高齢者まで被害者はいます。(3)加害者は、おとなしそうなので訴えないだろうと、むしろ地味な服装の女性をねらう傾向があります。

　(4)レディースコミックなどでそのような描かれ方をしていたとしても、女性

がレイプを望んでいるとは言えません。そこには女性読者の、不快ならばいつ読むのをやめても良いという、自身のコントロール能力が担保されているからです。「女性は襲われることを望む」というような言説を打ち砕くには、アダルトビデオのカメラアングルを反対に向けた時、女性側からの映像がどのようなものになるのか想像してみることもときに必要かもしれません。

　(5)どのような文化的・経済的背景でも女性が被害に遭っており、事実とは言えません。(6)恐怖のあまり抵抗できなかったり、抵抗することでさらに危険度が高まると被害者が判断する場合もあります。(7)ショックや恐怖から本当のことでさえ言うことができないと言われています。(8)上述のとおり、顔見知りによる犯行が大半です。(9)加害者に妻や恋人がいることもあります。(10)レイプは戸外で衝動的に加害者に襲われるイメージがありますが、実は戸内でしかも計画的に行われています。(11)ごく正常に社会生活を送り、高学歴で知的職業に携わっている人も加害者になっています。加害者に心理テストをしても精神異常と結果が出るわけではありません。

　それでは、次にこの強姦に関する法律についてみてみましょう。

❖ 法律における強姦の取り扱い

　刑法では176条から179条で、強制わいせつ、強姦、準強制わいせつおよび準強姦、未遂罪について、そして181条で強制わいせつ等致死傷について規定されています。もっとも深刻な犯罪である強姦についてみてみると、177条に「暴行又は脅迫を用いて13歳以上の女子を姦淫した者は、強姦の罪とし、3年以上の有期懲役に処する。13歳未満の女子を姦淫した者も、同様とする」とあります。そして180条で、強姦など176条から179条に規定されたものは親告罪であり、これは被害者の告訴がないと裁判ができないことを意味します。

　このような刑法の規定や実際の裁判のあり方が今問われています。いったい何が問題となっているのでしょうか。順番にみていきましょう。

　(1)　「姦淫（男性器の女性器への挿入）」を強姦の定義としている。
　(2)　人間の心身に深刻なダメージを与える犯罪であるのに刑が軽い。

(3) 親告罪である。

(4) 加害者の暴行・脅迫は、「被害者の反抗を著しく困難にする程度のもの」と解釈されている。

(1)の定義は、性器結合だけに特別な意味を持たせるものです。性器結合が重視される理由は、性器結合があれば妊娠の可能性があり、家制度の基盤にある男性血統主義を乱す恐れがあるからです。そこには性的自由を蹂躙された人間の尊厳に対する関心がみられません。性暴力犯罪が女性の貞操を通じて家の血統を守るために処罰される仕組みでは、他方で男性の性行動の自由を確保するために処罰範囲の絞り込みが起きてしまうと言っていいでしょう。さらによく考えると、男性は強制わいせつの被害者にはなったとしても強姦の被害者にはなりえないことに気づくでしょう。「レイプ」は辞書によれば、力づくによる性行為、とくに性器結合を強いる犯罪とあり、性器結合だけを意味するわけではありませんが、「強姦」は男性器を女性器に挿入することを意味しているからです。ケスラーらは、レイプ後のPTSD発症率は女性よりも男性の方が高いことを明らかにしており、強姦の定義は男性被害者を軽んじることにつながってしまう危険性があるのではないでしょうか（Kessler, R. C., Sonnega, A., Bromet, E., et al., *Post-traumatic stress disorder in the national comorbidity survey*, Arch Gen Psychiatry 1995）

(2)強盗罪が5年以上の懲役で、性的な人権を侵害した罪（3年以上の懲役）よりも、財産的な権利を侵害した方が罪が重いのです。このアンバランスは、被害者は女性、加害者は男性と想定して法律がつくられたことと無関係ではないでしょう。女性の人権が財産よりも軽く扱われているのは不条理なことです。

(3)女性の名誉を守るために、強姦と強制わいせつは親告罪とされていると言われていますが、性暴力を公にすると名誉が損なわれるという考え方こそが被害者にスティグマ（他者や社会集団によって個人に押し付けられた負の表象・烙印）を与えます。そして、被害者の告訴がなければ刑事責任が問われないことで、加害者が「被害者のせいで」処罰されたと考え、報復につながることもあります。

(4)強姦神話⑥と重なりますが、被害者は自ら身の安全をはかり、時にはせめて

性病や妊娠の危険だけでも避けたいと避妊具装着を求めることもあるのです。

　なお、強制わいせつ致死傷、強姦致死傷、集団強姦致死傷といった性犯罪は、2009年に導入された裁判員制度の対象です。被害者のプライバシーおよび裁判員の尋問による2次被害が心配されています。

　このような日本の強姦罪をめぐる状況に対して、見直しの勧告が2008年に国連人権規約委員会から、2009年には国連女子差別撤廃委員会から出されています。日本の強姦に対する法律や意識の変革を国際社会から求められているのです。

❖ 課題と展望

　2011年、閣議決定された「第2次犯罪被害者等基本計画」では、性犯罪被害者支援団体等からの要望を取り入れ、ワンストップセンターの設置を促進する施策が、はじめて盛り込まれました。ワンストップセンターとは、性暴力の被害者に対して、被害直後からの総合的な支援（産婦人科医療、相談、カウンセリング等の心理的支援、捜査関連の支援、法的支援）を1カ所で行う機関であり、病院拠点型・相談センター拠点型・相談センターを中心とする連携型の3つがあり、現在日本全国に16カ所整備されています。パイオニアは、性暴力被害者支援センター大阪（SACHICO）です。近くの性暴力被害者支援センターの情報を友だち伝えることができたら、大きな力になることができるかもしれません。

　また、性暴力に関して力強い存在は、SANE（Sexual Assault Nurse Examiner）と呼ばれる性暴力被害者支援看護師です。まだ数は少ないのですが、SANEは、外傷を最小限にとどめ包括的な社会資源の利用やケアをタイムリーに与え、加害者の起訴手続きのため証拠採取をします。看護師が一定のプログラムを受講することで資格を得られるものです。

　そして、今大きく動き出したうねりは、「性暴力禁止法」制定です。これは、これまで立件できなかった事例を網羅し、被害者の視点に立つ裁判、被害者の回復の視点に立った国の支援体制、ジェンダーや国籍を問わず、2次被害を許さないことを基本姿勢とし、ワンストップセンターの根拠となるような法律を目指したものです。近い将来SANEや性暴力禁止法が、さらに被害者の心強い味方となってくれることを確信しています。

✛ **参考文献**

大藪順子『STAND──立ち上がる選択』いのちのことば社、2007年

加藤秀一他『図解雑学ジェンダー』ナツメ社、2005年

小林美佳『性犯罪被害にあうということ』朝日新聞出版、2008年

アンドレア・ドウォーキン、キャサリン・マッキノン他著（中里見博他訳）『ポルノグラフィと性差別』青木書店、2002年

Peace

9-P　アジア太平洋戦争下の従軍慰安婦

❖ いわゆる「吉田証言」の撤回

　いま日本では、アジア太平洋戦争中の行為が性暴力にあたるのか否かをめぐって一大論争が起きています。論争のなかで「性暴力」という言葉は使われていませんが、焦点となっている問題は、日本軍の慰安施設にいた女性たちに「強制」が加えられていたのかどうかです。

　早くから慰安婦の問題を報道してきた朝日新聞は、1980年代からたびたび、山口県労務報国会下関支部の動員部長であったという吉田清治の体験談を引用してきました。最初は大阪本社版の1982年9月2日付け朝刊で、そこには吉田の講演が紹介されています。前日に大阪市で開かれた「旧日本軍の侵略を考える市民集会」で演壇に立った吉田は、1943年の「初夏の一週間に済州島で200人の若い朝鮮人女性を『狩り出した』」経験を語っていました。

　しかし、1990年代に入ると、様々な方面から吉田の証言に疑問が投げかけられるようになり、2012年11月に日本記者クラブが主催した党首討論会では、自由民主党の安倍晋三総裁が、「朝日新聞の誤報による吉田清治という詐欺師のような男がつくった本がまるで事実かのように日本中に伝わって問題が大きくなった」と批判しています。そして当の朝日新聞も、ついに2014年8月5日、「吉田氏が済州島で慰安婦を強制連行したとする証言は虚偽だと判断し、記事を取り消します」と発表しました。

これに勢いを得て、ほかの新聞各社は一斉に朝日新聞に厳しい批判を浴びせました。それどころか、吉田証言の撤回を機に、慰安婦たちに何らかの「強制」が加わっていた可能性すらも消し去ろうと意気込んでいたようにうかがえます。つまり、朝日新聞が吉田の告白を報じたからこそ、慰安婦が「性奴隷」であったという「誤解」が世界中に広まったとする論調が見られるのです。もし「朝日新聞がすぐに吉田証言に関する報道を取り消し、『強制連行』を否定していれば、国際社会に誤った認識が広まることを防げた可能性があると指摘する声は少なくない」と、発行部数で朝日新聞を上回る読売新聞は主張しています（『読売新聞』2014年8月29日）。

　そして日本政府も、このような世論を背景として、同じ年の10月に人権人道担当大使をニューヨークに派遣し、慰安婦を「性奴隷」と表現した国連人権委員会（Commission on Human Rights）の報告書を作成したクマラスワミに、報告書の修正を申し入れました。読売新聞社も、同社が発行する英字紙で、慰安婦を「性奴隷」（sex slave）と記述していたのは「不適切な表現」であったと謝罪の記事を出しました（『読売新聞』2014年11月28日）。

　しかし、あからさまな「強制連行」を告白した吉田の証言が虚偽であったとすれば、慰安婦の役務は少しも「強制」をともなっていなかったと言い切れるのでしょうか。🄬-P では、戦時中の慰安婦をめぐる以上のような論争を手がかりとして、性暴力について考えてみましょう。

❖ 被害者の声

　日本政府の抗議は、しかしクマラスワミに一蹴されました。クマラスワミにとって、吉田の証言は決定的な証拠ではなかったからです。じつのところ、30ページを超える報告書のなかで、吉田の証言は1箇所で引用されているにすぎません。慰安婦の募集にあたって「暴力と強制」が行使されていた事実は、数多くの元慰安婦たちの証言から明らかにされています。それにくわえて「さらに」加害者側からも証言があるとして、吉田が紹介されているにすぎないのです。

　被害者の証言からは、募集の多様な実態が浮かび上がってきます。フィリピ

ンやインドネシア、あるいは中国など日本語が通じない占領地では、軍人による力ずくの拉致があったと報告されています。中国では元慰安婦への聞き取りが進んでいないようですが、同様の証言が台湾人の元慰安婦から出ています。

　日本の植民地であった朝鮮や台湾では、言葉も通じ、在留邦人も多かったため、軍が慰安婦の募集に直接かかわる必要があまりなかったようです。しかし、民間業者や地元の有力者の手を介してですが、本人の意思に反して慰安婦にされたという証言は数多く記録されています。力ずくではなくても、騙されて慰安婦にされたと話す者が少なくありません。

　ある日本兵がミャンマーで出会った1人の朝鮮人慰安婦は、対馬の陸軍病院で雑役婦として働くと聞かされて下関を旅立ったと語っていたそうです（山口彦三『落日の賦』まつやま書房、1987）。興味深いことに、この証言は、下関労働報国会動員部長の吉田氏が自分の著書のなかで打ち明けた慰安婦の募集方法と符合します（吉田清治『朝鮮人慰安婦と日本人』新人物往来社、1977）。吉田の著書につづられているのは、済州島での女性「狩り」ではなく、下関で朝鮮人女性たちを騙して慰安所に送り出した経験です。女性たちに疑われそうにない誘い文句として、「対馬の陸軍病院の雑役婦」が考え出されたそうです。

　吉田の場合は信用を失いましたが、一般的には自分の罪を認めた証言が重く受け止められるのは不思議ではありません。しかしその反面、被害者の言い分が割り引いて聞かれる風潮があるとすれば、それは考えなおす必要があるのではないでしょうか。公文書に募集の方法まで事細かに書き留められているとは考えにくいし、そもそも加害者の証言が重宝されるのは、それが希少であるからにほかなりません。はなから被害者の証言を信じないとすれば、非自発的な応募の証拠など、どこからも出てこないでしょう。被害者の声を聞き入れない姿勢が「正しい」歴史の理解につながるのでしょうか。

　このような姿勢がいかに理不尽であるのかは、より日常的な文脈で考えてみるとわかりやすいでしょう。被害者の言い分だけでは十分な証拠にならないとすれば、どれほどの性犯罪が見逃されることでしょう。残念ながら今日の日本では、それが現実となっているようです。

　内閣府が2012年に発表した「男女間における暴力に関する調査」によります

と、「異性から無理やりに性交された経験」があると答えた女性のうち、警察に相談した人は3.7%しかいなかったそうです。自分たちの証言だけでは信用されないと思って泣き寝入りしている女性たちが少なくないのが理由のようです。じつに76.9%のケースで、被害者は加害者と面識があったそうですが、そのような場合には被害者が訴えても、加害者は同意があったと言い逃れができるでしょう。この構図は、何だか慰安婦をめぐる論争に似ていませんか。

このような不条理を減らすため、アメリカのカリフォルニア州では、州内の大学で性交渉に及ぶカップルは、必ず事前に自発的な合意を相互に明示しなければならないとする新法が2014年に成立しています。

❖ 何が「強制」にあたるのか？

日本軍が直接手を下していなくても、その依頼を受けた人物や業者が強制的な手段を用いたならば、日本政府ないしは軍も責任の一端を問われてしかるべきでしょう。また、物理的な暴力は行使されていなくても、甘言も本人の意思を踏みにじる行為にほかなりません。それでは、慰安所に連れて来られるまでの間に暴力や甘言が行使されていなかったとすれば、慰安婦に対して「強制」はなかったと言えるのでしょうか。

あからさまな暴力による連行の証言が撤回された以上、慰安婦に対する「強制」はなかったという論調が朝日新聞を糾弾する新聞各紙には見られます。しかし、それは何とも狭い「強制」の定義ではないでしょうか。朝日新聞による吉田証言の撤回を受け、1993年に当時の河野洋平官房長官が発表した談話の見直しを求める声があがっていますが、この談話で謝罪されているのは、募集にあたっての「強制」にとどまりません。河野談話には、「慰安所の生活は、強制的な状況の下での痛ましいものであった」と記されています。

自分の意思で慰安所に赴いた女性にとっても、そこでの生活は想定していた以上に苛酷であったと考えられています。軍人による暴力は、元慰安婦の証言ばかりか、軍の記録にも書き留められています。慰安行為を受けるための券を買わずに入店しようとした軍人や、時間外に入店しようとした軍人が暴力沙汰を起こし、処分されているのです。週に半日、あるいは月に1日程度しか慰安

婦に休みが与えられていなかったことも、軍の資料から明らかにされています。休日の外出先にも、厳しい制限が設けられていたようです。

　慰安婦たちが常に性病にかかる危険にさらされていたことも、軍の記録から読み取れます。そもそも慰安所が設営され、そこに売春婦ではない女性が好んで送り込まれたのは、軍人への性病の蔓延を予防するためでした。しかしながら、軍医の検診によって少なくない慰安婦の感染が確認されています。

　このような実情があってもなお、自らの意思で慰安所に入り、しかも労働の対価を得た慰安婦には、「強制」を口にする資格がないのでしょうか。自分の意思で選択した仕事である以上、それに付随する苦難の一切を受忍しなければならないのでしょうか。確かに日本には、そのように考える風潮があるのかもしれません。

　それを端的にあらわしているのは、女子高生が対価を得て「お散歩」に応ずるという商売が公然と営まれている事実です。少女たちは意思に反して無理に散歩させられているのではありません。業務も、一応は散歩の同行にすぎません。しかし実態としては、「お散歩」の行き先がホテルとなり、仕事が売春に変わる場合も少なくないようです。ですから、この商売は海外で「人身売買」と見られているのです。

　アメリカ国務省が作成した『2014年人身売買報告書』（*Trafficking in Persons Report 2014*）では、外国人研修制度などと並び、「JK お散歩」（*joshi-kosei osampo*）が日本で見られる「人身売買」の一例として挙げられています。同じ報告書では、日本政府が被害者の保護に十分に取り組んでいないとも批判されています。そして、政府の動きが鈍い理由として、日本では「人身売買」の定義が狭いのではないかと指摘されています。女性たちを「強制連行」したとする吉田氏の証言が取り消された以上、慰安婦たちに対して「強制」はなかったという主張が日本で横行するのも、狭隘な「人身売買」の定義と無関係ではないでしょう。

❖ 課題と展望

　慰安婦たちの強制的な徴集を証言していたのは吉田ばかりではありません。

東アジアで、さらにはオランダで、多くの女性たちが自分の意思に反して慰安所に連れて行かれたと告白しています。その方法には、暴力に加え、騙しも含まれます。慰安婦が海外で「性奴隷」と表現されるのは、強制的に連行された者だけではなく、自発的に慰安婦に応募した者も、日常的に暴力や病気の恐怖にさらされていたからです。

　したがって、吉田証言の撤回だけを根拠に慰安婦たちには何らの「強制」も加えられていなかったと判断するのは、拡大解釈と言えるでしょう。このような議論が通用するのは、自己弁護に汲々とした日本の国内のみでしょう。河野官房長官談話を見なおす意見が日本で出たことを受け、海外では反発が広がりました。韓国からの非難は言うに及ばず、オランダの外相も、慰安婦が「強制売春そのものであることには何の疑いもない」と言いきっています（『朝日新聞』2014年10月5日）。アメリカのニューヨーク・タイムズ紙も、日本の「歴史修正主義」を痛烈に批判する記事を掲載しています（*New York Times*, Nov. 14; Dec. 3, 2014）。

　海外の意見が常に正しいわけではありませんが、四方八方から批判されるのは、それなりの理由があるからでしょう。いま一度、日本の弁明の理非曲直を冷静に見きわめる必要があるのではないでしょうか。

❤参考文献

吉見義明『従軍慰安婦』岩波新書、1995年
吉見義明編・解説『従軍慰安婦資料集』大月書店、1992年

文化と差別

　文化とは、人々の社会的経験における明示的な、もしくは暗黙的な言動パターンで構成され、象徴によって伝達された所産です。このような学術的含蓄のある定義からは、文化なるものを肌感覚で理解することは難しいですね。実のところ、幅広い意味を含む文化を的確に説明することは容易ではありません。

　改めて解説すると、文化とは日常のなかで私たちが意識的・無意識的に従う規範であり、言語、文字や音楽といったコミュニケーション・ツールに加えて、共有される社会的な分類、つまりジェンダーや吉凶などを指します。なお、ここで言う「分類」には、すべてを白黒はっきりさせることに限らず、「あいまいさ」を重視する場合も含まれます。そして、これら文化の構成要素はみな、人間が集い形成されたグループなりコミュニティによる社会生活の積み重ねから産みだされたものです。

　他方で、人間は自己保存にこそ最高のプライオリティを置くもので、17世紀の哲学の巨人トマス・ホッブズは、そうした人間同士の相克を「万人の万人に対する闘争」と称しました。さらに彼は、それが人間にとってきわめて当然のことであり、まさに自然状態なんだと主張したのです。確かに私たち自身も、「隣の人よりも私の方が……」とか、「あのグループよりも私たちの方が……」、はたまた「あの国よりも我が国の方が……」と、往々にして他者との比較優位を探し求めがちです。

　人間が自己肯定によって安心感を得ようとするのは、誰しも自信が無いからなのかもしれません。しかし、それはともすれば、自らの人種やコミュニティ文化を至上とする思想（エスノセントリズム）に陥り、独善的な排外性を是認す

る社会構造を生み出してしまいます。すなわち、グループやコミュニティは統制を保つために差別や格差に社会的承認を与えることとなります。

10-G では、日本社会の雇用状況における男女間格差を精査することで、差別文化に光を当てます。男女雇用機会均等法によって、本来なら採用、賃金および昇進・降格などで平等が担保されねばなりません。しかし、厚生労働省などの調査結果からは、男性優位の実態が明らかとなります。日本の雇用状況を理解することで、どのような文化を背景としてこれらの課題が生み出されたのかを考察し、改善する方策を考える契機となるのではないでしょうか。

10-P では、ユネスコ世界遺産の選定プロセスからみた文化政治について考えます。あるコミュニティの民俗が国民文化として同化統合され、さらにそれがユネスコ世界遺産に登録されれば、人類全体のものとして保護すべき遺産価値が付与されます。そのロジックとダイナミズムは、世界遺産委員会の委員国が発揮する政治力となって露見します。こうした現実政治の課題とその改善方法を検討するとともに、文化を守るのも歪め破壊するのも、私たちの心持ち次第だという点を喚起します。

多様に存在する文化から、私たちはその一部を取捨選択しながら日常生活に取り込んでいます。つまり、多くの異文化を吸収することで人生を豊かにしているのです。異文化に対する敬意が、私たちの生きる社会基盤なのかもしれません。

Gender

10-G　日本の企業社会における差別文化

❖ 差別文化とは

10-G では、日本の企業社会における差別文化について検討していきます。差別文化といっても、いろいろなものがありますが、よく言われるのは、社風、企業風土などをベースとした社内の規範意識です。そのなかには、必ずしも明確な強い差別があるとは限りませんが、女性は30歳を過ぎたら退職、朝の

掃除当番は女性のみという「暗黙の前提」のようなことはあります。こういった差別文化は、徐々になくなりつつあります。10-G では、そういった企業によって異なり、明文化されていないものではなく、男女雇用機会均等法（以下、「均等法」とする）が施行されて以降、大企業、金融関係を中心に導入された「コース別雇用管理制度」からみた企業社会における差別文化をみていきます。特に、一般職、総合職の現状と入社後、配属される部門の違いを男女別に検討していくことにしましょう。

❖ どれくらいの給与を得るのか？

私たちが、企業に就職した場合、気になるのが、給与額です。国税庁の『平成25年度　民間給与実態統計調査』によれば、1年間、民間企業に勤めた人の平均給与を雇用形態別にみると、正社員は473万円、非正社員は168万円でした。これを男女別にみると、正社員は男性が527万円、女性が356万円、非正社員は男性が225万円、女性が143万円でした。この数値だけをみると、やはり、正社員であれ、非正社員であれ、男性の方が年間にもらう給与は高くなっています。ここで考えたいのが、同じ正社員、同じ非正社員であっても、男女でもらう賃金が異なるということです。男女平等の建前から言えば、同じ給与を得られそうですが、現実はそうなっていません。正社員であれば、採用形態（一般職、総合職）の違い、非正社員であれば、時間給の違いが考えられます。ここでは、正社員の状況を以下で検討していきます。

❖ 賃金格差に至る背景

現代社会では、男性と女性、どちらが働きやすいのでしょうか。もちろん、どんな産業で働くのか、どのような職業が希望なのかによって異なるかもしれませんが、一般的には、男性のほうが働きやすいのではないでしょうか。この状況を打破し、男女の平等を実現するためにできたのが、1986年に施行された均等法です。これまでに、3回の改正を経ています。均等法以前では、女性が働く職場は、個人のもつ能力の違いではなく、性別に基づいて採用が行われていました。大卒女子であっても募集要件に容姿端麗と書かれることもあったと

聞きます。ですが、1986年に均等法が施行されたため、性別を理由にした扱い
が禁止されるようになりました。

　そこで、大企業が中心となり、正社員に対して「コース等で区分した雇用管
理制度」、いわゆる「コース別雇用管理制度」を適用しはじめました。これは、
従業員をコース等で区分した雇用管理のことです。「典型的なコース別雇用管
理」とは業務内容や転居を伴う転勤の有無などによって複数のコースを設定し
て、コースごとに異なる配置・昇進・教育訓練などの雇用管理を行うもので
す。以下では、その内容について詳しくみていきましょう。

❖ コース別雇用管理制度とは何か？

　この制度は、基本的に一般職と総合職の２つのコースからなっています。厚
生労働省の定義に従えば、

- ・一般職……主に定型的業務に従事し、転居を伴う転勤がない
- ・総合職……基幹的業務または企画立案、対外折衝等総合的な判断を要す
  る業務に従事し転居を伴う転勤がある

とされています。これら２つに加えて

- ・準総合職……総合職に準ずる業務に従事し、原則一定地域エリア内のみ
  の転勤がある
- ・中間職……総合職に準ずる業務に従事するが、原則転居を伴う転勤はな
  い
- ・専門職……特殊な分野の業務において専門的業務に従事する
- ・現業職……技能分野の業務に従事する

という募集形態も一部にはあります。厚生労働省が不定期に実施している「平
成26年度コース別雇用管理制度の実施・指導状況」（2015年）（速報値）の結果を
みると、総合職採用予定者のなかで女性の占める割合は、22.2％とかなり少な
くなっています。では、一般職と総合職、どちらで働くと何がどう違うので
しょうか。ここでは、仕事の責任性、給与、昇進、昇給、両立支援という４つ

の視点からみていきます。

❖ 一般職、総合職で働くメリット、デメリット

　それぞれのメリット、デメリットを職務内容、責任性、給与、昇給、両立支援という視点から検討してみましょう。まず一般職で働くメリットは、職務内容が定型業務のため、覚えてしまうと仕事がしやすくなることです。ただし、職務内容は変化に乏しいため、人によっては飽きてしまうかもしれません。仕事の責任はそれなりにありますがさほど重くなく、給与水準も決して高くありません。昇給もありますが、総合職よりは上級職への昇進が緩やかであり、一定のラインで頭打ちになります（たとえば総合職は取締役になれても一般職は係長までしかなれないなど）。仕事と家庭、育児の両立支援では、育児休業制度を利用しやすく、休業中の仕事の引継ぎも行いやすいです。

　つぎに総合職で働くメリット、デメリットを検討してみましょう。総合職として働く醍醐味は、職務内容が高度で複雑なため、誰にでもできる仕事ではなく、変化に飛んでおり、そういう意味では職務内容に飽きることが少ないことです。代わりに仕事に対する責任は重く、その対価として給与は高く、昇給もあります。ただし、両立支援という点では、高度で複雑な、しかも代わりの人がすぐみつかるような仕事ではないため、職場環境によっては育児休業などが利用しにくくなるかもしれません。そして、総合職は企業の基幹労働者であるため、長時間労働、転勤、残業、休日出勤などが求められます。そうなると、男性労働者、未婚の男女労働者はよいですが、既婚女性で子どもがいる場合になると、企業の方が何らかの支援をするか、家族の協力がない場合、総合職として、仕事との両立は難しくなるでしょう。

　厚生労働省の「平成24年度　雇用均等基本調査」によれば労働者の職種、資格や転勤の有無等によっていくつかのコースを設定して、コースごとに異なる雇用管理を行う、いわゆるコース別雇用管理制度を実施している企業の割合は11.2％と1割強でした。割合としては相当少ないのですが、調査開始時の1989年には2.9％だったことを考えれば、大きく上昇していると言えるでしょう。ただし、コース別雇用管理制度を導入する企業は、5000人以上の規模が46.8％

と半数近くを占めており、企業規模が小さくなるほど導入する企業は少ないのが現状です。

　近年の傾向として、一時期は、一般職採用を減らし、その仕事をパートや派遣で賄うという企業が増えていました。最近は、金融関係を中心に、あえて一定の人数を一般職で採用し、そのひとたちが中心になって、事業所の事務方を運営していくという形が増えています。さらに注目すべきこととして、これまでは一般職というと高卒、短大卒が中心で、あくまで結婚、出産まで働く一時的な仕事とみなされていましたが、この「一般職」に大卒女性が応募し、かなり高倍率になっている現状があります。その理由は、転勤はなく、残業も多くは生じないからです。何よりも、結婚、出産後も育児や家事との両立がしやすいからと言えるでしょう。育児や家事との両立を理由にパート、派遣などを選択する女性は多いのですが、そうすると正社員の頃より賃金は半分以下、解雇や契約期間の終了があり、不安定雇用になってしまいます。しかし、一般職であるならば、正社員であるので、雇用は安定し、さらに福利厚生も充実しています。職務内容をさらに充実させたいのであれば、コース転換制度の試験を受け、総合職への転換を試みることもできます。

　ここで考えたいのは、一般職か総合職かという選択肢は、女性の学生のみであり、男性の学生の一般職採用は、ほぼ考えられにくいことです。なぜならば、大部分の女性は、総合職である男性をサポートする仕事が適しているという考えがあるからです。多くの企業は、総合職は男性、少数の女性を総合職として採用し、残りの女性は一般職で採用するという形が多いです。そして一般職ならば、仕事の責任なども総合職と比較して、軽く、だからこそ、育児で仕事を一定期間休んだり、短時間勤務制度を利用して毎日短時間労働であろうとも、抜けた時間のフォローは、一般職の方が行いやすいのも事実です。こういった状況が背景にあるため、大卒であっても一般職を目指す女性が増え始めています。確かに、仕事と育児の両立のしやすさという点だけみれば、一般職の方が職場の同僚、上司にあまり迷惑をかけることなく、休業しやすいでしょう。ですが、一般職という形態であると、生涯未婚の場合、あるいは既婚でも何らかの理由で離婚し、子どもを抱えながらのシングル生活になった場合、ど

うでしょうか。給与水準は、それほど高くないので、生活していくのがギリギリになる可能性も高いでしょう。

反対に男性の場合は、有無をもいわせず、男性という性別を理由に総合職という選択しかないのがほとんどの企業の現状でしょう。背景には、いまだに存在する「男性は一家の大黒柱」「男性1人の賃金で家族を養う」という「家族賃金」の考えがあります。ですから、そういった形態での雇用が難しい場合、あるいは、正社員で雇用される企業が、希望する職種ではない場合でも、正社員である、男性は働いて一人前という規範を背景に、まず正社員になることが優先されがちになるでしょう。

❖ 職場における男女社員の部門別配置

企業に入社後、従業員は、いずれかの部門に配属されます。どの部門に配属するかは、企業が決めることであり、そのことに関して、法律による制限はありません。その際、企業は、性別により部門配置を行うことが多く、女性は4R部門（HR, PR, IR, CR）の配属になることが多く、4Rとは「人事（HR）、広告宣伝（PR）、経理財務（IR）、お客様相談（CR）」のことを指します。そのため、男女で職場における配属部門、割合が異なっています。厚生労働省の「平成23年　雇用均等基本調査」によれば（図表1）、部門、配置状況別企業割合をみると、各部門とも「いずれの職場にも男女とも配置している」とする企業割合がもっとも高く、「人事・総務・経理」が83.6％、「販売・サービス」79.2％「生産」72.4％の7割以上がそうでした。反対に「営業」39.2％「研究・開発・設計」38.5％が「男性のみ配置の職場」であり、「人事・総務・経理」11.3％が「女性のみ配置の職場」でした。

これらの結果から明らかなのは、性別を理由に男女を異なる部門に配置している現状です。このことは、性別職務分離といって、個人の適性というよりも性別によって職場での部門配置を行うことです。ただし、そういった措置をとる際、公的に性別を理由に部門配置をしていると、公言することはできません。なぜなら、均等法違反になるからです。ですから、配属された結果として明らかになるのは、職務内容、または本人の努力次第で給与アップにつながり

部　門		いずれの職場にも 男女とも配置	女性のみ配置の職 場がある（M.A.）	男性のみ配置の職 場がある（M.A.）
人事・総務・経理	平成21年度	83.9	12.1	4.2
		[83.4]	[12.4]	[4.3]
	平成23年度	[83.6]	[11.3]	[5.2]
企画・調査・広報	平成21年度	73.5	2.5	24.1
		[73.4]	[2.5]	[24.0]
	平成23年度	[72.1]	[5.0]	[22.9]
研究・開発・設計	平成21年度	63.5	2.2	34.4
		[63.7]	[1.9]	[34.4]
	平成23年度	[60.3]	[1.2]	[38.5]
情　報　処　理	平成21年度	66.5	6.1	27.5
		[66.7]	[5.6]	[27.7]
	平成23年度	[67.3]	[6.4]	[26.5]
営　業	平成21年度	57.8	0.6	41.7
		[58.0]	[0.6]	[41.5]
	平成23年度	[60.3]	[0.5]	[39.5]
販　売・サ　ー　ビ　ス	平成21年度	81.5	5.8	13.0
		[81.7]	[5.9]	[12.7]
	平成23年度	[79.2]	[6.0]	[15.0]
生　産	平成21年度	73.8	2.7	24.5
		[73.2]	[2.8]	[25.1]
	平成23年度	[72.4]	[1.3]	[26.5]

出典：厚生労働省「平成23年　雇用均等基本調査」。
注記：平成21年度及び平成23年度の［　］内の比率は、岩手県、宮城県及び福島県を除く全国の結果。（当
　　　該部門あり企業＝100.0％）

やすい部門である営業、研究・開発・設計は、男性がより多く配置されている
ことです。性別職務分離が生じる背景には、先にみたように、労働市場に暗黙
に蔓延する家族賃金制度という考えがあるからです。暗黙にこういった意識が
存在するため、人員配置をする際にも、男性の方が高賃金になりやすい部門に
配置されやすくなっているのです。

❖ 課題と展望

　企業に就職するといっても、どのようなコースで採用されるかで、給与、職務内容などが異なります。最近の動向でいえば、一般職は、採用枠自体が狭まりつつあり、限られた人数を厳選採用しています。どの企業でも一般職は、ほとんどが女性であり、正社員であるとは言え、総合職と比べれば、賃金も低く、昇進の可能性もほとんどありません。反対に総合職は、男性が大部分を占め、配属される部門も営業などで残業などの手当や企業利益に貢献しやすいところが多く、結果として給与アップを成し遂げやすいのです。つまり採用コースの違いは男女の賃金格差と大いに関係があり、さらに配属部門の違いも給与（残業、○○手当）に関係してくるのです。これらの違いは、あくまで結果としての違いになるだけなのです。

　では、なぜ、女性は一般職として働くことを望むのでしょうか。背景には、社会が望む女性の生き方があります。育児は、女性自身が行うものという強固なジェンダー規範があり、それを雇用の安定と両立させようとすれば、一般職として働く方が合理的な選択になるのでしょう。育児期間中は、責任をもって仕事をしようとしても、子どものことで休みをとるのは、ほとんどが女性です。子どもが熱を出したからといって急に休んだり、保育園へ迎えにいく男性はごくわずかでしょう。世間では、育児をする男性を「イクメン」として賞賛してますが、育児の大部分は女性が担っているのが現状です。一方で、男性は、有無をいわず、総合職として働かざるを得ません。そこには男女ともに、ジェンダー規範が働いていると言えるでしょう。

　こういった現状を踏まえ、就職活動をすると、よいのかもしれません。

✚ 参考文献

大沢真知子『女性はなぜ活躍できないのか』東洋経済新報社、2015年

清水レナ『輝く会社のための女性活躍推進ハンドブック』ディスカヴァー・トゥエンティワン、2015年

10-P　ユネスコ世界遺産という文化政治

❖ 文化に潜む2つの力──統合と排他のダイナミズム

　私たちのライフスタイルは固有のものでしょうか。島国である日本は独特の文化や慣習を培ってきたとみられがちですが、稲作が縄文時代に伝来したことからも、その基盤は外来文化によって形成されました。伝統的慣習も、外来の文化や思想という「非伝統」を取り込み蓄積しながら進化してきたのです。そしてこのことは、ほぼすべての文化的コミュニティに当てはまります。それにもかかわらず、世界中のどこにでも「郷に入っては郷に従え」ということわざがあるように、それぞれのコミュニティでは独自の規範を順守することが要請されます。

　人はルールを守ってこそ秩序ある共同生活を営み、コミュニティの安定を保つことができますが、ルールでコミュニティをがんじがらめにするだけでは、その文化は包容力を失ってしまいます。またピエール・クラストルは、「未開（アルカイックな）社会の共同体は、他の共同体との差異を際立たせ強調することによって自己同一性を保ち、独立性と自律性を温存することができる」と説きました（ピエール・クラストル、1989）。そしてコミュニティが流動的であればあるほど、自文化の固有性を求めて排他的になりがちです。多様性を欠いては、成熟した文化的コミュニティとは言えません。

　グローバル化（☞　グローバル化を参照）が進む今日では、成熟しているか否かにかかわらず文化的コミュニティは一様に不安定であり、しかも求心的な統合性と遠心的な排外性という対照的な性質を併せもっています。その主体が国家ともなれば、あるコミュニティの民俗を国民文化へと同化統合するとともに、対外的には自国文化の独自性をいっそう高めようと努めます。しかもそのような国民文化は、国境ではなく文化圏の輪郭に沿って拡大を図るため、今日の主権国家システムのなかではしばしば国際問題を引き起こします。それでは、国連教育科学文化機関（以下、ユネスコと表記）の世界遺産、殊に文化遺産

を事例として、文化が国際関係においてもたらす政治的対立と和解の可能性について考えてみましょう。

❖ ユネスコ世界遺産とは何か？

1972年11月に開催された第17回ユネスコ総会は、「世界の文化遺産および自然遺産の保護に関する条約」（世界遺産条約）を採択しました。その目的は、「顕著な普遍的価値（Outstanding Universal Value: OUV）を有する遺跡や自然地域などを人類全体のための世界の遺産として保護・保存し、国際的な協力及び援助の体制を確立する」ことです。条約名からも分かるように、世界遺産は文化遺産、自然遺産と両方の要素を含む複合遺産という3つのカテゴリーに分類されています。遺産保護を制度化した背景には、戦時中に各国で文化財が破壊・略奪された歴史的反省と、アスワン・ハイ・ダムの建設にともないエジプトとスーダンの国境地帯に位置するヌビア遺跡が水没しかねないといった国際的危機感がありました。

2016年2月現在、ユネスコ加盟国で世界遺産条約を批准した締約国は191カ国あり、そのすべてに世界遺産リストに登録申請する権利が付与されています。今日、世界遺産リストに登録された物件は1031件を数えており、所有国は163カ国に上ります。カテゴリー別の登録数は文化遺産が802件、自然遺産が197件、そして複合遺産は32件です。

世界遺産全体に占める文化遺産の割合の高さに、多くの人が驚くことでしょう。また、海外でも有名な日本を代表する景勝地の富士山は、自然遺産でなく文化遺産に登録されたと聞けば、意外に思う人も多いのではないでしょうか。その理由は、ユネスコ事務局長を務めた松浦晃一郎も指摘するように、文化遺産に登録されれば観光振興という経済的メリットが得られるからです。申請国や地元地域が文化遺産での登録を強く求めた結果、自然遺産とのアンバランスが顕著となっています。これに関連して論点となっているのが、世界遺産リストの「代表性」です。ユネスコでは、人類共通の遺産として所有件数の格差や地理的分布の不均衡を是正するため、試行錯誤が重ねられています。

文化遺産	（ⅰ）	人間の創造的才能を表す傑作であること。
	（ⅱ）	**ある期間、あるいは世界のある文化圏において**、建築物、技術、記念碑、都市計画、景観設計の発展において人類の価値の重要な交流を示していること。
	（ⅲ）	現存する、あるいはすでに消滅してしまった**文化的伝統や文明に関する独特な、あるいは稀な証拠**を示していること。
	（ⅳ）	人類の歴史の重要な段階を物語る建築様式、あるいは建築的または技術的な集合体、あるいは景観に関する優れた見本であること。
	（ⅴ）	**ある文化（または複数の文化）を特徴づけるような人類の伝統的集落や土地利用の優れた例であること。**特に抗しきれない歴史の流れによってその存続が危うくなっている場合。
	（ⅵ）	顕著な普遍的価値をもつ出来事、生きた伝統、思想、信仰、芸術的作品、あるいは文学的作品と直接または実質的関連があること（極めて例外的な場合で、かつ他の基準と関連している場合のみ適用）。
自然遺産	（ⅶ）	生命進化の記録、地形形成において進行しつつある重要な地質学的過程、あるいは重要な地形学的、あるいは自然地理学的特徴を含む、地球の歴史の主要な段階を代表する顕著な例であること。
	（ⅷ）	陸上、淡水域、沿岸・海洋生態系、動・植物群集の進化や発展において、進行しつつある重要な生態学的・生物学的過程を代表する顕著な例であること。
	（ⅸ）	ひときわ優れた自然美および美的要素をもった自然現象、あるいは地域を含むこと。
	（ⅹ）	学術上、あるいは保全上の観点から見て、顕著な普遍的価値をもつ、絶滅のおそれのある種を含む、野生状態における生物の多様性の保全にとって、最も重要な自然の生息・生育地を含むこと。

出典：「世界遺産条約を履行するための作業指針」。

❖ 世界遺産委員会という政治アリーナ

　世界遺産条約の締約国のなかから21カ国を選挙で選び、その代表者を委員とする世界遺産委員会は、年次会議において物件登録の可否や登録抹消を審議します。同委員会は、名実ともにユネスコ世界遺産という"国際文化政治システ

ム"の中枢ですが、諮問機関である国際記念物遺跡会議（ICOMOS）や国際自然保護連合（IUCN）による評価勧告も、審議における判断材料として重視されます。さらにいえば、世界遺産委員会での審議時間は1件あたり10分足らずと限られたものです。登録申請後から審議直前に至る議場外での委員国や諮問機関に対する外交交渉が、重視される所以でもあります。

　また、世界遺産条約の実務規定である「世界遺産条約履行のための作業指針」には、申請物件が「顕著な普遍的価値」を有しているか否かを評価する基準が明記されています。文化遺産に関する評価基準が6項目、自然遺産には4項目あり、このうち1項目以上に合致すると世界遺産委員会が判断すれば、世界遺産リストへの登録が決定します。ただし文化遺産の評価基準を読めば、時代を越えて世界共通という「普遍的」なものとは異なり、むしろ固有の価値を求める文言が並んでいることに気づきます。

　図表1に太字で示すとおり、（ⅱ）ある期間、あるいは世界のある文化圏において……（略）……価値の重要な交流を示していること、や（ⅲ）……（略）……文化的伝統や文明に関する独特な、あるいは稀な証拠を示していること、さらに（ⅴ）ある文化（または複数の文化）を特徴づけるような……（略）……優れた例であること、などです。世界遺産条約の作業指針に準拠すると、世界遺産委員会での審議を経て世界遺産リストに登録された物件には、もれなく事後的に「顕著な普遍的価値」が承認されるのです。

❖ 委員国が発揮する政治的パワーと改革へのイニシアティブ

　それでは、歴史的・文化的背景を共有していながら、別々に世界遺産リストに登録された事例を見てみましょう。2003年に中国を含む世界遺産委員会は、朝鮮民主主義人民共和国（北朝鮮）が申請した「高句麗の古墳群」について審議し、中国の領域内にある類似遺跡に関して追跡調査と検証を要すため、次回会議での再審議を決めました。そして翌年、同委員会は通常の審議順を変更し、中国が申請した「古代高句麗王国の都市群と古墳群」を先に承認します。これに続き北朝鮮の申請物件を認めたことで、両物件は事後的に、かつ別々に「顕著な普遍的価値」を付与されました。とは言え、この決定をめぐり中国が

図表 2　日本の世界遺産登録物件

(2015年 7 月現在)

件数	物 件 名 称	遺産分類	登録年	件数	物 件 名 称	遺産分類	登録年
1	法隆寺地域の仏教建造物	文化	1993	11	琉球王国のグスク及び関連遺産群	文化	2000
2	姫路城	文化	1993	12	紀伊山地の霊場と参詣道	文化	2004
3	屋久島	自然	1993	13	知床	自然	2005
4	白神山地	自然	1993	14	石見銀山遺跡とその文化的景観	文化	2007
5	古都京都の文化財	文化	1994	15	平泉―仏国土（浄土）を表す建築・庭園及び考古学的遺跡群	文化	2011
6	白川郷・五箇山の合掌造り集落	文化	1995	16	小笠原諸島	自然	2011
7	原爆ドーム	文化	1996	17	富士山―信仰の対象と芸術の源泉	文化	2013
8	厳島神社	文化	1996	18	富岡製糸場と絹産業遺産群	文化	2014
9	古都奈良の文化財文化	文化	1998	19	明治日本の産業革命遺産	文化	2015
10	日光の社寺	文化	1999	＊件数番号の下線：日本は世界遺産委員会の委員国として登録審議に参加。			

出典：ユネスコ資料より著者作成。

「我田引水」と批判されたのは当然です。

　ただし、世界遺産委員会をアリーナ（舞台）に繰りひろげられるこうした政治ゲームに対して、歴史的・文化的一体性を保持し次世代へ伝える方策が模索されてもきました。その成果の 1 つが、越境的遺産というカテゴリーです。これは、国境を跨ぐ 1 つの物件を複数の国家が共同提案するもので、これまでに31件が登録されています。キルギスを代表申請国として中国およびカザフスタンは、「シルクロード天山回廊」を共同提案し2014年に承認されました。世界

遺産委員会の常連国が、自らの従前の政治スタンスを是正し同委員会の自浄作用を高める動きは、注目に値します。

さらに世界第2位の"世界遺産大国"となった中国は近年、自国が申請した物件の審議に世界遺産委員会の委員国として参加していません。2011年段階での中国の世界遺産は41件でしたが、うち30件の審議に同委員国として参加しており、全体の73%を占めています。しかし2016年段階でみれば、計48件のうち同委員国としての審議参加は30件のままで、自国物件審議への参加率も10ポイント低下しました。

これと対照的な政策を採るのが日本です。2016年段階で19件の世界遺産物件を保有していますが、うち18件の審議に同委員国として参加しています。自国物件審議への参加率は、実に95%と世界遺産条約の締約国のなかでダントツの高さを誇ります。

❖ 課題と展望

この事実をどのように解釈するのか、2つの見方ができるのではないでしょうか。日本も、いっそう積極的に世界遺産委員会の改革に注力すべきというのが、1つの見方です。日本が世界遺産条約の締約国となったのは1992年で、翌93年に同委員国に初選出されました。1999年までの任期満了後、連選を禁じる規定に則り2003〜07年および2011〜15年と都合3期を務めました。締約国となったのは遅かったですが、その後に日本が同委員国として支持されるのは、諸国からの期待を反映しているのかもしれません。

そしてもう一方が、巧みな日本の文化外交を評価する見方です。2007年に登録された「石見銀山遺跡とその文化的景観」や2011年の「平泉」は、諮問機関のICOMOSから「次回以降の世界遺産委員会にて再審議」との事前評価を受けていました。また、「富士山」の構成資産として承認される三保の松原については、富士山から離れた立地をICOMOSが問題視し、世界遺産委員会の審議でも「除外勧告」される始末でした。しかし、ユネスコ日本政府代表部の大使や文化庁長官をはじめとするオール・ジャパン体制で、委員国に対して申請物件の「普遍的」価値を粘り強く説得し、逆転登録へと導いたのです。

ここまで、世界遺産をめぐる様々な駆け引きをみてきました。ベクトルは異なりますが、そこには必ず人々の情熱が見て取れます。そして、そのアリーナであるユネスコは、憲章前文に「戦争は人の心の中で生まれるものであるから、人の心の中に平和のとりでを築かなければならない」と、「普遍的」理念を掲げています。各国の人々が守り続けてきた文化財や自然環境を、世界遺産として次の世代へつなぐことができるか否かは、私たちの心持ちにかかっているのです。

✜ 参考文献

　上野征洋編『文化政策を学ぶ人のために』世界思想社、2002年

　松浦晃一郎『ユネスコ事務局長奮闘記』講談社、2004年

　毛利和雄『世界遺産と地域再生――問われるまちづくり　〔改訂版〕』新泉社、2011年

　ピエール・クラストル著（渡辺公三訳）『国家に抗する社会――政治人類学研究』風の薔薇、1987年

コラム 3　文化の維持・継承とジェンダー役割

　最近、週末になると、都市部を中心に色々な国や文化のフェスティバルが行われるようになりました。「タイフェスティバル」や「ブラジルフェスティバル」など、皆さんのなかにも参加したことがある人がいるのではないでしょうか。こうしたお祭りのときに、多くの人が身を包むのが民族衣装です。その文化の象徴としてフェスティバルを盛り上げるために使われます。

　現在ではお祭りやハレの日など、特別なときに着用する民族衣装ですが、近代社会成立以前は、多くの社会で日常着として用いられていました。日本も例外ではなく、誰もが着物を普段着として身につけていました。しかし、近代化が進展するにつれ、洋服が日常着として普及し、多くの社会で民族衣装は日常着ではなくなります。日常着の座を奪われた民族衣装は、特別な日に身につける特殊な衣服となり、あるエスニック集団のシンボルとして位置づけられるようになります。

　民族衣装や祭り、民族料理などの文化的シンボルは、他のエスニック集団から自らの集団を差異化し、集団としてのまとまりを作るために用いられます。そして、その文化的シンボルには、「伝統」という言葉が付与されます。古くから続く伝統文化の一部として、ある文化的シンボルが位置づけられるのです。しかし、古くから続くと考えられがちな伝統が、実は、最近になって人為的に作られたものであったことが明らかになってきました。たとえば、スコットランドの民族衣装であるタータンチェックのキルトです。以前は、野蛮なものとして捉えられていたキルトがスコットランド文化の象徴として捉えられるようになったのは、イングランドやアイルランドに対抗するなか、自らの文化的象徴が必要になったためと言います。このように、既存の伝統を新たな目的のために作り替えたり、歴史的材料を用いて新たに伝統を作り出したりすることを「伝統の創造」と言います。他のエスニック集団との違いを明確にし、自らの集団の独自性を語る際、この伝統に裏付けされた文化的シンボルが用いられるのです。

　伝統文化を維持・継承する役割は、男性よりも女性に付与されることが多いと言われます。特に、ある社会においてマイノリティの立場に置かれているエスニック集団の場合、その傾向が強いと言います。マジョリティに比べてマイノリティは、文化を維持することのできる範囲が家族内やコミュニティ内に限られま

す。そのため、家庭内のことを取り仕切る女性は「文化の砦」として、文化を維持することが求められることとなります。もちろん、エスニック集団によって異なりますが、親から子どもへの文化継承にあたっても、男子よりも女子に親の文化を継承する期待がかけられることがあります。

　女性が文化維持・継承の役割を主に担うという点については、男性が女性を受動的な立場におき、文化を維持・継承する役割を押し付けていると批判されることも少なくありません。たとえば、フィリピンの場合、自分の利益よりも家族の利益を優先する家族中心主義という価値観が重要視されており、自分を犠牲にしても家族のケアを行うことが求められるわけですが、この家族中心主義の遂行は男性よりも女性に期待されることが多いです。あるいは、朝鮮学校の制服は、女子の制服だけがチマチョゴリという民族衣装になっています。こうしたことから、女性が男性の統制や操作のもと、文化維持・継承の役割を担わされていると言われるのです。

　しかし、これに対しては別の見方もでています。構造上、確かに女性たちが受動的にならざるを得ない立場には置かれているけれども、彼女たちは決してその立場に甘んじているわけではなく、自ら主体的に文化維持・継承の役割を担おうとしているという指摘もなされるようになってきたのです。朝鮮学校の女子学生たちは、自らのエスニックアイデンティティを表明するため、積極的に民族衣装のチマチョゴリを着用したと言われます。このように、あるエスニック集団における文化の維持・継承における女性の役割は、必ずしも押し付けられたものだけではないということが言えます。また、ここでは触れませんでしたが、父親の血統を優先する父系社会なのか、母親の血統を優先する母系社会なのかによって、男女に課せられる文化維持の役割にも違いがでてくることでしょう。

　民族衣装のような文化的シンボルは、エスニック集団を維持するために用いられるものですが、そこにはその集団の歴史や価値観など、様々なものがつまっています。エスニックフェスティバルに参加した際には、それぞれのエスニック集団において、何が伝統文化とされ、その維持・継承の担い手がどのように想定されているのか、調べてみると面白いかもしれません。

【参考文献】韓東賢『チマチョゴリ制服の民族誌——その誕生と朝鮮学校の女性たち』双風舎、2006年

核・原子力

　核や原子力と平和の関係を考える時に、まず思いつくのは核兵器に代表される「軍事利用」の問題でしょう。その一方で、発電などのために核エネルギーを「平和利用」することは、日本においても熱心に推進されてきました。多くのエネルギーを生み出し続ける原子力発電は、経済的な発展や社会の進歩に不可欠であるとの考えが根付いているのです。ところが、2011年の東京電力福島第1原子力発電所（福島第1原発）の事故が示したように、「平和利用」であっても一度事故が起きれば、コントロールできない深刻な事態に陥ることが明らかになりました。

　たとえ「平和利用」であっても、核エネルギーの使用という点では「軍事利用」と何も違いはありません。しかし、これまで日本では、両者はまったく別物であるかのように考えられてきたようです。そのような考え方がなければ、これほど多くの原発が建設されることはなかったでしょう。

　11-G では、福島第1原発事故後の放射能汚染の被害について、被災者が被ばくについての不安を抱えながらも、その不安を話しにくい状況が続いていること、なかでも女性たちが孤立しながら生活や育児に関する不安を抱えている問題を取り上げることで、ジェンダーの視点からどのような問題が発生しているのかを考えます。

　11-P では、核エネルギーの「平和利用」と「軍事利用」とを峻別する思考様式にひそむ危うさについて考えます。

　放射線によって環境が汚された結果発生する負担をより多く引き受けるのは、「産む性」であり、家事労働や育児・介護などのケア労働を主に担っている女性たちであることも、見逃してはならない問題です。ところが、こうした

役割を引き受けてきた女性たちの声が、政策決定に反映される機会はいまだに十分ではありません。したがって、核や原子力について考える際には、平和だけでなく、ジェンダーに関わる問題についても考える必要があるのです。

11-G 核・原子力 話しにくい原発事故の被害

❖ 東京電力福島第1原発事故を知っていますか？

　読者の皆さんの多くは、2011年3月11日に発生した東日本大震災については聞いたことがあると思います。戦後日本において初めて1万人を超える死者を出したこの災害は、東日本地域を中心に大きな被害をもたらしました。ここで考えたいのは、この震災に伴って発生した福島第1原発の事故のことです。この原発事故について皆さんは、どの程度知っていますか。事故から時間が経つにつれて報道も減っているので、実はあまりよく知らない、という人もいるかもしれません。

　皆さんが良く知らないとしたら、それにはいくつか理由があるはずです。その1つは、小中高の学校教育のなかでこの原発事故について学ぶ機会が、ほとんどないということでしょう。また、この事故についてはすでに「収束した」し、福島県をはじめとする被災地では「復興が進んでいる」という情報が、日本政府を中心に発信され続けてきたことも関係しているでしょう。これらの理由から、「もう終わった事故なのではないか」、「まだ考えなくてはいけないのか」と不思議に思う人もいるかもしれません。

　ところが残念なことに、この原発事故の影響はいまだに続いていて、むしろ深刻さを増している問題もあります。そもそも世界史に残る規模の大事故ですので、世界中の人々が今もその行方に注目している国際問題なのです。そうであるのに、日本にいてもその被害がよく見えず、またこの事故について学んだり話し合ったりする機会が少ないのは、なぜなのでしょうか。

　このトピックでは、この事故のために日本国内だけでも何万という単位の

人々が不安を抱えながら今も生活していること、その不安は原発事故後の政府の対応の問題から発生していること、にもかかわらずその不安を「話すことができない」と思う被災者がいること、そしてこの「話しにくさ」はジェンダーの視点を使って分析する必要があることについて考えていきます。

❖ 福島県を超えて拡がる被害とその長期化

　原子力発電所とは、核エネルギーを使って電気をつくる施設のことです。今回の事故は、地震と津波によって発電所で使っていた電気が使えなくなり、核エネルギーを発生させる核燃料を冷やす装置が働かなくなったことが原因でした。冷やせなくなった核燃料は高温になって容器から溶け出し、さらに水素爆発という連鎖的な反応で発電所施設が破壊された結果、人体に危険な放射線を発する放射性物質が発電所施設の外に大量に漏れ出すという、大事故が発生したのでした。その後、７段階ある国際原子力事象評価尺度のなかで最も深刻な「レベル７」に位置づけられたことからも、どれほど深刻な事故であったかが分かります。

　この事故によって原発から漏れ出した放射性物質が、どの範囲にどれぐらいの量が降り注いだのかを調べたいと思ったら、「原発事故」「土壌汚染マップ」の２つのキーワードで検索してみてください。土壌汚染の濃度別に色分けされた日本地図が、いくつもみつかるはずです。それらの地図をよく見ると、放射性物質の拡がる範囲が均一ではなく「まだら」であること、そして福島県の県境を超えて、隣にある宮城県や栃木県、茨城県だけでなく、千葉県、群馬県、埼玉県、東京都、長野県の一部にも及んでいることに気付くでしょう。放射性物質は雨とともに上空から落ちるので、原発事故後の期間にこの放射性物質を含んだ雲が雨を降らせた地域に集中して、多くの汚染が残ることになったのです。

　問題は、この土壌を汚染している放射性物質が人体や環境に与える影響が、長期間続くことにあります。さらに放射性物質が目に見えないために、広範囲で発生した深刻な被害も見えにくくなっているということが、原発事故による被害の最大の特徴だと言えるでしょう。検索して見つかるマップと違って、実

際には放射性物質には色がついていないので、高濃度汚染の現場に行ってみても、まるで何も影響がなかったかのように見えてしまいます。どうしたら被害の規模を知ることができるのかを考えてみると、汚染地域からの避難者の人数が１つの目安になります。

　福島県内の汚染地域からの避難者数を見ると、最も多かった時期には福島県外に避難した人の数は約６万3000人、県内の放射線量の比較的低い地域に避難した人は10万人を超えていました。そして事故から４年以上が経った2015年12月の時点でも、県外避難者は約４万3000人、県内避難者は約５万6000人となっています。注意が必要なのは、これらの数字には避難者登録をしていない人や、福島県外であっても汚染のある地域からの避難者数が含まれていないことです。したがって、実際の避難者の数はさらに多い可能性があります。事故から５年近くたっても、10万人近い人々が自宅に戻ることができず避難生活を続けていることを、どれぐらいの人々が知っているでしょうか。

❖ 話しにくい放射線への不安と分かれる専門家の意見

　私自身は福島県の隣にある栃木県に暮らしているので、事故後に多くの福島県の人々が栃木県に避難してきたこと、また栃木県北の一部が深刻な放射能汚染の被害を受けたことを身近に経験してきました。見えにくい被害の実態を知るためにアンケートや聞き取りの調査を行ってきましたが、そのたびに耳にするのが「放射能について話せない」「話しにくい」という声でした。「放射能汚染について話題にしてはいけない」という法律があるわけでもないのに、なぜ人々は「話せない」と感じているのでしょうか。

　この問題の根本にあるのは、事故後に日本政府が採用した被ばく線量に関する安全基準を人々が信頼できないことにあります。たとえば避難の基準として政府は、自然放射線や医療放射線以外に１年間に受けてよいとされる年間追加被ばく線量が20ミリシーベルト以上となる地域を避難地域として設定し、それ以下になった地域から住民の帰還を促すという政策を進めてきました。なぜこの20ミリシーベルトという基準が問題なのかといえば、事故前から現在に至るまで、日本の法律では一般市民の年間追加被ばく線量は１ミリシーベルトとさ

れていたのに、その20倍の高さの値が基準として設定されたからです。

　日本政府によれば、現在は原発事故後の特別な期間であり、20ミリシーベルトという基準は放射線の専門家からなる国際機関の勧告に従っているといいます。しかし国内外の専門家からは、「放射線の影響を受けやすい子どもも含めて20ミリシーベルトは高すぎる」「1ミリシーベルトを事故後も守るべき」といった批判が寄せられてきました。20ミリシーベルトでも「問題ない」という政府や専門家たちと、「問題だ」という専門家たちに分かれて、今日にいたるまで論争が続いているのです。

　現在わかっていることは、放射線が健康に与える影響については不確かな部分が多いものの、放射線を浴びた細胞内でDNAが破壊され、がんや白血病などの発症につながる可能性があること、大人よりも子どもの方が、また男性よりも女性の方が放射線の影響を受けやすいこと、避けられる被ばくはなるべく避ける必要があることです。しかし、どの程度被ばくするとどのような健康被害が出るのかについては、専門家の間でも意見が分かれ続けたままです。

❖ 「話せない不安」問題とジェンダー

　この「話せない不安」から浮かび上がってくるのは、事故前からあったジェンダーに関わる問題です。専門家による論争の間に取り残され、「自己責任」で判断を迫られてきたのは、汚染地域に暮らす住民たち、とくに子どものケアを担っている母親たちでした。聞き取り調査をすると、専門家から「この放射線量でがんの発生率が上がるとしても、1万人に1人の確率であって、たばこの害などの方がよほど深刻であるから問題はない」と説明されたが、「確率が低いとしても、親としては自分の子どもがその『1万人に1人』になるのではと不安になるし、大人が自分で選んで吸っているタバコと比較されても、説得力はない」という声が多く聞かれました。実際に一部の子どもたちはそれまでにはなかった鼻血が増えたり、咳が続いたりといった症状がある場合もあり、「事故の影響ではないか」と不安になると言います。

　このように放射線の影響を受けやすい子どもを抱える世帯は、政府によって避難地域に指定されてはいないけれども、年間追加被ばく線量が1ミリシーベ

ルト以上になる地域から、政府や東京電力からの支援もほとんど無いなかでの「自主的」避難を強いられてきました。子どもと母親だけの避難も多く、その結果父親は汚染地域に残って仕事を、母親は孤立した環境で子どもの世話をするという、性別による役割分業が強まっていることも問題となっています。さらに父親も母親も追い詰められ、仕事や育児、生活に関わる問題をお互いに相談できずに関係が悪化し、離婚に至る事例もあります。

　また仕事や家族の都合により避難をすることができない人々は、なるべく子どもを外で遊ばせないなどの「生活内避難」を強いられたり、避難地域からの避難者であっても、「20ミリシーベルト以下となったので帰還してください」と言われて支援を打ち切られ、放射線量を心配しつつも帰還せざるをえないなど、一口に「避難者」「被災者」と言ってもその内情は1人ひとりで異なっているのです。

　ところが、これらの不安を覚える人々が周囲の人に「放射線の健康への影響が怖いし、不安だ」と言うと、「政府が問題ないと言っているのに、なぜ信用しないのか」「地域の復興のために皆が頑張っているのに、ありもしない風評被害を煽るのか」といった批判を受けることを恐れて、「不安を話せない」と言います。事故前から女性たちが政策決定に関して発言することが難しかった地域ほど、女性たちが「声をあげにくい」と感じる度合いも強まっている可能性もあります。さらに家庭内でも夫婦間や世代間で被ばくの影響に関する意見が異なり、母親1人が心配をしつつ、不安を押し隠して暮らしている世帯もあります。

　栃木県北地域を例にとれば、農業や畜産業、観光が盛んなこの地域で「放射能汚染」の話をすることは、地域経済に打撃を与え、さらにこの地域の人々が「被ばくした人たち」という差別を受ける可能性を心配して、やはり不安について話せないという人がいます。しかし事故から3年目にあたる2013年8月に行った乳幼児の保護者を対象としたアンケートでは、回答者2202人のうち、内部被ばくや外部被ばくの影響について不安が続いていると答えた保護者は8割近くに達しました。また回答者の9割が女性でしたが、「放射性物質への対応をめぐって、女性・母親の声が十分に反映されていない」と思うかどうかをた

ずねたところ、25.7％が「そう思う」、35.6％が「どちらかといえばそう思う」と答えており、合計すると6割を超えています。このように無記名アンケートなら記入できる「不安」が、実際には口にできない状態が現在も続いており、その問題構造を分析するにはジェンダーの視点が欠かせないのです。

❖ 課題と展望

　このトピックを読み終わると、読み始める前よりも多くの疑問が浮かんでくるかもしれません。たとえば放射線による被ばくに関して、なぜ日本政府は、20ミリシーベルトという基準を採用し続けているのでしょうか。その基準を一部の国際機関や専門家が支持し、一方で他の専門家が批判するのはなぜなのでしょうか。

　被災者をめぐる問題については、避難をすれば安心して楽しく暮らせるわけではないことや、女性だというだけで大事な問題について発言しにくいと感じるのはなぜなのか、考える必要があるでしょう。さらに、インフルエンザやPM2.5の健康影響については自由に話せるのに、放射線の話になると急に話せなくなるのは、どうしてなのでしょうか。

　社会的な問題が発生し、被害を受ける人々が出ているにもかかわらず、その問題をめぐる利害や人間関係を理由として、「話せない」「触れられない」状況になること自体が、実は非常に深刻な問題です。なぜなら、問題について調べたり話し合うことができないために、問題の原因を知り、被害に対応し、後世の人々が繰り返さないための教訓を残すことが、できなくなってしまうからです。

　こうした問題を前にしてまず必要なのは、話しにくい問題であっても話題にできる場所をつくっていくことです。皆さんがこのトピックを読んで抱いた疑問点も、1人で考えるだけでなく、原発事故とジェンダーをめぐる課題を周囲の人々と話し合うきっかけとして、活用してくださることを願っています。

✚ 参考文献
　関西学院大学災害復興制度研究所他編『原発避難白書』人文書院、2015年

日野行介『福島原発事故　被災者支援政策の欺瞞』岩波新書、2014年
福島大学放射線副読本研究会監修、後藤忍編著『みんなで学ぶ放射線副読本——科学的・倫理的態度と論理を理解する』合同出版、2013年

Peace

11-P　核エネルギーの「平和利用」と「軍事利用」

❖ 核と原子力

　日本を「原子力大国」と称してはばからない人も、「核大国」と言われたならば眉をひそめるのではないでしょうか。たしかに日本には数多くの「原子力発電所」が存在しますが、そこで行われているのは、あくまでも「原子力発電」です。しかし「核開発」となると、それは北朝鮮やイランなど、世界から不審の目を向けられる国々の所業にほかならないと思われているのではないでしょうか。どうやら日本語では、「原子力」が発電と結びつけられるのに対し、「核」は兵器を連想させやすいようです。

　このような「原子力」と「核」の使い分けから見えてくるのは、核エネルギーの「平和利用」と「軍事利用」とを截然と区別する思考様式です。たしかに両者の目的は対極的です。一方は生産の糧となり、他方は破壊の力となります。しかし、よくよく考えますと、「平和利用」も「軍事利用」も、核エネルギーの利用に変わりはありません。それだけに、両者の間で原料と技術とが多分に重なります。

　そのため、「平和利用」に用いられる原料やそこで培われた技術が、一転して「軍事利用」に流用される可能性があります。核エネルギーの「平和利用」に従事していながらも、核拡散防止条約（NPT）によって「軍事利用」を禁じられている国々が、口約束では足りず、国際原子力機関（IAEA）の査察を通じて身の潔白を証明しなければならないのは、このような恐れが拭いきれないからです。要するに、口先では「平和利用」を語っている国々も、裏では「軍事利用」を企てているかもしれないのです。この10年ほどは、イランが疑われ

ています。

　この**11**-P では、日本で核エネルギー利用の是非が盛んに議論された２つの時期に焦点をしぼり、それぞれの時期に「平和利用」と「軍事利用」とがどのような関係にあったのかを探ります。第１の時期は、日本で原子力発電の導入が決まる前後です。そして次に注目する時期は、福島第１原発の事故後です。最後に、２つの時期を比べて、何が読み取れるのかを考えてみます。

❖ 原子力発電の導入にあたって

　日本で核エネルギーの「平和利用」が本格的に始まる端緒となったのは、1954年に原子炉の調査費として計上された２億3500万円の予算でした。その背景には国際的な気運の後押しもありました。前年の国連総会で、アメリカのアイゼンハワー大統領が「アトムズ・フォー・ピース」（原子力の平和利用）を提唱したのです。

　当時はまだ被爆の記憶も生々しく、しかも予算案が提出された前日には、アメリカがビキニ環礁で行った水爆実験で日本の漁船が被爆していました。しかし、核エネルギーの軍事利用に反発が高まっていたにもかかわらず、その「平和利用」には国民を挙げての期待がありました。原子炉予算が通った翌年、「原子力利用は、平和の目的に限」ると謳った原子力基本法が、自由民主党と日本社会党の全議員が名を連ねた法案として成立しています。以後、長く競い合った２大政党が、この方針では意見の一致を見たのです。

　自民党の「党の政綱」（1955年）に「原子力の平和利用を中軸とする産業構造の変革」が書き込まれているのは、驚くにあたりません。しかし、今は「脱原発」を声高に訴えている社会民主党の前身、社会党の「政策大綱」（『日本社会党綱領　運動方針、政策大綱』1955年）にも、「科学技術ならびに原子力平和利用を推進するため、科学技術行政機構を確立する」、あるいは「原子力の平和利用のための研究設備を整備する」などと記されていました。

　国会の外でも、核エネルギーの「平和利用」には広範な支持がありました。原子炉予算が成立した1954年の「広島原爆の日」、『中国新聞』（広島市）の社説には「科学の成果を、幸福に奉仕せしめるか、人類の破滅に使用するかは、人

間自らがきめることである」と書かれています。核エネルギーの「軍事利用」と「平和利用」とが同じ根から派生していることを認識しつつも、後者への期待が表明されていたのです。ビキニ環礁の事件を受け、1955年に広島で開催された第1回原水爆禁止世界大会の宣言でも、「原水爆禁止が必ず実現し、原子戦争をくわだてている力をうちくだ」く一方、「その原子力を人類の幸福と繁栄のためにもちいなければならない」と確認されています。

　被爆国の日本で原子力発電が導入された背後には、このような「平和利用」への国民的な支持がありました。しかし他方で、国民の心情を味方につけた政治指導者たちの脳裏には、別の意図も隠されていたと考えられています。と言いますのも、たとえば原子炉予算案の提出を主導した中曽根康弘は、のちに防衛庁長官を務めていたころ、核兵器を保有する是非についての研究を複数の専門家に委託したと自ら打ち明けています。日本のプルトニウム保有に道を開いた新たな日米原子力協定が調印されたのは、その中曽根が首相であった1987年でした。核兵器の材料となるプルトニウムは、今や国内に10トンも蓄積しています。これだけの量があれば、核爆弾を1000発以上も製造できると言われています。

　原子力発電が導入された当時、中曽根のほかにも、明確に「軍事利用」を意識していた政治家がいます。アメリカから日本に対する濃縮ウランの貸与などを規定した日米原子力研究協定（1955年）の締結や、原子力基本法の制定に、政権与党の幹事長としてかかわった岸信介です。彼は、「日本は核兵器を持たないが、潜在的可能性を高めることによって、軍縮や核実験禁止問題などについて、国際の場における発言力を高めることが出来る」と回顧録に書いています。原発の運転が核兵器の保有に匹敵するような威圧効果を発揮すると岸は期待していたのです。

　原発が潜在的な核兵器に相当するという発想は、その後も政府関係者の一部に共有されていたようです。日本は1970年に核拡散防止条約に署名しますが、その是非が政府部内で議論されていた当時、外務省で作成された内部文書（外交政策企画委員会『我が国の外交政策大綱』　1969年）には次のように書かれています。

当面核兵器は保有しない政策をとるが、核兵器製造の経済的・技術的ポテンシャルは常に保持するとともにこれに対する掣肘 をうけないよう配慮する。

1964年に中国が核実験を実施したことを受け、当時の佐藤栄作首相は、日本も核兵器を保有する意思をアメリカに告げています。それが強い反発を招いた結果、核兵器を製造する「ポテンシャル」の維持が選択されたのです。この文書は、表紙に「極秘　無期限」の判が押され、1994年に『毎日新聞』が報道するまで、世に知られることはありませんでした。

以上のように、日本で原子力発電が始まったころ、政治家のなかには、それに「軍事利用」と同等の効果を期待する者がいました。ただ、その目論見が公然と語られることはありませんでした。その当時、国民には「平和利用」しか受け入れられなかったからでしょう。

❖ 福島原発の事故を経て

2011年3月11日に福島原発で起きた重大な事故は、国民の間に「平和利用」に対する不信を一気に高めました。原発の安全性に対する信頼が揺らいだのは言うまでもありません。事故の発端となった電源の喪失が地震によるのか、それとも津波によるのか、いまだに判然としませんが、仮に地震の揺れが原因であったとしますと、全国の原発すべてが巨大なリスクを抱えていることになります。

原発の売り物とされてきた経済性にも疑惑が持ち上がっています。事故前、政府が『エネルギーに関する年次報告（エネルギー白書）』などで発表していた原発のコストとは、過去の運転に実際にかかった費用ではなく、仮想の条件にもとづいた試算でした。具体的には、80％の設備利用率を維持して40年間運転を続ける原発を仮定して、その期間を通じてかかるコストの平均が算出されていました。しかし、老朽化すると事故のリスクが高まる原発が40年間も利用されるのは当然とは言えず、設備利用率の実情も70％程度にすぎません。要するに、運転年数と設備利用率の想定は実態を上回っており、そのためにコストが

低く見積もられていたのです。

　この試算には、さらに大きな問題があります。ここには含まれていないコストが存在するからです。この計算方法が対象とするのは、電力会社が支払うコストだけですが、原発の稼動にあたっては、そのほかに地元の自治体に巨額の「迷惑料」が支払われています。原発1基につき、その建設を前提とした環境影響評価の翌年度から45年間かけ、自治体には1240億円の交付金が供与されます。それを捻出しているのは国、正しくいうと国民です。電気料金に付加して徴収される電源開発促進税が、交付金の財源となっています。電力会社から見れば発電コストの低い原発は、国民にとっては、水力よりも火力よりも高くつくのです。

　じつは「迷惑料」のほかにも、原発の運転によって発生するコストがあります。それは、使用済みの核燃料を処理ないしは処分する費用です。日本は、使用済みの核燃料からプルトニウムを取り出し、それを再び燃料として使用する「核燃料サイクル」の実現を目指していますが、その第1段階にあたる再処理には、青森県六ヶ所村の再処理工場だけでも11兆円を要すると見積もられています。しかも、再処理の工程で発生する核廃棄物には、半減期が1万年を超える放射性物質も含まれていますが、その処分地はいまだに決まっていません。

　このように、安全性と経済性の両面で原発の存続に疑問が投げかけられている今日、しばらく前の日本では思いも寄らなかった意見が公然と語られるようになりました。かつては「平和利用」の看板によって「軍事利用」の意図は隠されていましたが、今や逆に「軍事利用」の可能性を売り文句に「平和利用」の存続が主張されているのです。事故の当時は野党であった自民党の政調会長、石破茂は、雑誌『SAPIO』（2011年10月5日号）のなかで次のように主張しています。

　　原発を維持するということは、核兵器を作ろうと思えば一定期間のうちに作れるという「核の潜在的抑止力」になっていると思っています。逆に言えば、原発をなくすということはその潜在的抑止力をも放棄することになる、という点を問いたい。

蓄積された技術と材料を動員すれば核兵器の製造が可能であるにしても、それには必ず「一定期間」が必要となるわけですから、その間に原発が攻撃を受ければ日本で「核兵器」が炸裂することになります。このように考えますと、原発の存在は軍事的にも諸刃の剣となります。しかし、日本で最大の購読者数を誇る『読売新聞』も、石破と同様の論理で原発を擁護しました。2011年9月7日の社説では、原発の運転に由来するプルトニウムの蓄積が「潜在的な核抑止力」として評価されたのです。

> 日本は原子力の平和利用を通じて核拡散防止条約（NPT）体制の強化に努め、核兵器の材料になり得るプルトニウムの利用が認められている。こうした現状が、外交的には、潜在的な核抑止力として機能していることも事実だ。

❖ 課題と展望

日本の非核3原則も、世界の核拡散防止条約も、核エネルギーの「平和利用」と「軍事利用」との間に越えがたい壁が立ちはだかっているような状況を前提にしています。しかし実際には、両者の境界は往来が可能であるため、一方の理由で核エネルギーの利用を望む者が、他方を根拠に掲げるという事態が起こりえます。現代の日本では、「平和利用」の継続に疑問が上がるなか、一部の政治家やメディアが「軍事利用」の効用を説いています。

かつては公言をはばかれた論理が堂々と主張されているあたりに、時代の移り変わりが見て取れるでしょう。その背景には、日本の「安全保障環境」が「厳しさを増している」という認識があると考えられます。これは、近年の『防衛白書』などでしばしば見かける文言です。

このような安全保障上の配慮から、巨大なリスクを抱え、莫大なコストを要する原発の廃止を認められないのであれば、そもそも安全保障上の脅威とは何かを根本的に考えなおしてみてはいかがでしょうか。現在は本当に日本の安全保障環境が厳しさを増しているのでしょうか。**14**-Pが思考の手引きになるでしょう。

✿参考文献

大島堅一『原発のコスト——エネルギー転換への視点』岩波新書、2011年

加藤哲郎『日本の社会主義——原爆反対・原発推進の論理』岩波現代全書、2013年

鈴木真奈美『核大国化する日本——平和利用と核武装論』平凡社新書、2006年

吉岡斉『原子力の社会史——その日本的展開〔新版〕』朝日選書、2011年

12 グローバル化

　第二次世界大戦後の国際社会は、米国が率いた資本主義・自由主義の陣営とソ連を頂点とする共産主義・社会主義のそれとに二分された冷戦時代にありました。国際政治が国家単位でのみ語られる1960年代にあって、グローバル化やグローバリゼーションという用語は、国家の枠組みにとらわれない経済現象を解説するために生み出されました。

　その後、この用語が広く知られるようになったのは1990年代以降、つまりポスト冷戦時代のことです。従来の国際政治経済関係が変容し、国家とは異なる政治経済実体や文化的主体が情勢決定しうる世界構造へと再編されつつあるダイナミズムを、人々はグローバル化と称したのです。

　グローバル化とは、世界的現象を説明する用語であるとともに、あるグループやコミュニティにおいて「共通のもの」をつくり出し、それを世界基準として地球規模で浸透させる政治的・経済的動態でもあります。つまり、多様な文化を相互に認め合い、享受し合うプロセスです。その「共通のもの」とは、可視的な規格や法規に限らず、認識や理念といった見えないものを多く含んでいます。2001年に起きた9・11「米国同時多発テロ」を機に、非国家主体が世界を動かすという観点は、超国家的な脅威という新たな意味を付加されて、いっそう多くの人々に共有されるようになりました。

　グローバル化がもたらした変化として見落とせないのは、「ヒト・モノ・カネ」の移動の活発化です。従来、主権や国境という壁がこれらの移動を制限し、国内において移動するものと捉えられてきました。しかし、今ではそれらの多くが国境を越えて活発に移動するようになっています。結果、仕事のために国際移動をする人が増加したり、海外で作られたものが日本に住むみなさん

の手に渡るようになりました。ファッションや音楽などの文化も国境を容易に越えて、世界中の人が共有できるようになっています。

12-G では、国際結婚にともなう越境的移動とジェンダーとの関係に着目し、「グローバル・ハイパガミー」という概念について考えます。「ハイパガミー（上昇婚）」とは、女性が自分より高い階層の結婚相手を選ぶことを指しますが、本節では社会的、経済的に高い地位にある国へと移動する女性たちの志向性とともに、男性がアジア女性に抱く「従順で男性に尽くす」という幻想にも似たイメージが、国際結婚の動機として明らかにされます。さらに両者間にある認識や理念の構造的ミスマッチが、越境先での女性やその子どもを取り巻く重層的な問題点を生み出す現状へと目を向けてこそ、私たちは解決への糸口を模索し始めるのではないでしょうか。

12-P では、外交問題の火種ともなる第二次世界大戦をめぐる歴史認識について、「グローバル・ヒストリー」という視点から問題解決の可能性を探ります。皆さんの多くにとって歴史認識問題は、中国や韓国の政府や人々から繰り返し提起され、面倒くさいと敬遠しがちな話題かもしれません。しかし、旧連合国の中国や台湾ならびに韓国や北朝鮮の歴史認識は、旧枢軸国と戦い勝利したことを正義とするもので、これは戦後の国際レジーム（体制）の中枢に坐す国連安保理常任理事国に共有されています。12-P では、米国と中国の歴史認識の共通性を読み解き、それと日本の人々の歴史認識をつなぐ可能性を検討します。

サン・テグジュペリの『星の王子さま』に「本当に大切なものは目に見えない」というフレーズがあります。目で見えない「共通のもの」、つまり認識や理念が世界を規定するダイナミズムなんだと予言するかのような彼の言葉は、グローバル化時代を生きる私たちの心に大きな課題とヒントを与えてくれます。

12-G　国際移動と国際結婚

❖ 国際結婚への関心の高まり

　みなさんは「国際結婚」と聞くと、どのようなイメージを持ちますか？「かっこいい」、「ロマンチック」とあこがれを抱く人も少なくないでしょうし、反対に「大変そう」という印象を持つ人もいるかもしれません。ここでは、国際結婚をテーマにグローバル化による人の国際移動とジェンダーとの関係について考えていきます。

　2014年から2015年にかけて NHK 朝の連続テレビ小説で『マッサン』というドラマが放映され、人気を集めました。このドラマは大正から昭和に実在した１組の国際結婚カップルがモデルとなっています。この時代には非常に珍しかった国際結婚も現在ではそう珍しいことではなくなりました。街で国際結婚と思われるカップルを見ることも少なくないでしょう。メディアで国際結婚カップルが紹介されることも多くなっています。2002年に刊行され、人気を博したマンガ『ダーリンは外国人』は2010年に映画化もされましたし、「世界の日本人妻は見た！」など、国際結婚を扱う番組は非常に増えてきています。また、昨今の「ハーフタレント」と呼ばれる人たちの活躍も、国際結婚への注目を裏付けるものです。みなさんの中にも、国際結婚のご両親を持つ方がいるかもしれません。

　では、実際どのくらいの人が国際結婚をしているのでしょうか？　厚生労働省の人口動態調査によると、2014年の国際結婚の総数は２万1130組となっており、結婚するカップルの30組に１組が国際結婚であるといわれています。実は、国際結婚の総数が最も多かったのは2006年の４万4701組で、その後、徐々に減少傾向にあります。これは2005年に出入国管理及び難民認定法が改正され、「興行」の在留資格で入国する女性の数が激減したことが原因と考えられます。とは言え、年間２万組という国際結婚の数は決して少ない数字ではありません。1965年から比べると、その数は約５倍にもなっています。このような

国際結婚の増加は、グローバル化によって人の国際移動が活発になったことによるものと捉えることもできます。国境を超えた移動が容易になることによって、生まれ育った国や文化の異なる人同士の結婚が増加したと言えるでしょう。

❖ 「国際結婚」という日本独特の言葉

　当たり前のように使っている「国際結婚」という言葉は、実は日本独特の言葉です。国際結婚を英語に訳すと、「international marriage」ですが、英語圏ではこのような言い方はしません。「intermarriage」「mixed marriage」あるいは、異人種間の結婚を意味した「interracial marriage」という言葉が使われることはあっても、「international marriage」という国籍（nationality）の違いを重視した言葉が使われることはほとんどありません。なぜなら、たとえばアメリカやカナダ、オーストラリアのような移民国家では、人種やエスニシティが異なっていても、その国で生まれた者は同じ国籍を有することができるため、国籍の違いは問題視されないからです。むしろ、国籍の違いよりも人種、エスニシティ、宗教による違いによって区別されるため、そちらに焦点が当てられることになります。

　では、なぜ日本では国際結婚という国籍の違いを重視した言葉が使われるようになったのでしょうか。その答えを見つけるためには、明治時代にまで遡る必要があります。鎖国を行っていた江戸時代にも、出島を中心に外国人と日本人女性（その多くが遊女）のカップルはいたとされていますが、正式に国が国際結婚を制度上認めるようになったのは明治に入ってからです。開国し、各国の人が日本にやってくるようになった頃、明治政府は英国領事から日本人と外国人が結婚する際の法律の有無について問い合わせを受けます。当時、国際結婚に関する法律はなかったのですが、近代国家として歩み始めた日本は、他国から国家として認めてもらうため、フランスのナポレオン法典を真似して国際結婚に関する法律をつくります。これが「国際結婚」の始まりです。つまり、近代国家日本の形成過程のなかでつくられたのが国際結婚という制度なのです。そして、その過程において、国家としての枠組みを強調する必要があったた

め、日本という国の国籍を持つ者とそうでない者の結婚であることが前面に出されたのです。

❖ 結婚相手の国籍から見るジェンダー差

国際結婚というと、欧米諸国出身者との結婚を思い浮かべる人も多いかもしれませんが、圧倒的に多いのは、アジア出身者との結婚です。なかでも、アジア出身女性と日本人男性の組み合わせは非常に多くなっています。そもそも、日本国内における国際結婚では、日本人男性と外国人女性という組み合わせのほうが日本人女性と外国人男性の組み合わせよりも多くなっています。そして、日本人女性が外国人男性と結婚する場合と、日本人男性が外国人女性と結婚する場合では、その相手の国籍に若干の違いが見られます。

日本人男性と結婚する外国人女性の国籍を見てみると、一番多いのが中国（40.5％）、続いてフィリピン（20.2％）、韓国・朝鮮（17.7％）、タイ（6.4％）となっています。日本人男性と中国人女性の結婚がかなり多いことが分かります。こうした現状を反映してか、最近では、中国人女性と結婚した日本人男性が描いた『中国嫁日記』という漫画も注目されています。一方、日本人女性が国際結婚をする場合、相手の国籍は多い順から韓国・朝鮮（27.9％）、米国（19.2％）、中国（11.9％）となっています。日本人女性の結婚相手の国籍では、「その他」の占める割合が28.2％となっており、日本人男性の相手の国籍のうち「その他」が占める割合（12.0％）よりもかなり多くなっています。日本人女性の国際結婚の相手は、日本人男性よりも多様化していると言えるでしょう。また、米国籍者が2位になっているのは、米軍基地で働く米国人男性と結婚する女性が少なくないからです。

このような日本人男女の結婚相手の国籍の違いから何が見えてくるでしょうか。ここでおさえておくべきは、「ハイパガミー（上昇婚）」という概念です。ハイパガミーとは、女性が自分より高い階層の結婚相手を選ぶことを表します。そして、グローバルなヒエラルキーの中で社会的、経済的地位が低い国出身の女性がより高い地位にある国へと移動し、その国の男性と結婚することを「グローバル・ハイパガミー」と言います。国際結婚によって、階層移動を行

うのです。日本人女性のほうが日本人男性よりも、欧米諸国出身者との結婚が多いのは、社会的、経済的威信がより高い欧米出身者と結婚することにより、階層移動を行おうとする女性が多いためと考えられます。あるいは、フィリピン、タイといった日本人女性の結婚相手の国としてはあがってこない国が日本人男性の相手国として上位にあがってくるのは、これらの国よりも日本が社会的、経済的に優位に立つと捉えられているためでしょう。

　ただこの場合、越境先で結婚した男性のその国での地位が下層にあることが多くあります。なぜなら、上層にいる男性は国内の女性、あるいは、より高い地位にある国の女性と結婚することはあっても、低い地位の国出身の女性と結婚することは少ないからです。国際結婚をする日本人男性についても似たようなことが言えます。日本人男性と外国人女性の結婚が増加したのは、バブル経済の始まった1985年くらいですが、この時期に起こったのが農村の「嫁不足」です。都市化が進んだ日本社会のなかで、農村に嫁ぐ日本人女性が少なくなっていったのです。この嫁不足を解消するべく、招き入れられたのがアジア出身の外国人女性たちです。出身国では中間層以上にいた女性たちが農村の花嫁として、日本では必ずしも高くない位置におかれるようになります。出身国よりも高い地位にある国に移動し、階層移動を果たしたと思ったら、移動先で出身国よりも低い位置におかれる。このような現象は「矛盾した階級移動」とも呼ばれています。

❖ 国際結婚家族とジェンダー規範

　「グローバル・ハイパガミー」に関連して興味深いのは、アジア人女性に付与される「従順で男性に尽くす」というイメージです。「日本女性は西洋人にモテる」といったことを聞いたことはありませんか？　事実かどうかは別として、欧米諸国では、日本人女性を始めとしたアジア人女性はエキゾチックな魅力を兼ね備え、思いやりがあり、繊細であると捉えられることが多いといいます。「最高の生活とは、アメリカで給料をもらい、イギリスの住宅に住み、中国人のコックを雇い、日本人を妻にすること」という冗談もあるくらいです。もちろん、こうした日本人女性に対するイメージはあくまでイメージであり、

幻想といっても過言ではないかもしれません。しかし、自分では従順で男性に尽くすタイプではないと思っている日本人女性でも、欧米諸国の女性と比べると、相対的に思いやりがあって繊細な女性として捉えられることが少なくないと言います。日本人女性と結婚する欧米出身の男性のなかには、自国の女性にはない従順で男性に尽くすというイメージを日本人女性に追い求めている人もいるようです。

　同様のことは、日本人男性とアジア出身の外国人女性との結婚においても言えます。アジア出身女性は、嫁として「家」を支え、夫に尽くすという日本人女性が失った古き良き女性像を体現していると言われることがあります。そして、現代の日本人女性たちが好まない伝統的な嫁役割、妻役割がアジア出身の外国人妻に求められることになります。農村花嫁の受け入れは、まさに「家」を守るという目的のために行われたものです。また、1970年代、80年代に増加したフィリピン人女性は、男性を癒す存在としてクラブで働くことが多かったですが、そのときに強調されたのが「フィリピン人女性は、日本人女性がなくした従順さを持っている」ということでした。

　このように、女性が自分より経済的、社会的高い地位にある国出身の人と結婚し、階層移動を果たそうとするのに対し、男性は自国の女性にはない従順さや献身さを外国人女性に求めるといった構造が垣間みられます。すなわち、「グローバル・ハイパガミー」のもとで、男性が経済的に女性を保護し、女性が男性に尽くすという伝統的なジェンダー規範が維持され、強化されていると言えます。もちろん、これは国際結婚の一部であり、全ての国際結婚カップルがそうであるとは言えません。しかし、伝統的なジェンダー規範が維持されにくくなっているなか、国際結婚がグローバルな形でジェンダー規範を維持する機能を担っているということは否定できません。

　伝統的なジェンダー規範を重視する国際結婚家族で起こり易いのは、経済的、社会的に優位な国出身の夫からより劣位にある国出身の妻への精神的、肉体的なドメスティック・バイオレンス（DV）です。もちろん、DVは同国人同士の結婚でも起こることですが、国際結婚の場合、ジェンダーだけでなく、国家間の序列という要素も関わってくるため、夫婦間の権力関係はより不均衡に

なりがちです。たとえば、アジア出身の外国人女性と結婚した日本人男性の中には、自分より格下と感じる外国人妻を馬鹿にし、蔑むことがあると言います。女性であるということだけでなく、経済的、社会的に劣位におかれた国出身であるということが、外国人女性をより弱い立場におくことになります。また、結婚によって在留資格を得ている女性の場合、離婚してしまうと日本にいられなくなることもあるため、どんなに過酷な状況におかれていても我慢する人が少なくないと言います。

　夫婦間の権力関係の不均衡さは子どもにも影響をもたらします。父親が外国人の母親を蔑ろにする様子を見て育った子どもが母親を馬鹿にしたり、その存在を隠したりするということはよくあります。母親が片言の日本語を話すのを嫌って、学校に来ないように言う子もいると言います。また、アジア出身の母親を持つ子どもが母親のことでいじめをうけるということもしばしば起こります。国際結婚で生まれた子どもは、「ハーフ」と呼ばれますが、欧米系ハーフとアジア系ハーフではその扱いが異なると言われます。たとえば、日本人の父とフィリピン人の母を持つ、元 AKB48 の秋元才加さんはテレビ番組の中で、「フィリピン人のハーフっていうと偏見だったりというのもたまに（あります）。ほかの海外のハーフとはちょっと違うと思っていた」と語っています。親の出身国のイメージや経済的、社会的威信の程度が子どもにも影響すると言えるでしょう。

　このように、弱い立場におかれがちなアジア出身の女性たちですが、彼女たちは夫にただ従い、耐えるだけの存在ではありません。夫との権力関係をうまく利用しつつ、その関係の転覆をはかる者もいれば、自分の言語や文化を子どもに継承しようと、奮闘する母親たちもいます。もちろん、こうした取り組みは独りではなかなか行いにくいものですので、同国人同士のネットワークなど周囲のサポートが必要となってきます。教会などの宗教施設がネットワークの中心となって様々なサポートをしていることも少なくありませんし、移住者の支援団体も各地で活動の幅を広げています。神奈川県の川崎市では「カラカサン」という移住女性をサポートする団体が重要な役割を果たしています。国際結婚家庭の抱える課題に向き合いつつ、それをサポートする仕組みを社会全体

で考え、つくっていく必要があるでしょう。

❖ 課題と展望

　国境を超えた移動はこれからますます活発になるでしょうし、それに付随して国際結婚の数は多くなっていくでしょう。国際結婚の場合、文化葛藤や夫婦間の不均衡な権力関係、子どもの教育の問題など、様々な課題が同国人同士の結婚よりも生じ易いことも確かです。しかし同時に、複数の文化を持つ者同士が互いの文化を認め合いながら、次世代を作り出すという可能性も有しています。

　国際結婚で生まれたハーフの子どもたちは、自分が何人（なにじん）なのかで悩むことがあると言います。ハーフであるがゆえに、「日本人らしさ」を十分に持っていないのではないかと悩み、自分や外国人の親を否定してしまうこともあるといいます。こうした問題の根底には、少しでも異なる人たちを排除しようとする日本社会の意識があるでしょう。2015年3月に宮本エリアナさんがミスユニバース日本代表に選ばれた際、「純粋な日本人でないハーフは日本代表にふさわしくない」という意見が聞かれました。なぜハーフが日本代表ではだめなのでしょうか。そもそも「純粋な日本人」とは誰をさすのでしょうか。純粋さを追い求める「日本人の純粋障害」は、異なる背景を持つ人々に非常に抑圧的に働きます。異なる人々を排除するのではなく、多様性を互いに認め合い、多様な背景を持っていることが当たり前のこととして受け止められる社会をつくるにはどうしたら良いか、皆で考えていく必要があるでしょう。

❤ 参考文献

嘉本伊都子『国際結婚論!? 【歴史編】』法律文化社、2008年

嘉本伊都子『国際結婚論!? 【現代編】』法律文化社、2008年

佐竹眞明、メアリー・A・ダアノイ『フィリピン—日本国際結婚——移住と多文化共生』めこん、2006年

S・マーフィー重松著（坂井純子訳）『アメラジアンの子供たち——知られざるマイノリティ問題』集英社新書、2002年

12-P　国際レジームと歴史認識

❖ 客観的な歴史認識とは何か？

　あなたは、「客観的に」事実を述べることができますか。そんなのは当たり前だと思うかもしれません。たとえば、「1945年8月6日午前8時15分に起きたこと」もしくは「同8月9日午前11時2分に起きたこと」をたずねられたとします。みなさんの多くが、前者に関しては「広島に原爆が落とされた」と思い至り、同様に後者にも「長崎に原爆が落とされた」と、難なく答えるかもしれません。しかし、当たり前と思える「客観的に」述べることは、なかなか一筋縄ではいきません。なぜなら、先に示した答え方は「落とされた」という特定の視点に立った語りだからです。

　言うまでもなく、「原爆を落とした」という語りであっても同じことです。では、「原爆が落ちた」であれば客観的と言えるでしょうか。そうでないことは明白ですね。あらゆる語りは、話し手が意識的・無意識的に選び出した単語の集合で、その人の認識を反映しているという点において、いずれも「主観的な」語りに他なりません。つまり、私たちがなにかを話したり書いたりするときに、「主観」というフィルターを介した語りが、完全なる客観性を帯びることは不可能なのです。

　こうした視点から言えば、歴史教科書でさえも純粋に客観的事実を記載したものではありません。国語、すなわち公用語で記される教科書の内容は、政府（日本では文部科学省）が検定制度などを通じて実質的に規定しており、さらに時の内閣の主義・認識を反映するとも指摘されます。政府や内閣にとっては、自国の歩みをしっかりと共有する国民を育て、永続的な一体性を維持することが不可欠の責務です。一方で、歴史教科書を学ぶ学生らの歴史認識がそれぞれの国で異なり、時として国際問題の火種となる現実も否定できません。

　「戦争の世紀」とも称される20世紀において、人類が最も大きな犠牲を払ったのが第二次世界大戦です。各国が総力を挙げた武力行使は統制や動員をとも

ない、犠牲者のうち6割が非戦闘員だったとされます。だからこそ、20世紀の反省に立ち、21世紀を「平和の世紀」としたいとの願いは世界の共通認識となりました。

　しかしながら、過去の反省のあり方をめぐって各国の立場は分かれます。中国や韓国の政府や人々から、日本政府や国民の一部は過去のあやまちから目を背けるべきでないと、批判されることがあります。その一方で、みなさんの多くは、先の大戦の反省に立つからこそ、戦後日本は平和の道を歩んできたと考えるでしょう。誰もが平和を望む世の中で、なぜ歴史認識が今日的な問題を引き起こすのでしょうか。ここでは、日本と旧連合国の間で異なる歴史認識に着目し、日米関係と東アジア国際政治において提起される課題について考察します。そして、その打開にむけた試みを参照し、私たちは歴史認識問題とどのように向き合えばよいのかを考えましょう。

❖ 日本の安全保障政策をめぐる米中の異なる反応

　日本は第二次世界大戦から70年あまりにわたり、「唯一の被爆国」として、また平和国家として歩んできました。この聞き慣れたフレーズになぞらえて言えば、広島・長崎への原爆投下以降、核兵器が実戦投入されるのを押しとどめたのは、非核3原則を堅持する日本外交の賜物なのでしょう。しかし、戦後世界での核拡散や深刻の度を増す放射能被曝・汚染から目を背けた主張は、あまりにナイーブだと言わざるを得ません。なぜなら、戦後の日本外交、とりわけ安全保障政策は、国連システムを中枢に据えた国際レジーム（体制）の下で措定されてきたからです。

　安倍晋三首相（第1次内閣：以下、肩書は当時のもの）は、この現実を痛感するがゆえに、2007年1月の施政方針演説で「戦後レジームからの脱却」を提唱しました。さらに2012年12月に発足した第二次安倍内閣も、先の施政方針と同様に「自衛軍保持」の意欲を示します。安倍首相は、国連憲章51条および日米安全保障条約に規定される集団的自衛権が、憲法解釈において制約を受け、「適切な」対応ができないとの問題意識がありました。

　そこで、2007年4月に有識者からなる「安全保障の法的基盤の再構築に関す

る懇談会（座長：柳井俊二・国際海洋法裁判所判事）」を設置しました。この懇談会は１年あまりの協議を経て、時の政府による憲法解釈の変更によって、集団的自衛権の行使および国連の集団的安全保障への参加は可能と結論づけました。また2014年５月、一部構成員が変更された同懇親会は、自衛の措置の範囲について「必要最小限度」の中に集団的自衛権の行使も含まれると解釈すべきとの報告書をとりまとめました。

　一連の報告内容を受けて、2014年７月に「我が国を防衛するためのやむを得ない自衛の措置として」集団的自衛権の行使が許容されるとの憲法解釈は閣議決定され、翌2015年７月から９月にかけて、異例の長さの会期延長の末に、平和安全法制整備法と国際平和支援法の２法案が衆参両院を通過します。こうした日本の政治動向に対して、アメリカ政府は自国の安全保障政策の観点から「歓迎」の意向を表明してきました。他方で中国外務省は、「戦後における前代未聞の動きであり、軍事安全保障政策を大きく変化させ得るもので、専守防衛政策を放棄するのではないか、もしくは戦後の長期にわたり堅持してきた平和的発展の歩みを変更するのではないか」との疑義を表明しました。

　このように、ともに旧連合国だとは言っても、アメリカと中国が示した日本の安全保障政策に対する反応は対照的です。なぜなら、今日アメリカは日本との日米安保条約に基づく同盟関係にあり、一方の中国は尖閣諸島等東シナ海の海域をめぐり日本と「異なる見解を有している」からです。

❖ 表裏一体の国際レジームと歴史認識

　しかし同時に、両国はそろって戦後の国際レジームの中枢、すなわち国際連合安全保障理事会の常任理事国の一角を占めています。アメリカ、イギリス、ロシア、中国、フランスはかつて、連合国の主要国でした。これらの国々は、第二次世界大戦で枢軸国に勝利したことを正義とする歴史認識を共有しており、この正義に基づく戦後構想を実現するかたちで設立された国際機構が国連です。だから、軍事同盟から国際機構になっても英語名称はそのままに"The United Nations"とされました。

　また、国連の設立目的は、戦後世界における「平和と安全を維持すること」

と国連憲章の冒頭に謳われています。そう規定したのは、第二次世界大戦を通じた歴史体験とその歴史認識を共有する連合国の主要国でした。それら諸国が今日の国連安保理常任理事国です。つまり、設立当初に想定された「平和と安全」とは、戦後70年を経た今日も国際レジームの中枢に坐す諸国が共有する平和の基本理念なのです。だからこそ、中国外務省は、2015年7月に安全保障関連法案が衆議院を通過したのを受け、「歴史の教訓を切実にくみ取り、（略）中国の主権と安全保障の権益を侵すことのないよう、日本政府に改めて促し」ました。

「歴史を鑑として未来に向かう」べきと繰り返す中国政府らしい主張ですが、アメリカにおいても同様の歴史認識が見て取れます。2015年4月に訪米した安倍首相は、バラク・オバマ大統領との首脳会談、そしてアメリカ議会上下両院合同会議での演説という日本の総理大臣として初となる歴史的イベントに先立ち、アーリントン国立墓地を訪問し無名戦士の墓に献花しました。アーリントン国立墓地は、南北戦争以来、テロ犠牲者を含む殉国した人々を埋葬・慰霊する施設です。殊に無名戦士の墓への参拝は、第二次世界大戦の戦没者への哀悼の意を表す行為と広く認識されています。

この時の安倍首相に限らず公式訪米した日本の首相が、首脳会談より前にここに参拝することは、いまや慣例となっています。この背景には、日本の首相がアメリカ大統領と面会するには、過去のあやまちから目をそらさず反省を行動で示してからでなければならない、という根強いアメリカ世論への配慮があります。しかし日本の首相が中国や韓国の政治指導者と会談する前にこうした「儀礼」はなく、むしろアメリカ社会の方が、旧連合国の歴史認識を露骨に提示しているとも言えます。

またアメリカ政府は、2013年12月に安倍首相が靖国神社を参拝した際に、「近隣諸国との緊張を悪化させるような行動をとったことに失望している」と声明を発表しました。さらにこの声明では、国際の平和と安全を維持するために、「（日本の）首相の過去への反省」を再確認する必要があると、日本政府に要請しています。この1年あまり前、中国の国家主席就任と目されていた習近平とパネッタアメリカ国防長官が会談し、「日本軍国主義は米国を含むアジア

太平洋国家に大きな傷を与えた」との見解を示しました。このようにみれば、上述した日本の安全保障政策をめぐる米中の異なる反応の根底には、実は共通の歴史認識があると理解でき、それは米中関係への新たな視点を提示するものではないでしょうか。

❖ 課題と展望

日本と旧連合国との間には、歴史認識において大きな隔たりがあり、それが今日の国際レジームのなかでも「しこり」となっています。日韓および日中政府は、異なる歴史認識を近づけ過度なナショナリズムを克服することを目指して、2000年代に専門家による歴史共同研究を実施しました。

日韓間の共同研究は、2001年10月の日韓首脳会談での合意に基づき設置された日韓歴史共同研究委員会によって2期に分けて展開され、2010年3月に報告書の公表をもって終了しました。一方、日中間では2005年の外相会談を皮切りに、第1次安倍政権下の翌06年10月、首脳会談にて「歴史に対する客観的認識を深めることにより相互理解の増進を図る」ことが合意されました。同年12月に始動した日中歴史共同研究は、2014年に成果報告書を出版しています。

2つの共同研究は、特定の歴史事実に関する双方の理解や解釈の相違を改めて浮き彫りしたと同時に、誤解や先入観に基づく誤りを正し、不必要な摩擦を避ける可能性を高めました。では、個人としてはどうすればよいのでしょうか。共通の歴史認識への第一歩は、「原爆が落とされた」という被害者意識に溺れるのでなく、またアジア諸国を「支配した」加害者意識に囚われるのでもなく、それらを超越した歴史認識を鍛えることです。

第二次世界大戦後、ドイツは旧連合国によるニュルンベクル裁判の結果を受け入れる代わりに、ドイツ刑法に則った司法訴追を徹底し、9000人あまりを起訴しました。問題を自分に引き付け、身を切ってでも客観性を追求することは、あまりに苦しい作業です。しかし、それを追求する姿勢が世界に共有されたなら、グローバル・ヒストリーが生まれます。

この点に関しては、日韓国交正常化から50周年を迎えた2015年に、両国が未来志向の関係を築くために重要な動きが見られました。同年12月末の日韓両外

相共同記者発表で日本政府は、慰安婦問題が「当時の軍の関与の下に、多数の女性の名誉と尊厳を深く傷つけた問題」であり、「責任を痛感している」と言明しました。さらに、「慰安婦として数多の苦痛を経験され、心身にわたり癒しがたい傷を負われた全ての方々に対し」て、安倍内閣総理大臣が「心からおわびと反省の気持ちを表明」しました。

　責任と謝罪に併せて「今後、国連等国際社会において、本（慰安婦：著者加筆）問題について互いに非難・批判することは控える」と明記されたことをめぐり、日本政府ないし両国首脳の政治的意図を批判することは容易です。しかし、むしろ私たちに求められる行動は、政府レベルの動きを精査したうえで、個人レベルでグローバル・ヒストリーを構築しようとすることではないでしょうか。そして、それでもなお、私たちが忘れてならないのは、いかなる歴史認識も主観性から逃れられないということです。

❖参考文献

北岡伸一、歩平編『「日中歴史共同研究」報告書　第2巻』近現代史篇、勉誠出版、2014年

東郷和彦、波多野澄雄編『歴史問題ハンドブック』岩波書店、2015年

水島司編『グローバル・ヒストリーの挑戦』山川出版社、2008年

コラム 4　子の奪取に関する国際条約

　「もう実家に帰らせていただきます！」夫婦仲が悪くなりこんなセリフをはく女性が出てくるTVドラマを見たことはありませんか？　日本では昔から、夫婦関係で困ったことがあると、とりあえず実家に帰るという選択肢が当たり前のようにとられてきました。しかし国際結婚の場合は少し注意が必要です。なぜなら日本はハーグ条約の署名国だからです。

　ハーグ条約とは、オランダのハーグにあるハーグ国際私法会議において締結された国際私法をさし、30以上の重要な条約があります。そのなかでも昨今もっと

も日本で話題になったのは、「国際的な子の奪取の民事上の側面に関するハーグ条約（The Hague Convention on the Civil Aspects of International Child Abduction)」です。そのため日本では、「ハーグ条約」といえば、子どもの連れ去りに関する条約をさしています。

　この条約は1980年に成立しました。世界的に人の移動や国際結婚が増加したことにより、1970年代頃から、一方の親による子どもの連れ去りや監護権（子どもの身体・生命・安全を保護する義務）をめぐる国際裁判管轄の問題を解決する必要性が叫ばれるようになったからです。そこで1976年から、ハーグ国際私法会議はこの問題に取り組み始め、その結果、上記条約が制定されました。2015年5月現在、世界で95カ国が署名しています。

　ハーグ条約は、国際結婚をした親同士の関係が悪くなり、一方の親が、もう一方の親の承諾を得ずに、自分の子ども（16歳未満）を連れて、それまで住んでいた国から別の国へ移動してしまい、残された親がハーグ条約を取り扱う国の所轄部署にそのことを申し出た場合に発動されます。監護権の侵害を伴う国境を越えた子どもの連れ去りは、子どもの利益に反していること、またどちらの親が子どもの世話をすべきかの判断は、子どもが元居た国の裁判所等で行われるべきであるという考え方から、まず原則として、子どもを元の居住国に返還することを義務づけています。

　ハーグ条約を制定するための話し合いが行われていた頃想定していたのは、監護権を行使していない、つまりあまり子育てをしていない父親が子どもを海外へ連れ去ってしまうケースであり、残された母親を救済する意味合いがあったと言われています。しかし最近の調査では、連れ去った親の7割近くは母親であることがわかってきました。しかも、ドメスティック・バイオレンスから自分と子どもの安全を守るために国境を越える母親が少なからず居ることもわかってきました。

　日本では、欧米を中心とした各国の要請と離婚後の共同親権を望む社会運動家たちの活発な運動を背景に、ハーグ条約は締結の意義があると判断されました。返還申請等の窓口を外務省と定め、法務省や外務省において専門家等の意見を聞きつつ、2013年、ハーグ条約の締結が承認されました。それに伴い条約を実施するための国内法も成立しました。そして2014年4月1日、ハーグ条約は発効しました。連れ去った親が自発的に子どもの返還に応じないと裁判に持ち込まれます

が、日本では東京家庭裁判所と大阪家庭裁判所がその任務を負っています。

　日本の国際結婚の傾向として、夫の伴侶の出身国はハーグ条約に加盟していない国が多いのに対し、妻の伴侶の出身国はハーグ条約加盟国の割合が高いことがあげられます。このようなことから将来国際結婚をするかもしれない女性には注意が必要かもしれません。

　ハーグ条約は、本来子どもの利益のための国際条約です。しかし上述した DV 事例のように、ときには子どもが返還されることで、子どもの安全という利益が脅かされることもあります。ハーグ条約に則って司法判断をする裁判官の力量が問われるところです。また、元居た国に子どもを帰したことで、本当に子どもが幸せな生活を送れているかどうか、フォローアップ調査の蓄積が国際的に望まれます。

国家権力（主権・国家）

　憲法が何のためにあるのか、いくどか耳にしてきたと思います。それは、国家権力に縛りをかけ、その濫用から市民の権利を守るためにあります。したがって、憲法のくびきを払いのけ、従来は認められなかった行動をとろうとする政府は、国家権力の拡張をはかっていると見られるでしょう。その政府が、ひいては人権を抑圧するのではないかと警戒されるのも、同じ論理にもとづいています。

　今日の日本政府は、これまで憲法の下では許されないと考えられてきた集団的自衛権の行使が、憲法の解釈を変更すれば可能になると主張しています。政府は徴兵制の復活もたくらんでいるのではないかと疑われていますが、それはまったく根拠がないわけではありません。国家権力が拡大すれば、その分だけ市民の権利は縮小すると考えられやすいからです。

　しかしながら、人権が守られないのは、国家権力が過剰な場合だけに限りません。逆に国家権力が不足している場合にも、人権が十分に保障されないのです。本章では、こちらの問題について、2つの視点から考えてみます。

　まず**13**-G では、法の下の平等という視点から、ポジティブ・アクションについて考えましょう。ポジティブ・アクションは積極的改善措置ともいわれ、機会の平等ではなく、結果の平等を成し遂げるために、必要な措置をとることです。ここでは、その具体的な施策を取り上げ、その良し悪しを検討します。

　次に**13**-P では、国内の治安に目を向けます。治安の維持こそ国家権力に託された至高の使命と考えられますが、その点で日本は、いわば「反面教師」とも呼べるアメリカの跡を追っている観があります。国内への目配りがおろそかになる一方、対外的な脅威への備えは強まるあたりも、アメリカに似ていま

す。アメリカとの接近は、はたして日本に何をもたらすでしょうか。

　国家権力の過剰が目につく時代だけに見落とされがちですが、国家権力の不足にも弊害がともなうのです。

Gender

13-G　ポジティブ・アクションの位置づけ

❖ ポジティブ・アクションの必要性

　学校教育を受けている期間中、目に余るような男女の差別的な扱いを受けたことはあるでしょうか。おそらく多くの学生はないと答えるでしょう。それどころか、同じように学習機会を与えられ、成績なども性別に無関係で評価されているのが現状でしょう。ですが、働き出すと、特に女性の学生は、これまでと違う扱い、つまり性別を理由にした不利な扱いを受ける可能性が高くなります。すべてではありませんが、どのような職場でも、本人の適正、能力というよりも生まれながらの性別によって、職務が割り振られたり、企業での扱い、立ち位置（退職まで働き続けるか、結婚や出産などで退職するかが）が決められがちでした。そういった職場の状態を改善し、男女が平等に働けるようにすることを目的にして、1986年に「雇用の分野における男女の均等な機会及び待遇の確保等に関する法律（以下、「男女雇用機会均等法」とする）」が施行されました。男女雇用機会均等法が施行されてから、（2015年時点で）29年経ちますが、未だに性別によって職場での扱いや立ち位置が決められてしまうのも事実です。日本社会のなかで、このような状況を打破するには、何が必要なのでしょうか。

　13-G では、そのための１つの方策として、「ポジティブ・アクション」という取り組みを、企業の事例から考えていくことにしましょう。

❖ 平等という概念

　「平等」というと少し、堅苦しい感じを受けるかもしれません。そもそも日本国憲法の第14条では、「すべて国民は、法の下に平等であって、人種、信条、

性別、社会的身分又は門地により政治的、経済的又は社会的関係において差別されない」と明記されています。憲法上の平等は、相対的な平等であり、それは、合理的な理由がないのに差別してはいけないということです。言い換えれば、合理的な理由があれば、一時的にその状況が改善するまで、その法律上の文言を適用しなくてよいことになります。一例となるのは、「ポジティブ・アクション」と言われるもので、積極的改善措置ともいわれています。要は、機会の平等ではなく、結果としての平等を成し遂げるために、必要な措置をとることです。近年、性別による視点だけでなく、グローバルな人材を受け入れるという視点でも取り組みが進められています。新規に人材募集を行う際、性別として女性であることや国籍として外国籍の人を優遇することは、その一例です。

❖ ポジティブ・アクションという取り組み

　ポジティブ・アクションとは、一体どういった取り組みのことを指すのでしょうか。たとえば、固定的な性別役割分担意識や過去からの規範、慣習などから、性別を理由に区別され、ひいては、本人の希望に反する扱いを受ける場合があります。その解消を目的に行うのがポジティブ・アクションという取り組みです。この取り組みの大部分は、労働市場で行われています。たとえば、生まれながらの性別を理由に、希望する仕事につけなかったりする場合が考えられます。これまでは、女性が区別、差別の対象になる場合が非常に多く、女性はいずれ、結婚、出産で退職する可能性が高いから、新規採用人数を減らしたり（採用しなかったり）、重要な仕事を与えなかったりという事例が多くありました。

　ポジティブ・アクションはこれらのことを少しでも是正するために行われることであり、間違えてならないのは、女性だからという理由で女性を「優遇」するのではないことです。

　日本社会のなかでは、どういった取り組みがなされているのでしょうか。ポジティブ・アクションをいきなり推進するのは、かなりハードルが高いでしょう。そういったこともあって、ポジティブ・アクションを後押しするいくつか

の法律があります。その法律が導入されたそもそものきっかけは、日本政府が女子差別撤廃条約に1980年に署名し、1985年に批准したことです。

では、女子差別撤廃条約とは、どういった内容なのでしょうか。重要な4条の条文をみてみましょう。

第4条

1　締約国が男女の事実上の平等を促進することを目的とする暫定的な特別措置をとることは、この条約に定義する差別と解してはならない。ただし、その結果としていかなる意味においても不平等な又は別個の基準を維持し続けることになってはならず、これらの措置は、機会及び待遇の平等の目的が達成されたときに廃止されなければならない。

2　締約国が母性を保護することを目的とする特別措置をとることは、差別と解してはならない。

この条文に明記されていることとして、結果の平等を得るための一時的な措置（ポジティブ・アクションなど）をとるのは、目的が達成できたときにその措置を廃止すること、そして女性の母性、つまり産む性（排卵し、妊娠、出産するということ）であることを理由とした特別な扱いは、区別であり、差別ではないということです。この条約を批准後、国内では、主に2つの法律（男女雇用機会均等法、男女共同参画社会基本法）が特に女性の労働分野における結果の平等を得るための内容を一部に記載しました。労働分野に直接かかわる男女雇用機会均等法について、以下でみてみましょう。法律のなかで、「女性労働者に係る措置に関する特例」という項目として8条があり、一般的には、「8条規定」といわれています。8条規定とは、「女性労働者に係る措置に関する特例」のことであり、「前三条の規定（性別を理由とする差別の禁止、性別以外の事由を要件とする措置）は、事業主が、雇用の分野における男女の均等な機会及び待遇の確保の支障となっている事情を改善することを目的として女性労働者に関して行う措置を講ずることを妨げるものではない」というものです。一見してわかるように、事業主が、ポジティブ・アクションを行うことを肯定する文言であり、女性の優遇を正当化するものではありません。男女雇用機会均等法は、制

定以来、何度が改定され、1999年の改正法施行時に、ポジティブ・アクションを推進することが明記されました。14条にポジティブ・アクションを行う企業に対して、国が様々な援助を行うという規定が追加されたのです。たとえば企業は男女平等を成し遂げるために支障となる状況を改善するため、国がその取り組み内容の相談や援助を行えるようにしました。また、女性労働者が男性労働者と比較して相当少ない分野、具体的には、女性割合が40%以下の職場では、労働者の募集、採用、配置、昇進において女性を優遇することが法律違反にならないようにしました。

　このように、各法律の一部では、社会的に見ても不利な立場にある女性が、優遇措置を受けられるようになったのです。

❖　現　　状

　ポジティブ・アクションとして近年、よく耳にするのは、2012年12月に誕生した安倍政権の新たな成長戦略（「女性が輝く日本をつくるための政策」としての女性の活躍，活用，少子化対策を提示）です。そのなかでは，待機児童の解消、職場復帰・再就職の支援、指導的地位への女性の積極的登用などが掲げられており、あくまで女性が仕事を続けることを前提にした取り組みが並べられています。なかでもよく知られているのが、2020年までに女性管理職の割合を30%以上にするという目標でしょう。一般的に、管理職とされるのは、役職で言えば課長級以上が多いです。厚生労働省の「雇用均等基本調査」（2013年）によれば、課長相当職以上の、管理職全体に占める女性割合は、6.6%でした。詳細にみると、課長相当職では6.0%、部長相当職では3.6%でした。現状の数値をみても明らかですが、目標値である30%にはほど遠い状態です。また管理職につく女性は、大企業よりも規模の小さな企業に多く、規模別にみると、課長相当職以上では、5000人以上規模で4.0%、1000〜4999人規模で3.2%、300〜999人規模で4.8%、100〜299人規模で6.5%、30〜99人規模で11.3%、10〜29人規模で16.5%でした。

　ここまでみたように、性別を理由とした差別的な取り扱いは、政策レベルでは日本でも問題とされつつあります。現状で言えば、性別を抜きして、男女と

もに、平等に多くのチャンス、機会が訪れているとは言い難いのです。たとえば、働くということを考えても、先にみたような男女雇用機会均等法や育児介護休業法などの法律が制定、施行され、法律上は、男女が仕事だけでなく、子育てもしやすいように改善されています。現状では、その法律、法改正の恩恵を十分受けているとは言えないでしょう。象徴的なのは、社会全体の意識としての、「男は仕事、女は家事、育児」があります。そういった意識、考えをベースにして、日本の企業社会は成り立っていますが、女性は結婚、出産退職して子育てに専念するもの、だから学校を卒業

図表1　2013年卒男女比内訳

2013年のデータ	総合職合計	男性	女性	女性比率
三菱商事	175	146	29	16.6%
三井物産	128	105	23	18.0%
伊藤忠商事	110	99	11	10.0%
丸　紅	148	121	27	18.2%
住友商事	136	124	12	8.8%
日本生命	131	120	11	8.4%
東京海上	90	87	3	3.3%
三菱電機	890	740	150	16.9%
ソニー	160	133	27	16.9%
トヨタ	592	539	53	9.0%
ＮＴＴドコモ	257	185	72	28.0%
ＫＤＤＩ	253	191	62	24.5%
ＮＨＫ	229	170	59	25.8%
読売新聞社	62	41	21	33.9%
朝日新聞社	66	41	25	37.9%

出典：『就職四季報　2015年版』東洋経済新報社、2015年。

後、企業に入社する際も、大部分の企業は、企業のメインとなる総合職に男性中心の採用を行っていることが明らかです。そういった採用の仕方は、コース別雇用管理制度と呼ばれますが、現状において法律違反ではありません。これは建前上は、性別にかかわらず総合職に応募できる点で機会の平等が保障されているようですが、結果の平等という点では女性に関していえば開かれた社会ではないのです。その一例として、『就職四季報』のデータを以下で見てみましょう。

　図表1からもわかるように、企業のなかの基幹労働力である総合職の採用は、男性が中心です。そのため、女性が採用される枠は、少数の総合職と一般職という形になるのです。総合職だと、給与の上昇、仕事のおもしろさなどが

ありますが、一般職だと、低い給与、定型的な仕事などの違いがあります。就職すると言っても、生まれながらの性別（男女）という、自身で選択することができないカテゴリーに基づいて、仕事を割り振られることも往々にしてあります。こういった形での採用がこれまで行われ続けていたため、先にみたように、女性管理職の割合が相当低くなっているのです。一般的に管理職は、総合職である人が該当するため、その採用自体が進んでいないと、女性管理職が増えることも難しくなるのです。それでは、今後女性管理職を増やすには、どうしたらよいのでしょうか。

❖ 女性優先枠をつくる

　企業が本気で女性の活用を考えるならば、新規採用（新卒採用も含む）時に、法律が認めるポジティブ・アクションとして、女性の新規採用割合を40％以上にすると明記すべきだと考えます。現在、男女雇用機会均等法では、例外規定以外（モデル募集や助産師募集など）、性別を明記した募集、新規採用は禁止しています。そのため、大学生が就職活動を行う際に、非常に苦労することになります。なぜならば、企業側は、あらかじめ、採用年度に何人くらい採用したいかという採用計画を練り、それに基づいて選考を行います。そしてその際、公にはできないですが、おおよそ採用における男女の人数を想定しているからです。たとえば、食品会社Sは、『就職四季報』の情報によれば、毎年、女性の採用が10人前後、男性が100人前後です。そのことが意味するのは、男女学生で同じような能力などであった場合、割合で言えば、男性の方が採用される可能性が高くなるということです。そのため、特に女性の学生は、たとえどんなに成績優秀で、採用試験などで高得点をとったとしても、企業の採用優先度のために、男性よりも採用が難しくなってしまいます。こういった、過去何年かの状況を公開していないと、無駄足を踏む可能性もでてきてしまうし、そもそも性別による採用数情報を公開しない企業も多くあります（公開しなければならない法的義務はありません）。

　優先枠に近い取り組みとして、ユニ・チャームは、2015年度の新卒採用者から「Fresh-Mom Recruitment」を導入しました。ユニ・チャームで働きたい

と希望しているにもかかわらず、妊娠・出産予定があるために志望を躊躇したり、不安を感じている女性に、最長で30歳になるまで入社資格（内定）を保有できる取り組みです。簡単にいえば、30歳まで入社資格を延長できるということです。育児を20歳代に済ませ30歳代でキャリアアップに専念したい女性社員や、妊娠や出産予定があるため志望を断念したり、不安を感じている就職活動中の女性が対象です。

❖ 課題と展望

　日本社会のなかでは、想像以上に、性別を理由、基準にした社会意識、規範が多くあり、それらを基盤として社会が動いています。それをある程度解消するために、男女雇用機会均等法や男女共同参画社会基本法などが施行され、法的な基準に準じて、各取り組みなどが実施されています。その法的内容は、罰則がないものやあったとしても企業名の公表や罰金の支払い程度です。そのため、社会的にみても、意識や規範の変容は、ゆっくりと進んでいる状態です。だからこそ、あえてその格差が解消されるまで、ポジティブ・アクションを実施し、一定期間、男女を別に扱うことは、最終的な「機会の平等」を目指すものであり、平等原則に反する「逆差別」にはなりません。簡単に言ってしまえば、優先席、優先枠のようなものになるため、それを実施しようにも、職場では、大部分の性別を占める男性の一部や女性のなかでも一部の人たちは、あまり合意のサインを出したがらないのです。法的に認められているにも関わらず、普及にかなり時間がかかっているのが現状です。男女平等に近づく社会になるには、そういった取り組みが社会的に難なく支持される社会になることが必要でしょう。

✚ 参考文献

大久保幸夫、石原直子『女性が活躍する会社』日経文庫、2014年
大沢真知子『女性はなぜ活躍できないのか』東洋経済新報社、2015年
辻村みよ子『ポジティヴ・アクション──「法による平等」の技法』岩波新書、2011年

13-P　国家権力の過剰と不足

❖ アメリカの国家権力

　戦後の日本では、国家権力の拡大につながりかねない動きに対して、常に警戒の目が向けられてきました。近年では、特定秘密保護法の成立に際して批判が出ました。様々な情報が「特定秘密」として囲い込まれるとともに、その漏洩に対する罰則が厳しくなるため、国家に対して社会が萎縮するのではないかと懸念されています。

　しかし国家権力とは、強いか弱いか、あるいは大きいか小さいかが一義的に測れる代物ではありません。それはむしろ、一方で強い側面があれば、他方で弱い側面もある多面体なのです。それでは日本の国家権力は、どのような側面に弱さを抱えているのでしょうか。13-P では、そこに焦点を当てて国家権力について考えてみましょう。ただ、本題に入るに先立ち、まずは思索の手がかりとしてアメリカの例を見てみます。

　ときに「唯一の超大国」とも称されるアメリカは、世界でも屈指の強力な国家権力をもつ国と思われているのではないでしょうか。しかしアメリカの国内に目を転ずれば、その印象は崩れるでしょう。治安が十分に保たれていないのですから。

　法務省発行の『平成26年版　犯罪白書』を見ますと、2012年にアメリカで起きた殺人の件数は1万4827件で、同年に日本で起きた1067件の14倍に当たります。人口10万人あたりの件数で比較すれば、日本の0.8件に対してアメリカは4.7件です。殺人の検挙率も低く、9割を超える日本に対し（93.1%）、アメリカは6割程度にとどまっています（62.5%）。

　とくに財政難に陥った地域では、警察に十分な予算があてられないため、治安の維持が極度に難しくなっているようです。2012年にデトロイト市警察の職員が作成したビラは国際的に波紋を呼びました。職務の遂行に自信を失った警察官たちが、自ら「デトロイトに立ち入る際は自分の責任で」と呼びかけたの

です。

　警察に頼れない以上、市民が自力救済の手立てを講ずるのは不思議ありません。ピュー・リサーチ・センターによりますと、銃所持の自由を支持する人々は長期的に増える傾向にあり、2014年12月の調査では、ついに50％を超過しました。支持の理由としては、五七％の人々が「犯罪の被害から人々を守るには銃の所持が役立つため」と答えています。

　市民の側が銃で武装しているとなると、警察のほうも、反撃を恐れるあまり、銃に手を伸ばしやすくなるのではないでしょうか。ワシントン・ポスト紙の調べによりますと、2015年の１月から５月にかけ、警察官に射殺された市民の数は385人にものぼっています。１日に２人以上が射殺されている計算になります。

　かつてトーマス・ホッブズは、国家が成立する以前の世界では人々が自己保存に汲々となる結果として、かえって「万人の万人に対する闘争」が出現すると論じました。その状態から脱却するため、人々は自己の権利を「リヴァイアサン」（国家）に譲渡するのです。アメリカの現状は、多少なりともホッブズのいう「自然状態」を想起させます。逆に言いますと、アメリカ国内では「リヴァイアサン」（国家）の影が薄いのです。

❖ 連帯と秩序

　それでは、なぜアメリカが今日のような状態に陥ったのでしょうか。日本でも反響を呼んだ『孤独なボウリング』のなかで、政治学者のロバート・D・パットナムは、アメリカで凶悪犯罪が続発する背後に社会的な結合の弱まりを指摘しています。州ごとに地域の活動に参加する度合いを数字で表すと、この数値（社会関係資本指数）が小さい州ほど凶悪犯罪の発生率が高いという傾向が明瞭に浮かび上がるのです。

　「孤独なボウリング」に象徴されるアメリカの現在と今日の日本とは、一見すると好対照をなしています。とくに東日本大震災後の日本では、至る所で「絆」の尊さが語られていました。2011年に日本漢字能力検定が発表した「今年の漢字」は、ずばり「絆」でした。自由国民社が選ぶ「ユーキャン新語流行

語大賞」の年間トップテンにも、やはり「絆」が入っています。しかし、本当に日本には、強い「絆」が存在するのでしょうか。

　じつは震災の前年、同じ「ユーキャン新語流行語大賞」の年間トップテンには、「無縁社会」が入っていました。この言葉はNHKのドキュメンタリー番組に由来しますが、その取材班が公刊した『無縁社会』（文芸春秋、2010年）の終章は、「絆を取り戻すために」と題されています。

　それよりも少し前、2006年から2007年にかけては、朝日新聞が「分裂にっぽん」を連載していました。その企画者は、「『一億総中流』が崩れ、日本は分裂に向かっているのではないか」と懸念を語っています。連載記事を1冊にまとめた著書の帯には、「連帯を取り戻す、新たな社会像を築けないのか」と記されています。

　日本社会の連帯ないしは「絆」は、なぜ失われたのでしょうか。すでに記述したとおり、朝日新聞の「分裂にっぽん」取材班は、「一億総中流」の崩壊に直接の原因を見出しています。また、NHKの「無縁社会」取材班を構成していたのは、以前に「ワーキング・プア」の取材に携わっていた面々でした。貧困の蔓延が行き着く先として、「無縁社会」が位置づけられているようです。失われゆく社会的連帯の告発者たちは、所得格差と貧困の広がりに嫌疑をかけているのです。

　じつはアメリカについても同様の見解があります。ある研究者は、パットナムのいう「社会関係資本」が所得の格差と見事な反比例をなすと指摘しています（リチャード・G・ウィルキンソン　2009）。パットナム自身も、その点を認識していました。所得分配が比較的に平等であった1950年代から60年代にかけては社会の連帯が強く、逆に続く30年間は、所得の格差が拡大するとともに市民間の分断が進んだのです。同時代的に見ても、所得格差が小さい州ほど「社会関係資本指数」が高くなる傾向をパットナムも確認しています。

　とすると、次のような疑問が浮かび上がるでしょう。国内の秩序を掘り崩しつつある貧富の格差が広がる過程で、アメリカの政府も日本の政府も、歯止めをかけられなかったのでしょうか。以下では日本に焦点を絞り、「一億総中流」の意識が薄れていった経緯を振り返りつつ、その間に政府がとってきた対応を

検証します。

❖ 企業頼みの福祉

　日本国民の間で「一億総中流」の意識が醸成されたのは、1950年代後半から70年代前半にかけての高度経済成長期でした。どこの家庭にも「三種の神器」（洗濯機、冷蔵庫、白黒テレビ）や「3C」（カー、クーラー、カラーテレビ）などの家電製品がそろい、自らを「中流」と認識する人々が増えたのです。政府の「国民生活に関する世論調査」で自分の生活程度を「中」と回答した人は、1958年には72.4％でしたが、それが1970年代に入ると90％に達します。

　この「一億総中流」意識を襲った最初の危機は、1973年の石油危機でした。経済成長が止まり、欧米各国では大量の失業者が出ました。しかし、「終身雇用」が社会的な通念として定着していた日本では、企業は不況に直面しても正社員の雇用には手をつけませんでした。

　とは言いましても、その代わりに企業は、終身雇用が想定されていないパートやアルバイトの従業員を大量に解雇しました。そのために女性の労働力率が下がり、1975年には過去最低の45％を記録します。もっとも、離職した女性の大半は結婚しており、夫の雇用が守られたため、彼女たちは専業主婦となって穏便に労働市場を去りました。こうして、石油危機を経ても「一億総中流」の幻想は保たれたのです。

　危機の克服を経て、政府は企業に対する信頼を深めました。自由民主党が1979年に出版した『日本型福祉社会』では、企業が「日本型福祉社会の柱」として位置づけられています。そもそも「福祉社会──福祉国家ではない──」という言葉が意味していたのは、国民の生活が国家の政策よりも、企業の雇用や家族内の助け合いなど「社会」の要素に守られていた日本の状況です。この著書では、サラリーマンが「身分と所得を保障されているきわめて安全度の高い職業」と持ち上げられています。

　翌年に大平正芳首相の主宰する研究会が出した報告書（『大平総理の政策研究会報告書』、1980年）の中でも、「日本的経営」が賞賛されています。社会不安が広がる欧米諸国の「先進国病」を免れた理由として、伝統的な「間柄」を重ん

ずる文化を継承した日本の「人間尊重の経営」が挙げられているのです。

　しかし当時も、一部の人々は「日本的経営」の危うさに気づいていました。現役社員を厚遇する結果、そのしわ寄せが新規に労働市場に参入する世代に及びかねないからです。経済企画庁が1985年に出した報告書（『二一世紀のサラリーマン社会』）には、終身雇用と年功序列の慣行がつづくかぎり、就職を控えた「団塊ジュニア」（1971年から1974年にかけて生まれた人々）の「かなりの部分がアルバイト等外部労働市場での労働を余儀なくされるのではなかろうか」と懸念がつづられています。とは言え、結局は「日本の所得の平等と雇用の安定をはかる主体は基本的には、やはり企業以外には考えられない」のが実情でした。

　はたして1990年代に入ると、日本の企業は終身雇用型の社員を減らす方向へと舵を切ります。1995年に『新時代の「日本的経営」』を発表した日本経営者団体連盟（のちに日本経済団体連合会〔経団連〕と統合）は、従業員を「長期蓄積能力活用型グループ」、「高度専門能力活用型グループ」、「雇用柔軟型グループ」の３種類に分け、第１種にのみ従来どおりの終身雇用を保証する新たな方針を打ち出しました。

　第３の「雇用柔軟型グループ」は以前からいたパートや臨時工を指すため、この報告書で新しいのは「高度専門能力活用型グループ」です。ここに入る労働者は、業績に応じた年俸制と有期の契約で雇われ、役職への昇進は想定されていません。要するに、正社員ではない新たな類型が考案されたわけです。

　この構想が発表されて以降、実際に「非正社員」が増えています。厚生労働省が2003年に実施した調査（『就業形態の多様化に関する総合実態調査』）では、規模が1000人以上の事業所の半数以上（50.6%）が、３年前と比べて非正社員の比率が上昇したと回答しています。その後も非正社員の割合は増えつづけ、今や全労働者の四割に迫っています。ここに出現したのが「ワーキング・プア」にほかなりません。

　もはや企業に勤めているだけでは生活が保障されない時代に突入しても、企業を頼む政府の方針は少しも揺らいでいないようです。2013年２月、ときの首相が施政方針演説の中で次のように高らかに宣言しています。

「世界で一番企業が活躍しやすい国」を目指します。

❖ 課題と展望

13-P の冒頭では、国家権力を多面体と表現しました。しかし、各側面の間に何も関係がないわけではありません。と言いますのも、国庫は 1 つしかないからです。要するに、一方の側面に多くの予算が投じられると、その分だけほかの側面で予算が削られるのです。

貧富の格差が広がり始めた1980年代のアメリカでは、貧困層への給付など福祉関連の予算が切り詰められる一方、軍事費は大幅に拡大されていました。このような財政運営を正当化したのは、当時のレーガン大統領が強調したソ連の脅威です。1979年よりアフガニスタンに侵攻していたソ連を「悪の帝国」と呼んだレーガンは、ソ連が発射するミサイルを宇宙から打ち落とすべく、いわゆる「スターウォーズ計画」（SDI）を立ち上げています。

具体的な脅威を念頭に置いて伸びる軍事費と、縮小の圧力にさらされる福祉予算。この構図は、どこか今日の日本と似ていませんか。過去最高額に達するまで防衛予算が増えつづけた2013年度以降の 3 年間、逆に生活保護費は段階的に引き下げられました。「城内平和」をおろそかにしてまで外敵への備えを強化しなければならないほど、日本は差し迫った脅威にさらされているのでしょうか（**14**-P　脅威とは何かを参照）。

✚ 参考文献

高原基彰『現代日本の転機──「自由」と「安定」のジレンマ』日本放送出版協会、2009年

リチャード・G・ウィルキンソン（池本幸生他訳）『格差社会の衝撃──不健康な格差社会を健康にする法』書籍工房早山、2009年

ロバート・D・パットナム著（紫内康文訳）『孤独なボウリング──米国コミュニティの崩壊と再生』柏書房、2006年

軍と安全保障

　誰もが知る「日米安全保障条約」のせいか、一般に「安全保障」とは「外部からの侵略に対して国家および国民の安全を保障すること」（『広辞苑〔第5版〕』）という意味で理解されています。そのために安全保障の語は、とかく軍を連想させます。しかし、原語にあたる英語の「security」の用法を見ますと、必ずしも脅威が国外にあるわけではありませんし、安全保障の対象が国家や総体としての国民に限定されてはいません。たとえば「security force」には、軍のほかに警察も入ります。また、「social security」と言えば、失業や疾病などの脅威から個人を守るための施策を指します。英語の「security」には、国家ばかりか個人の安全を保障する意味も含まれているのです。

　軍に頼った国家の安全保障は、このような広義の安全保障と齟齬をきたすことはないのでしょうか。より具体的に言えば、国家の安全をより強固にしたはずの政策が、個人の視点から見ると、かえって安全を損ねてしまうことはないのでしょうか。これが本章の問いです。考える手がかりとして、本章では以下の2点を提供します。

　まず14-Gで取り上げますのは、軍が女性の性を濫用してきた事実です。戦時下の性暴力も、それを予防するために設置された管理売春制度の下で横行した強制も、ある時期までは、戦争につきまとう不可避の犠牲と見なされる風潮がありました。日本軍の「慰安婦」を世界に通有する戦時の慣行と弁明する発言には、このような古い発想の残滓が見て取れます。

　しかし1990年代以降、勇気ある犠牲者の告発に動かされ、戦時の性暴力が犯罪として認知されるに至りました。このような時代に突入した今も、これまでと同様に日本軍の責任を否定しつづけられるのでしょうか。今日の日本は、こ

のような問いを突きつけられているのです。

　また、戦時の兵士による性暴力を許さない新たな思潮は、平時の軍に対しても厳しい視線を向け始めています。じつは、女性の性が軍の用に供されているのは、戦時ばかりではないのです。

　次に14-P では、軍の保有が国家の経済に与える負荷に目を向けます。問題は、個々の兵器が高くつくという自明の事実にとどまりません。兵器は高値で取り引きされるだけに、ひとたび販路が確立されると、その分け前にあずかろうと、様々な組織や人間が兵器の開発や売買に群がるのです。軍と製造業者にはじまり、研究者、評論家、ジャーナリスト、はては官僚や政治家までが加わります。そのような利益を同じくする共同体が、いわゆる「軍産複合体」です。

　この軍産複合体には、自己増殖の仕組みも備わっていると考えられます。そもそも「脅威」の客観的な測定は不可能ですから、様々な分野の専門家が特定の国家を「脅威」に仕立て上げれば、その認識が広く世論に浸透するでしょう。こうして軍産複合体は、兵器に対する需要を喚起するのです。

　強力な軍があれば国家の安全が保たれるという考えは単純にすぎるでしょう。軍の保持には、様々な危険がともなうのです。ここでは軍にまつわる性暴力と「軍産複合体」の形成に焦点をしぼりましたが、ほかにも軍に関連する問題はあります。戦前の日本を振り返れば、そのいくつかに突き当たるのではないでしょうか。

Gender

14-G　軍・基地・安全保障

❖ 公人の問題発言

　「銃弾が雨嵐のごとく飛び交う中で命をかけて走っていくときに、精神的にも高ぶっている猛者集団をどこかで休息させてあげようと思ったら、慰安婦制度が必要なのは誰だってわかる」。

「戦時中だからいいとか悪いとかいうつもりは毛頭無いが、この問題はどこの国にもあったこと。戦争地域にはどこでもあった。韓国は日本だけが強制連行をしたみたいなことを言うからややこしい」。

　これらの発言が、誰のものか分かりますか。上が2013年5月13日の橋下徹大阪市長の発言で、下は2014年1月25日の籾井勝人NHK会長の発言です。どちらも、国内だけでなく、国際的にも問題となり、物議を醸しました。これらの発言は何が問題だったのでしょうか。

❖ なぜ「日本だけが責められる」のか？

　「慰安婦」問題について、「戦争中にはどこの国もやっていたことなのに、日本だけが責められるのはおかしい」という主張をよく耳にします。

　確かに、フランスやイギリスは19世紀から、軍の派遣先である植民地で、性病罹患による戦力低下を防ぐため、売春女性の登録や性病検査、罹患者の隔離や投獄を内容とする管理売春制度を持っていました。また、第二次世界大戦時にはナチスドイツが日本軍「慰安婦」制度に類似の制度を持っていたとされています。このような国家による管理売春・強制売春制度だけでなく、現在に至るまで、戦時下・紛争下では軍人による住民女性への性暴力が当たり前のようにはびこり、それが「敵に屈辱感を与える武器」として意図的に用いられることさえあります。

　日本軍は、侵略していく先々に軍「慰安所」を設置し、そこに植民地の朝鮮と台湾、日本国内から女性たちを連れて行っただけでなく、占領地の女性たちを強かんし、駐屯地に監禁して輪かんするなど、「慰安所」制度外での性暴力も各地ではたらきました。元兵士の金子安次さんは「慰安所で1円50銭払うなら、強かんはタダ。チャンコロ（中国人）の女をやってなぜ悪いんだ、どっちみち殺すんじゃないか、こういう気持ちで強かんしたわけです。当時、陸軍刑法では強かんは、やって7年以上、見ただけでも4年以上という刑罰がありましたが、中隊長や大隊長は自分の部下が強かん罪を犯しても決して陸軍刑法を持ち出さない。だからわれわれ兵隊はできうる限り強かんをやったわけです」と証言しています。

　しかし、このような実態も、決して日本軍に特有なものとは言えません。では、なぜ「日本だけが責められる」のでしょうか。

　具体的に話を進める前に、この問いは、表現自体に問題があるということを指摘しておきたいと思います。軍隊による性暴力の問題を批判されているのは「日本だけ」ではありませんし、「責められる」という被害者意識に立った表現も適切ではありません。このような表現で発想していたのでは、問題の本質に近づくことはできないので、「なぜ日本軍『慰安婦』問題はこれほど大きな国際問題となっているのか」と、問いの表現を変えて考えていきたいと思います。

　私が考える答えは2つです。1つは、世界各国でこれだけ多くの性暴力被害者が名乗り出て加害国に対し被害回復を求めている問題は他に類がないということ、もう1つは、その被害者の要求に日本政府が四半世紀もの間、充分に答えきれてこなかったということです。

　あらゆる差別問題、人権問題は、実際に差別される側、人権を抑圧される側が異議を申し立て、立ち上がってたたかうことで少しずつ改善され、権利を獲得してきました。戦時下・紛争下の性暴力に関しても、被害者が訴え出ない限り、加害責任のある国家が具体的に被害者に対して責任を取ることはできません。言い換えるならば、「慰安婦」被害者の求めに応じることで、戦時下の性暴力問題にきちんと責任を果たした国として世界に範を示すチャンスが、日本国には与えられてきたのだと言えます。しかし、日本政府は被害者を納得させられる応答ができないまま、「他の国もやっていたこと」という責任逃れの発言をはじめ、公人が被害者を再び傷つける暴言を繰り返すことで、国際世論をどんどん悪化させてしまったのです。

❖ 韓国の米軍「慰安婦」訴訟

　今、被害者の訴えに応えることが求められているのは日本政府だけではありません。韓国でも、2014年6月、米軍「慰安婦」訴訟が始まりました。朝鮮戦争後に韓国の米軍基地周辺で、米軍に「安全なセックス」を提供し、国に外貨収入をもたらすため、登録と愛国教育、性病検査と罹患時の隔離等を強いられた女性たちが、韓国政府の責任を問うて起こした裁判です。

ここで、「慰安婦」という用語について整理しておきます。「慰安婦」とは、そもそも日本軍が用いた用語で、文字通り軍人を「慰安」する女性たちを指していますが、これは軍人の性のはけ口、戦争遂行の道具とされる女性の側の人権を全く考慮しない、極めて身勝手で一方的な名称だと言えます。

　日本では戦後、政府の指示により「特殊慰安施設協会」がつくられ、占領軍のための「慰安所」が設置されましたが、1946年3月に閉鎖された後は、「慰安婦」「慰安所」という言葉は使われなくなりました。ところが韓国では、朝鮮戦争期（1950～53年）に「特殊慰安隊」という名の韓国軍「慰安所」が設置され、その後は米軍基地周辺で米軍の買春に利用される女性たちが「慰安婦」と呼ばれました。

　ただし、これは公文書上の名称で、一般には1990年代に入って日本軍「慰安婦」問題が明らかにされるまで、「慰安婦」という言葉が韓国の人々に広く知られることはありませんでした。日本軍「慰安婦」は「挺身隊」、米軍「慰安婦」は「洋公主」等と呼ばれ、韓国軍「慰安婦」については存在そのものが一般にはあまり知られていなかったからです。また、日本の植民地になる以前の朝鮮にも売春婦はいましたが、「慰安婦」という言葉は存在しませんでした。

　ではなぜ、解放後（日本の敗戦後）の韓国で、公文書上「慰安婦」という用語が使われたのでしょうか。それは、当時の韓国軍幹部に日本の陸軍士官学校出身者たちが大挙登用され、その人々が考案・設置した制度だったからです。また、朝鮮戦争時には韓国軍のための「慰安所」だけではなく、国連軍（米軍）のための「慰安所」も運営され、それが終戦後、米軍「慰安婦」制度へと引き継がれていきました。米軍「慰安婦」制度は、とりわけ朴正熙政権（1961～79年）下で本格的に体系化されると共に、公文書上の名称は「特殊業態婦」に変わりました。

　用語だけではなく、その設置目的もほぼ同じでした。性病蔓延による戦力低下の防止という共通の目的に加え、戦時下の日本軍「慰安婦」と韓国軍「慰安婦」では、兵士の厭戦気分や不満のはけ口としての利用、そして兵士の士気高揚という目的が強調され、戦後の日本の占領軍「慰安婦」と韓国の米軍「慰安婦」では「自民族の一般婦女子を守る」という目的が強調されました。「占領

軍が入って来たら女性たちが強かんされる」という発想は、自分たちが同じことをしていたがゆえに、自明のこととして為政者たちに共有されたのです。そして、「守られるべき一般女性」と「性の防波堤」となるべき女性が区別されました。

ここで最初に掲げた橋下市長の発言を思い出してください。死地に追いやられる兵士たちの士気高揚のためには「慰安婦」が必要だという内容でした。同じ日、橋下市長は、沖縄の海兵隊に「風俗業をもっと活用してほしい」とも言っています。橋下市長の発言には、「兵士の性的なエネルギーのコントロール」と「慰安婦」や「風俗」の「活用」という言葉が何度も登場します。そして「自分の娘が風俗に行くと言ったらどうするか」という質問には「当然反対する」と答えました。つまり、「自分の娘」は「守られるべき一般婦女子」ということです。

このような考え方に共感する人が意外に多いことに驚かされます。自分や自分の大切な人が「守られない側」になるかもしれないという想像力がはたらかないようです。「守られない側」は、決して特殊な人々ではありません。ひとたび戦争が起きたら駆り出される兵士も、戦車に押しつぶされる市民も、「慰安婦」にされる女性も、皆、その瞬間まで私たちと同じ、たった一度の人生を生きる普通の「人」だったのです。

誰かのために、他の誰かが犠牲にならなければならないシステムそのものを変えなければ、自分自身も犠牲になる可能性から決して自由にはなれないのです。

❖ 女性たちの異議申し立てと連帯

女性が軍隊の性暴力に遭うことを「仕方のないこと」とする考え方に対して、女性たちは異議を申し立て、そのようなシステムの根絶を訴えてきました。

戦時下の女性への暴力に対する処罰と再発防止の国際的な議論が大きく前進したのは、1990年代に入ってからのことでした。その大きなきっかけをつくったのが、1991年8月に、自らが日本軍の「慰安婦」だったと名乗り出た韓国の金学順さんでした。金学順さんが名乗り出た後、韓国だけでなく、フィリピ

ン、オランダ、台湾、中国、北朝鮮、インドネシア、東ティモール、マレーシアなど各国で被害者が名乗り出て、日本政府に対し被害回復措置を求め始めました。

　また、日本軍「慰安婦」被害者の名乗り出と活動は、他の戦時性暴力被害者たちにも勇気を与えました。金学順さんが名乗り出た1991年は、旧ユーゴスラビアで紛争が始まった年です。とりわけボスニア・ヘルツェゴビナ紛争では民族浄化の名のもとに「敵の女性」への集団レイプが大々的におこなわれ、世界に衝撃を与えました。1993年のウィーン人権会議では、日本軍「慰安婦」被害者と旧ユーゴのレイプ被害者が出会い、戦時性暴力根絶の国際世論を高める上で大きな役割を果たしました。そして、旧ユーゴ国際戦犯法廷およびルワンダ国際戦犯法廷で、レイプが人道に対する罪として裁かれるに至ったのです。このように、被害者たちが沈黙を破ることで、「性暴力は戦時には必要悪」という認識が打ち破られ、戦時性暴力は女性に対する人権侵害であり戦争犯罪なのだ、という定義が国際社会で打ち立てられてきました。

　性暴力の被害者は、自らの体験を吐露すること、そして他者にそれを受け止められることで、被害回復の道を歩みます。名乗り出た日本軍「慰安婦」サバイバーたちが国連や各国を回っておこなった証言活動は、自らの傷を癒す効果をもたらしました。また、サバイバーたちは、そのような活動を通して様々な人々と出会い、戦時下・紛争下では未だに女性たちが性暴力の被害に遭っていることを知ることになりました。

　「日本政府から賠償金が出たら、今も戦時下で被害に遭っている女性たちに全部あげたい」。

　これは、韓国のサバイバー金福童さんの2012年の発言です。名乗り出た当初は、自身の被害の記憶と心の傷に向かい合うことで精一杯だったサバイバーたちが、今や、他の被害者たちに思いを至らせるまでに変化していることが分かります。

　「私が同じような痛みを経験したから、この女性たちの痛みがよく分かる」と、やはり韓国のサバイバー吉元玉さんは言います。

　金福童さん、吉元玉さんの発言を聞いた韓国の支援団体「韓国挺身隊問題対

策協議会（挺対協）」は、武力紛争下の性暴力被害者を支援する「ナビ（蝶々）基金」を立ち上げ、2012年4月からコンゴの性暴力被害者シェルターへの支援を開始、翌2013年3月以降は、ベトナム戦争時に韓国軍兵士の性暴力を受けた女性たちに対する支援を開始しました。この挺対協は1990年に結成されて以来、「慰安婦」問題解決のための国際的な運動をリードしてきた団体で、日本では「反日団体」と名指しされることの多い団体ですが、実際には米軍「慰安婦」訴訟の支援もしており、ベトナムにおける韓国軍の住民虐殺と女性への性暴力については韓国政府に真相究明と責任ある措置の履行を求めています。つまり、日本の過去の犯罪だけでなく、自国である韓国の犯罪に対しても同様に責任追及をしているのです。

それは、日本軍「慰安婦」問題解決のための運動が、「日本」を批判するための運動ではなく、戦時下の女性への暴力を根絶するための運動だからです。過去の問題に加害国家が責任を取らなければ、同じことが繰り返されます。あるべき未来をめざすことは、過去の清算と不可分だと考えているのです。

❖ 課題と展望

「戦争には強かんはつきもの」「一般の女性を守るために犠牲になってもらう女性も必要」という考え方は、1990年代以降の国際的な議論の進展を踏まえない旧態依然とした思考です。これに対して、「誰も犠牲にならない」社会をめざして、たたかっている人々がいます。

名乗り出て証言活動をしてきた日本軍「慰安婦」サバイバーたちは、「二度と戦争はしないで欲しい」「自分のような犠牲者が生まれないようにして欲しい」と訴えます。戦争や武力紛争がなくならない限り、自分たちのような犠牲者が必ず生まれるということを、誰よりもよく知っているからこそ、戦争そのものをなくさなければならないと訴えているのです。

しかし、本当に戦争をなくすことはできるのでしょうか。それは理想主義にすぎないという人がいます。では、理想を掲げることは意味のないことなのでしょうか。「誰も犠牲にならない」社会を理想主義に過ぎないとするなら、自分や自分の大切な人も犠牲になる覚悟が必要だと思います。あなたは、その覚

悟ができますか。それとも、自分なりの方法で、理想をめざしてみたいと思いますか。後者であるなら、その方法にはどのようなものがあると思いますか。

　1人ひとりが諦めずに、理想とする社会をめざして知恵を絞り、小さな行動を積み重ねることで、圧倒的な暴力に抗う力を培うことができるはずです。

✚ 参考文献

日本軍「慰安婦」問題webサイト制作委員会編、金富子、板垣竜太責任編集『Q&A 朝鮮人「慰安婦」と植民地支配責任——あなたの疑問に答えます』御茶の水書房、2015年

歴史学研究会、日本史研究会編『「慰安婦」問題を／から考える——軍事性暴力と日常世界』岩波書店、2014年

Peace

14-P　安全保障と脅威

❖ 脅威の性質

　2012年、4月と12月の二度にわたり、北朝鮮が飛翔体を打ち上げました。この物体を、日本の政府とメディアは「ミサイル」と呼びましたが、北朝鮮の側は「人工衛星」を搭載したロケットと発表しました。同じ事実を指しているにもかかわらず、2国は対照的な見方を示したのです。

　ここには、軍事的な脅威の特徴が、よく現れているように思われます。脅威の成立には、物理的な事実にくわえ、脅威を感じる側の心理が働いているのです。たとえば日本では、中国の年率10％を超える軍事費の伸びは脅威として認識されますが、同じような軍備拡張をアメリカが実施しても、それほど問題にされないでしょう。

　このような脅威の性質は、じつは古くから知られていました。アメリカとソ連の間で40年もつづいた「冷戦」が始まったころ、みずから外交政策の立案にたずさわっていたケナンは、アメリカの安全が半世紀の間に劇的に低下したと

嘆息をもらしていますが、その理由としては、客観的な事実のみならず、アメリカ人の主観に負うところが大きいと指摘しています。つまり、アメリカ人は危険を過大に見積もる一方、自分の力を過小評価しているとケナンは言います（『アメリカ外交50年』岩波書店、2000年）。

　脅威の一半が主観によって構成されている以上、それを厳密に測定するのは無理です。だからこそ、「安全保障環境が厳しい」というような不明確な表現が横行するのでしょう。このような脅威の主観的な性質は、どのような問題を引き起こしうるのでしょうか。それについて **14**-P で考えてみましょう。

❖ 誤解と捏造

　まず、脅威の認識が誤解にもとづいている可能性を疑う必要があるでしょう。明治時代の思想家、中江兆民は、今日も政治思想の傑作として名高い『三酔人経綸問答』（1887年）のなかで、国防の議論が「思いすごし」にとらわれる傾向を戒めています。

　この書物は、「紳士君」と「豪傑君」の2人が、中江自身の分身とも思われる「南海先生」のもとを訪ね、3人で酒を酌み交わしつつ語り合う形式をとっています。一方で「民主主義者」の紳士君は、領土が小さく、人口の少ない日本は「道義によって自己を守るのでなければ、他にたよれるもののあろうはずはない」と主張して、非武装をすすめます。この説を痛罵した「侵略主義者」の豪傑君は、並み居る列強のなかで独立を守るには軍備の拡張を追求するほかなく、そのためには「もう1つ大国を割き取って、自分じしん富んだ国にならなければならない」と訴えます。2人の話を聞き終えた南海先生は、2人とも欧州諸国による侵略を必要以上に恐れていると叱責するのです。

　米ソ冷戦の始まりにも、兆民のいう「思いすごし」の面が認められるのではないでしょうか。アメリカの宣戦布告と位置づけられる1947年3月の演説で、トルーマン大統領は全世界を巻き込んだ闘争について語りました。

　　　世界史の現段階において、ほとんどすべての国々が生活様式の二者択一を迫られています。多くの場合、それは自由な選択ではありません。

第1の生活様式は、多数者の意思にもとづいており、自由な制度、代議政治、自由選挙、個人的自由の保障、言論と信教の自由、そして政治的抑圧からの自由を特徴とします。

　　第2の生活様式は、多数の人々を従わせる少数者の意思にもとづいています。それは、恐怖と圧制、出版と放送の統制、選挙干渉、そして個人的自由の抑圧に依拠しています。

　　武装した少数者や国外からの圧力による支配の企てに抵抗する自由な人々の支援こそ、アメリカの政策でなければならないと私は信じています。

　ここで「第2の生活様式」の総本山として想定されているのがソ連であり、アメリカは「第1の生活様式」を守る砦と位置づけられています。もし「第2の生活様式」が世界的に広まれば、国際平和とアメリカの安全が根底から覆されるとトルーマンは警告するのです。

　そこで、まずトルーマンが訴えるのは、内戦下にあるギリシャ政府の支援です。なぜならば、もしギリシャが陥落すれば、つづいてトルコ、さらには中東の全体がソ連の支配下に落ちるとトルーマンは主張しています。

　しかし、はたして当時のソ連は、「ドミノ倒し」のように支配を広げる能力と意思を持ち合わせていたのでしょうか。じつは、ギリシャの反政府勢力に加担していたのはソ連ではなく、あわよくばギリシャ領の一部を掠め取ろうと目論んでいた旧ユーゴスラビアでした。1948年に旧ユーゴスラビアがソ連の陣営から離脱すると、ギリシャへの介入が打ち切られ、すぐに内戦は終結したのです。

　当時は第二次世界大戦が終わって間もなく、2000万人を超す犠牲者を出していたソ連は、まだまだ立ち直れていませんでした。その実情は、アメリカ側も認識していました。1945年11月の時点で、ソ連の海軍力は15〜20年、空軍力は5〜10年、そして労働力と工業力も15年ほど、回復までに時間を要するとアメリカ政府は見込んでいました。

　それを知りながら、ソ連との壮大な闘争をぶち上げたトルーマン大統領は、脅威を捏造したとも言えるのではないでしょうか。国務省きってのソ連通で

あったケナンは、あまりにソ連の影響力を誇張したトルーマンの演説を批判しています。

　しかし、そのケナンも、同じ年の夏にソ連の飽くなき攻撃性を強調した論文を「X」の名で『フォーリン・アフェアーズ』(*Foreign affairs* 1947) 誌上に発表しました。冷戦史上名高い「X論文」 "The Sources of Soviet Conduct" のなかで、ソ連は「ぜんまい仕掛けの車のように、押しのけられない力に突き当たらない限り、定められた方向を走りつづける」と形容されています。

❖ なぜ脅威が誇張されるのか？

　それでは、なぜトルーマン大統領はソ連の脅威を誇張したのでしょうか。トルーマンが演説をおこなったのは、ギリシャの支援に向けられる四億ドルの支出を議会に承認させるためでした。トルーマンは民主党の大統領でしたが、当時の議会は共和党が多数を占めていて、その共和党は予算の縮小を求めていました。共和党の議員たちを動かすには、相応の大義名分が必要であったはずです。ソ連の脅威を媒介としてギリシャの危機をアメリカの安全に結びつけたトルーマンの作戦は、見事に成功しました。

　トルーマンの論理は、ギリシャの支援ばかりか、「マーシャル・プラン」と呼ばれた欧州復興計画の実施にも一役買いました。この計画のもと、100億ドルを超す援助が、4年にわたって欧州の16カ国に与えられています。国務長官のマーシャルに計画の立案を託されたのが、「X論文」を書いたソ連通のケナンでした。ケナンもトルーマンと同じく、予算を獲得するために誇張されたソ連の脅威を描いたのでしょうか。

　じつはソ連の脅威を根拠に捻出された予算は、欧州への援助ばかりに振り向けられたのではありません。それ以上に巨額の資金を長期にわたって受け取りつづけたのは、アメリカの軍部でした。もっとも直接的にソ連と対峙するのが軍部ですから、その脅威が大きく見積もられれば、それだけ注ぎ込まれる額も増すでしょう。そして軍部に割り当てられた予算を最終的に懐に入れたのは、国防総省や軍部と取引関係にあった企業群でした。航空機メーカーのボーイングやロッキード、自動車メーカーのジェネラル・モーターズ、あるいはジェネ

ラル・エレクトリックなど、アメリカを代表する巨大企業が、そこに名を連ねています。

　企業の側も、軍部に利益を還元していました。つまり、多くの退役軍人を雇用していたのです。日本でいえば、これは「天下り」の構図にほかなりません。

　軍事予算の分け前にあずかっていたのは、営利企業ばかりではありません。大学その他の研究機関も、さまざまな仕事を軍部から委託されています。2015年にノーベル物理学賞を受賞した中村修二は、軍から研究費を受け取るために米国籍を取得したそうです（『朝日新聞』2014年10月18日）。

　このように、軍部、企業、そして研究機関が、資金の授受と人事の交流とを通じて結びついています。しかも3者は、いずれも脅威の増大に利益を見出します。実態はどうあれ、脅威の認識が増し、結果として軍事予算が増額されれば、それだけ自分たちの懐が潤うからです。したがって3者は、自覚的に協調するまでもなく、そろって脅威の確認と誇張に努めるでしょう。

　その実情を目の当たりにしたからでしょうか。トルーマンの次に大統領となったアイゼンハワーは、退任の演説で「軍産複合体」への警戒を呼びかけています。

　　このような大規模な軍事組織と巨大な軍事産業の結合は、これまでのアメリカ史上には見られませんでした。その全面的な影響力——それは経済、政治、さらには精神にも及んでいますが——は、あらゆる都市、あらゆる州政府、あらゆる連邦政府官庁でも感じられます。われわれは、このような発展を避けて通れないとは認識しています。しかしながら、それが招きうる重大な帰結をも重々理解しておく必要があるでしょう。われわれの労働、資源、そして生活までが、その巻き添えを受けるのです。われわれの社会の構造そのものがかかっているのです。

❖ 課題と展望

　ここまでは、もっぱら冷戦時代のアメリカについて述べてきましたが、軍産

複合体の病理については今後、日本でも注意する必要があるのかもしれません。といいますのも、今日の日本では、軍需産業の育成に資する政策が次々と打ち出されているからです。

2014年の春には、武器輸出3原則等が撤廃されました。同年の夏にパリで開かれた兵器の見本市「ユーロサトリ」では、さっそく13社の日本企業が出展し、はじめて日本企業のブースが設置されています。2015年5月には、横浜で国内初の兵器見本市「MAST Asia 2015」が開催されました。

また、2015年に閣議決定された「開発協力大綱」では、武器の供与は禁じられるものの、途上国の軍隊への支援が解禁されました。日本の軍需産業が海外で稼ぐための条件が整備されつつあるのです。

同時に日本国内でも、防衛費が増える傾向にあります。5兆円に迫った2015年度の防衛予算は、過去最大の規模です。軍需品の販売で潤う企業は、ここにも商機を見出すでしょう。安全保障にかかわる秘密情報を今まで以上に保護する法律（特定秘密保護法）の制定によって、防衛省および自衛隊と軍需産業の癒着が進んでも、それを告発するのは難しくなるかもしれません。

このような情勢に味を占めた企業は、防衛費のさらなる増額を望むでしょう。そして、その場合には、冷戦時代のアメリカと同様に脅威の誇張が横行するのではないでしょうか。ただでさえ「安全保障環境が厳しい」と叫ばれている時世ですから、それは難しくないのかもしれません。

問題は国家財政の膨張ばかりにはとどまりません。こちらが備えを強化すれば、脅威の側も対抗的な措置をとるでしょう。脅威の誇張が、真に強大な脅威の出現を招きかねないのです。

✝ 参考文献

永井陽之助「安全保障と国民経済」『現代と戦略』文芸春秋、1985年

ウォルター・ラフィーバー著（平田雅己他監訳、中嶋啓雄他訳）『アメリカVSロシア——冷戦時代とその遺産』芦書房、2012年

シドニー・レンズ（小原敬士訳）『軍産複合体制』岩波新書、1971年

　保護する責任（R2P）

　紛争やテロの犠牲となる人々を映し出すニュースが、毎日のように届いています。「保護する責任（responsibility to protect：R2P）」とは、暴力によって生命が危険にさらされている人々を守るのは、誰の責任なのかを明らかにするために、生み出された言葉です。

　2001年にこの言葉を初めて提案したのは、「干渉と国家主権に関する国際委員会（ICISS）」でした。冷戦がようやく終わったにもかかわらず、1990年代には多数の市民が犠牲となる紛争が、旧ユーゴスラヴィアやルワンダで発生していました。差し迫った迫害の犠牲者を「保護する責任」とは、第1には人々が暮らす国家の政府が担うものです。そして政府がこの責任を果たす意思や能力がない場合には、国際社会が「保護する責任」を担うという、二段階の保護を意味しています。

　実はこの言葉が登場する以前から、迫害されている人々を守る責任は、人々が住む国家の政府が負うことになっていました。ところが、被害者が政府の保護を受けられない事態が多く発生しているために、連日のように悲惨なニュースが報道されることになるわけです。なぜ苦しんでいる人々を、政府が責任をもって保護しないのでしょうか。

　それは、人々を保護する責任をもつ政府自体がしばしば迫害者となり、自国民や国内の外国人に攻撃を加える事態が発生するためです。こうした迫害の背景には、国内の権力闘争や資源の奪い合い、自民族中心の政治運動を成功させるために他民族を排除するなど、実に多様な要因があります。20世紀だけでも、オスマン・トルコ帝国時代のアルメニア人虐殺、ナチスドイツによるユダヤ人などの虐殺、カンボジアのポル・ポト政権による自国民の虐殺がありました。これらはいずれも、政府やその関係者が支配地域内の市民を殺害した例でした。

　さらに問題となったのは、「不関与」という問題です。政府が迫害者となって多数の犠牲が発生している時に、国際社会は犠牲者を救済せずに放置してしまいました。そこで、犠牲者を救うための行動原則を世界規模で打ち立てるために、2005年の「世界サミット成果文書」という国連総会決議の中に、「保護する責任」

が明記されることになったのです。

　しかし、この「保護する責任」をめぐっては現在も議論が続いています。迫害の犠牲となっている人々を保護するという目的そのものに関しては、反対する声はほとんどありません。問題となっているのは、犠牲者を保護するために何がどこまで許されるのかという保護の「手段」と、誰が保護をするのかという保護の「主体」をめぐる問題です。

　手段に関する最大の問題は、迫害から人々を救うためには、他国による武力介入が許されるのかという点です。「人道的介入」と呼ばれてきた問題ですが、この問いへの明確な答えはまだ出ていません。なぜなら、人々の保護のためとは言え、武力行使をすればさらなる犠牲者が発生すること、また保護という口実で別の目的のための武力行使が増えることが心配されているからです。

　「保護する責任」では、手段は武力に限定せず、予防を重視し、外交や裁判などの平和的な手段をまずは用いますが、最後の手段として武力行使は認められています。しかし保護のための武力行使の事例では、NATO軍による1999年のコソヴォ空爆や2011年のリビア空爆で、長期間の空爆が実施されたため、はたして被害者の保護に有効であったのか疑問視されています。また、「最小限の武力行使」ではなかったという批判をも、呼ぶことになりました。

　また保護する主体についても、米国などの大国が主体となることが問題視されています。たとえば、米国は2003年のイラク戦争時に、アブグレイブ収容所でイラク兵の捕虜に拷問を加えていました。後にその事実が発覚し、批判を受けています。一方の手では拷問を行う大国が、もう一方の手で「保護する責任」を実施することの矛盾が、問題とされているのです。

　このように、保護を提供する「強者」と、保護される無力な「弱者」の関係を前提として、「強者」が「弱者」の利益となるように強制的に介入することを「パターナリズム」と言います。この言葉が「家父長主義」と訳されるように、強者の力で弱者の問題状況を強制的に解決するという前提自体にも、ジェンダー研究からの批判が加えられています。むしろ、差し迫った被害が生まれる前に誰に何ができるのかという予防論の検討が、必要とされているのです。

人間と災害

　一般的に災害は、内戦や戦争、物理的暴力が発生する人災（man-made disaster）と、大地震や洪水、台風などの天災（natural disaster）に大きく分けられます。そのような災害に対して人間はマニュアル化した対処法を模索します。1つは災害を防ぐ、「防災」への試みです。もう1つは、災害を防ぐことができないのであれば被害を減らそうとする「減災」という考え方です。

　天災が起きると、到底コントロールすることのできない巨大な力と向き合わなければいけません。 15 -G で扱う東日本大震災の内容はその具体的な例でしょう。緊急（非日常）事態が発生すると、脆弱な立場におかれた人びとは一層の困難におかれます。避難所における母子や性的マイノリティなどの経験を通じて、災害時におけるジェンダーとセクシュアリティ問題について紹介されています。また、女性や性的少数者などに限らず、実は、男性も様ざまなプレシャーやストレスに苦しんでいることも良くわかります。

　他方、人災の例として内戦や戦争をあげてみましょう。紛争を予防するためには、格差や貧困などを根本的になくす努力が欠かせません。また反戦運動（紛争予防）や人道支援・平和構築（紛争解決）の動きもあります。どちらも大切ですが、近ごろは、反戦運動やデモには否定的なまま人道支援・平和構築のみに熱心な人々もいます。この点はどのように考えるべきなのでしょうか。本章の 15 -P は、災害をコントロールする努力を反戦運動の事例から考察しています。軍事力（military）や経済力（money）などを持たない市民社会にとって世論（media）の力は人災の規模を決める鍵にもなります。

Gender

15-G ジェンダーとセクシュアリティの視点から見た東日本大震災

❖ 防災を考える視点

　地球は巨大地震を引き起こす十数枚のプレート（岩板）に覆われていますが、日本列島はそのうちの４つのプレートの上に乗っていることが知られています。また陸上には、内陸型地震の原因となる約2000もの活断層が走っています。日本は世界でも大規模な地震が起こりやすい地域であると言えるでしょう。こうしたなか、文部科学省の諮問機関「中央教育審議会」の専門部会は、2014年秋に発表した報告書の中で、教育の中で防災をもっと系統的に学べるように、教科化することを含め検討することを求めています（『朝日新聞』2015年２月10日朝刊）。

　それでは防災とジェンダーはどのような関係にあるでしょうか。2015年３月に仙台市で開かれた国連防災会議では「女性らの視点をどう取り入れてもらうか。仙台市に集まった国内外の女性らが……、東日本大震災を振り返りながら議論した」ことが報じられました（『朝日新聞』2014年６月15日朝刊）。また別の記事では、「性的少数者らの視点に立った取り組みの必要性」が防災フォーラムで話し合われるトピックとあります（『朝日新聞』2014年11月20日）。ここに記されている、防災における女性や性的少数者の視点とは何を意味しているのでしょうか。この章では、東日本大震災における女性や性的マイノリティの経験から、被災をすることとジェンダー、セクシュアリティとがどのような関係にあるのかを考えます（11-G　核・原子力　話しにくい原発事故の被害を参照）。

❖ 女性被災者にとっての避難所

　「赤ちゃんを連れてきているお母さんたちはものすごく神経をつかってました。泣かれたら困るじゃないですか。仕切りも何もないところなんで、ものすごくかわいそうだと思いました。で、すぐ出て行きました。……一晩

だけでした。(避難所に) いたの」

「化粧品はぜいたく品だ (と思われている) とか、更衣室がなくて着替えに
困るとか、あったとしても男性トイレの前を通らないといけないとか、生
理用のナプキンが男性の支援員から一個ずつ手渡しでもらうとか、しかも
何時間か後にもらいに行くと『えー、また使うの』というようなことを言
われたとか (避難者から聞いた)」

　これらは東日本大震災女性支援ネットワークが行った支援者調査インタ
ビューからの引用です。支援避難所での女性たちの経験は、東日本大震災とい
う非常時にジェンダーがどのような形で現れるかを示しています。最初の語り
からは、乳幼児の子育てをしている母親が自らを避難所という空間にふさわし
くない存在であると考えたことがわかります。この母親は、仕切りも十分になか
かった避難所で、赤ちゃんを連れていることが多くの人の迷惑になると判断し
て、一晩で避難所から出て行ったのでしょう。避難所に乳幼児を持つ母親向け
の空間がなんらかの形で用意されていなかったために、この女性は避難所にと
どまることができなかったと考えられます。

　2番目の語りには、化粧品や更衣室、生理用ナプキンが事例として取りあげ
られています。これらに共通しているのは、避難所がさまざまな状況にある利
用者の視点を反映せずに運営されているということです。化粧品がぜいたく品
かどうか、更衣室はどこに設置されるべきか、生理用品のようにきわめてプラ
イバシーや人権に関わるようなものの配付はどのような人がどこで配るのが適
切か。こうした事柄の決定には、利用者のおかれている状況を踏まえたうえ
で、それなりの判断や議論が必要とされるはずです。もしそのプロセスが不在
だとしたら、これらの決定は、どういった人の意思判断が反映されたのでしょ
うか。

　被災による身体的・精神的ダメージに加えて、避難所の生活において女性で
あることや育児を担うことで心配や苦労をしなければならないのはなぜでしょ
うか。理由のひとつは、実際の避難所では運営者の多くが男性であるために、
女性や育児者の視点に立った運営が行われていない、あるいは要望を伝えにく

い状況にあることです。避難所の意思決定の場に女性がいないことが、これら
の問題を引き起こす一因と言えます。

❖ 震災時に顕在化する性別役割分業

つぎに、災害時における性別役割分業の問題をとりあげましょう。

ある避難所では女性だけに炊事当番が割り振られ、女性たちは毎朝5時に起
床して100人分の朝・昼・夕食を作り続けたそうです。早朝から夕刻まで多人
数の食事を準備するのはかなりの負担ですが、わがままだと取られるのが怖く
て負担の軽減を言い出せなかった避難所が多かったと言います（竹信三恵子、
2012、「災害時の女性支援はなぜ必要なのか」『災害復興支援　東日本大震災後の日本社
会の在り方を問う』日本加除出版）。さらに言えば、すべての女性が食事の準備を
得意としているわけではないでしょうし、男性の中にも炊事が得意な人もいる
はずです。にもかかわらず女性に炊事当番が割り振られたのは、避難所で性別
役割分業がみられたことのわかりやすい例だと言えるでしょう。

性別役割分業は男女間に経済力のちがいを生み出すことにもなりました。被
災地では男性が瓦礫処理、女性が避難所での食事準備という役割分担がなされ
たところがあったそうですが、この役割分担は報酬の有無という形で経済的な
差となって現れました。瓦礫処理には日当が支払われるのに対し、家事は無償
労働という固定概念により食事準備には報酬が支払われなかったからです。

また、災害時にはドメスティック・バイオレンス（DV）が増えることが知
られています。内閣府が岩手、宮城、福島の3県の女性を対象に続けている悩
み・暴力相談は、2013年度は4837件あり、そのうち配偶者からのDV相談は
593件を数えました。

災害時にDVが増えるのはなぜでしょうか？　1つには、災害による失業
問題があげられます。被災したある女性はつぎのように述べています。「夫や
息子がイライラしていて、いつ怒鳴り出すか怖い。でも、私たちは我慢するし
かないの。だって彼らは仕事がなくなってストレスがたまっているから」（吉
祥眞佐緒「被災地支援から見えてきた女性支援の現状とあり方」『社会福祉セミナー』
2013年4～7月号）。ここからは、夫や息子の失業によるストレスが妻や母親に

向けられていることがわかります。失業や家屋の損壊によってもたらされたストレスが、地域や職場の人ではなく配偶者である妻や母親に向けられることは、家庭内の女性が暴力の対象として選ばれていることに他なりません。また、ここからは、妻・母親役割を担っている女性が、こうした夫や息子からの精神的・身体的暴力に耐えることを「務め」としていることもわかります。女性がDVの加害者となることもありますが、加害者の多くは男性です。家庭内の女性が暴力の対象として選ばれるということは、家庭内に上下関係が存在していることを示します。この関係は社会における男性優位の社会構造や社会規範、そして家庭内での経済格差によっても形作られることが知られています。家庭内における性別役割分業の構造がDVを支え、その関係から逃げることを困難にしていると言えるでしょう。

　しかし、性別役割分業が男性に有利に働き、女性に不利に働くというと必ずしもそうとも言い切れません。与えられた役割によって男性が社会的プレッシャーを感じ、ときには自ら命を絶つこともあるからです。東日本大震災に関わる自殺者数は女性が13人だったのに対し、男性は約3倍の42人だったことはそのあらわれです（2011年度時点）。そこで震災で失職した場合に焦点を当て、男性の自殺の多さについて考えてみましょう。性別役割分業において女性に求められるのが家事や育児、介護といった家庭を維持する責任であるのに対して、男性に求められるのは家族を扶養する責任です。震災によって地域や会社が破壊され失職した場合、こうした役割分業の家庭では、扶養責任が果たせず、男性に強いストレスがかかることが想像できるでしょう。

❖ 避難生活の中で性的マイノリティが経験した困難

　つぎに、性的マイノリティの視点から被災とセクシュアリティの関係について考えてみましょう。まず、基本的な問題として、ほとんどの避難所では性的マイノリティは存在しないという前提で運営が行われていたということがあげられるでしょう。そのことにより、性的マイノリティは避難生活のなかで、さまざまな問題に直面することになりました（8-G　フェイス・ブック（Facebook）の性別欄とアップル最高経営責任者のカミングアウトを参照）。

　まず挙げられるのが、避難所の運営が性別区分にもとづいていたことです。公衆浴場の利用はその一例です。外見の性別と身体の性別が異なる、トランスジェンダーの避難者にとって、外見の性別にもとづく公衆浴場の利用は困難です。その結果、トランスジェンダーの避難者の中には、公衆浴場を利用できず、ウエットティッシュで全身を拭いて入浴がわりとし、避難生活をしのいでいたひともいたそうです。同様のことは、トイレや更衣室の利用でも起こりうるでしょう。外見の性別が明確に識別できない避難者がいたとき、トイレや更衣室の利用時に混乱が起こることは十分予測できるからです。

　同性愛や両性愛について無知や偏見によって生じる問題もあります。プライバシーのない避難所で同性同士がパートナーとしていっしょに避難生活を送ることは、周囲から奇異の目で見られるかもしれません。さらには、同性パートナーが災害で負傷し、手術や輸血などの医療的な措置が必要なとき、同性パートナーでは同意書にサインできないという問題が起こりえます。震災によって同性パートナーがけがをして病院に運ばれる、死亡するといったときにも、法律上は他人のため、もう一方のパートナーに連絡が届かないという問題も起こります。

　医療に関連して言えば、薬剤不足による問題も深刻です。ホルモン療法を行っているトランスジェンダーにとって震災時にはホルモン注射薬剤の不足という事態がおこりました。普段使っているホルモン剤を使うことができないため、他のメーカーのものを用いたところ、副作用で鬱傾向が強くなった人がいたそうです。また、HIV 感染している同性愛者にとっては抗 HIV 薬の入手が困難な状況に対して不安の声が上がりました（内田有美、2012、「東日本大震災から見えるセクシュアリティによる困難」『論叢クィア』5）。毎日決まった時間の服用が必要であるにもかかわらず、薬を飲めないことは今後の治療の選択肢を狭め場合によっては命の危険をもたらしかねません。

　その一方で、トランスジェンダーであることを周囲の女性にカミングアウトし受け入れられたケースがありました。性と人権ネットワーク ESTO の内田さんは次のように記しています。「当事者は避難当初は暗い様子で 1 人でいたが、何かのきっかけでカミングアウトして周囲の女性に受け入れられ、トイレ

や風呂も避難女性たちといっしょに使用していたそうだ。その当事者は次第に明るくなり、避難所の設備に関する要望を避難所運営者に伝えるようになったそうだ」。こうしたケースを受けて、内田さんは、「当事者がカミングアウトした状態で自分らしく生活できることが、被災している中でも当事者の尊厳を高めることにつながる」（内田有美 2012）ことになりうる可能性を指摘しています。

❖ 課題と展望

　東日本大震災をジェンダーやセクシュアリティの視点から見てきたなかでわかったことは、女性、男性、そして性的マイノリティは、震災による被害に加えて、ジェンダーやセクシュアリティへの配慮の有無やその程度によって生活の質の低下がもたらされたということです。とりわけ女性は、非常時だからという名目のもと、彼女らのニーズを無視され、軽視されてきたといえるでしょう。男性もまた「男らしさ」を求められることによって、過重な負担を強いられ、プレッシャーを引き受けていました。そして、性的マイノリティにとっては、その存在すら認知されることがほとんどなく、それゆえに多くの困難を抱え込まざるをえなかったと言えるでしょう。

　しかし、これらの問題は、震災という非日常だからこそ起こったかと言えば、必ずしもそうとは言い切れません。というのも性別役割分業の問題、避難所における性別における区分、そして異性愛を自然・正しいとみなす異性愛主義によってもたらされる問題は、私たちの日常においても見いだされるからです。災害時におけるジェンダーやセクシュアリティによって生じる問題を少しでも減らしていくには、平時からこれらの問題に目を向け、取り組んでいくことが必要でしょう。

❣ 参考文献

みやぎの女性支援を記録する会編著『女たちが動く──東日本大震災と男女共同参画視点の支援』生活思想社、2012年
竹信三恵子、赤石千衣子編『災害支援に女性の視点を！』岩波書店、2012年
前川拓巳「男女共同参画の視点から見る東日本大震災の課題」中京大学2012年度卒業論文

Peace

15-P 対テロ戦争時代の反戦運動

❖ 反戦という思想と行動

　近年、国際協力や災害復興支援に関連するボランティア活動は増加している一方で、反戦運動などに参加する若者は激減しています。だからといって、近ごろの若者が好戦的であるとは言えません。なぜ、日本の若者は反戦運動やデモに参加せず、またこれらの行動を「無関係な」、「いけない」、そして時には「あぶない」行動であると決めつけているのでしょうか。これらについて対テロ戦争をとりまく世論と反戦運動の事例から考えます。

　アメリカ・イギリスを中心とした「有志連合」（coalition of the willing）は2001年9月11日に起きたアメリカ同時多発テロ事件をきっかけに、同年10月、「対テロ戦争」の一環としてアフガニスタンへの軍事作戦を開始しました。アフガニスタンへの軍事作戦は、9・11の衝撃から一月も経たないうちの出来事であり、2カ月後の11月13日には北部同盟軍がアフガニスタンの首都カブールを制圧し、軍事作戦に関わった諸国と諸国民の多くは、その「勝利」に喜びました。

　しかし、この「対テロ戦争」に対する批判がなかったわけではありません。たとえば「武力を用いる報復を通して平和を成し遂げることはできない」、「テロは犯罪行為であり、戦争を通しては解決できない」、「新軍事主義、新帝国主義、経済のグローバリゼーション（新自由主義）と表裏の行動ではないか」など、軍事作成を展開した米国と英国、そして米英の作戦に参加した「有志連合」への批判は世界各地で展開されました。要するに、武力行使を前提とした「対テロ戦争」の正当性が問われたのです。

❖ 反戦運動の世界的なひろがり

　しかし、9・11直後に始まったアフガン戦争では、国連の支持（お墨付き）の有無や、集団的自衛権の発動の是非等の論争が起きながらも、全体的な世論

の動向は、「対テロ戦争」を容認するという方向で動いていました。それは9・11の衝撃がはかり知れない規模であったことに起因し、結果的にはターリバンそしてアルカイーダが潜んでいるアフガニスタンでの軍事作戦の必要性や、アフガニスタンの人びとをターリバン統治から解放するという論理につながっていたからです。結果的には、2003年に始まったイラク戦争開戦時に見られたような大規模かつ世界同時多発的な反戦運動にはならなかったのです。

　すると、イラク反戦運動は、なぜ、アフガニスタンの時と違って世界各地で発生したのでしょうか。たしかにイラク戦争に反対する運動は、実際、米英を中心とした有志連合の軍事作戦を止めることはできませんでしたが、反戦デモに参加した参加者の動員数はベトナム反戦運動の数を上回りました。また有志連合国の政策を動かした結果、一部の政府が有志連合軍から離脱したり、当時の政権が選挙で敗れたりするという影響を生み出したことが注目されています。要するに、反戦デモは単なる叫びや不満の表出にとどまらず実際の政治を動かしたという観点から成果を生み出したのです。

　反戦運動は欧米諸国をはじめ日本やその他の国々で盛り上がり、2003年3月のイラク戦争開戦の前後には全世界的な反戦運動につながりました。デモなどの直接行動になかなか参加しない私も、友人や同僚を誘いつつイラク反戦運動のデモに幾度も参加しました。一部の人にとって、デモは過激な人たちの暴力的な行動というイメージがあるかもしれませんが、とても平和的かつ文化的なデモ行進でした。行進の途中に多くの知り合いに出会いましたし、家族連れの人たちもたくさんいました。警察の交通整備のもとで開かれたことでもわかるように、デモは民主主義社会で保障されている一種の意思表示の1つなのです。

　イラク戦争に反対する運動は、新自由主義的なグローバリゼーションに反対する運動や平和運動体の努力によって芽生えました。「世界社会フォーラム」(World Social Forum) は、「欧州社会フォーラム」(European Social Forum) が2002年10月にスペインのバルセロナで最初の準備会合を開いたことから生まれることになりました。その後、同年11月にイタリアのフローレンスで開かれた「欧州社会フォーラム」は、ヨーロッパにおける初めてのトランスナショナルな反戦運動であると言われています。この場で2003年2月15日を国際反戦行動

デーと決めて、世界的な反戦運動を展開しようという動きになりました。

　大西洋の対岸の米国でも2002年10月に、1400以上のNGOや社会運動が参加する「平和と正義のための連合」（United for Peace and Justice）が結成されました。また、ANSWER Coalition（Act Now to Stop War and End Racism）というリベラル系の運動体もこの時期に米国で初めて全国規模の反戦抗議活動に取り組みました。

　欧州と北米でそれぞれ生まれた反戦運動のデジタル・メディア（電子メール、ウェブ、ブログ、SNSなど）の呼びかけによって、日本の反戦運動ネットワークである「ワールド・ピース・ナウ」（WPN）も結成され、その後、日本における反戦運動のイニシアチブをとることになります。

❖ 日本の世論

　2003年3月5日、参議院予算委員会で小泉純一郎首相（当時）は「世論に従って政治をすると間違う場合もある」と語り、物議を醸しました。世論は選挙や国民（住民）投票以外に民意をはかるもっとも重要な手法の1つです。したがって、世論は民主主義社会において重要な道標になります。

　その一方で、反戦運動を企画し、デモへの参加を促す運動体やNGOは、常に世論を意識し、世論に従うべきなのでしょうか。つまり、仮に世論の多数が戦争を支持する場合、反戦運動に関わる運動体やNGOも小泉純一郎元総理大臣と同じようなことを言うかもしれません。

　それでは当時の日本社会は、対テロ戦争に対してどのような立場を表明していたのでしょうか。ただし世論調査は、質問の方法、有効回答、回答率、誤差などによって、多少の違いがありますし、また、世論調査を行なう機関のスタンスによってバイアスがかかり得ることを忘れてはいけません。したがって、ここで参照する『朝日新聞』の世論調査は、同新聞がアフガン戦争ならびにイラク戦争に批判的であったメディアであることを確認したうえで論を進めていきます。

　イラク戦争開戦前である、2003年2月20、21日の両日、『朝日新聞』が全国の有権者を対象に電話調査を実施した結果、アメリカのイラク攻撃について、

「支持する」が31％、「支持しない」が59％、「その他・答えない」が10％でした。「支持する」と答えた31％の人にその理由を聞くと（択一）、「イラクが国連決議違反を重ねてきたから」（8％）、「フセイン政権が危険だから」（15％）、「アメリカが日本の同盟国だから」（6％）、「その他・答えない」（2％）としています。他方、「支持しない」と答えた59％の人にその理由を聞くと（択一）、「国連の新たな決議がないから」（8％）、「今度の戦争に正当な理由がないから」（12％）、「戦争そのものに反対だから」（39％）、「その他・答えない」（0％）という結果でした。

　イラク戦争が開戦して、約一週間後の同新聞の世論調査（3月29日、30日実施）によると、米軍のイラク攻撃について「支持しない」が65％にのぼり、攻撃開始直後の前回の調査の59％から上昇したことが明らかになっています。他方、「支持する」は27％で前回の31％から4ポイント下がっています。「支持する」におけるジェンダー比は、男性（33％）が女性（16％）を上回り、「支持しない」においては女性（74％）が男性（56％）を上回っています。このような傾向は、「支持しない」が63％にのぼった4月以降も続きましたが、4月の調査ではイラクの復興についても回答が求められ「国連中心が良い」（79％）が「米国中心が良い」（12％）を圧倒しています。

　6月以降の世論調査では、イラクへの自衛隊派遣についての質問では「賛成」が46％、一方で「反対」が43％という結果が出ており、日本の民意が二分されたと『朝日新聞』は報じました。米国のイラク攻撃に正当な理由があったと思うかどうかという質問では、「あったと思う」が29％である反面、57％が「そうは思わない」と答え、イラク戦争の大義名分が日本社会では疑問視されたことが明らかにされました。

　一連の世論調査を通して考えられることがいくつかあります。何よりも、①日本の有権者（世論）は「大義名分」が見当たらないアメリカ主導のイラク戦争には反対をしつつも、②自衛隊の戦後における「復興支援」には国際貢献、日本とアメリカの関係の観点から肯定的に捉えたということです。当時の小泉首相の発言が世論を軽視したことは明らかですが、すると「ワールド・ピース・ナウ」などの反戦運動は、日本の世論をどこまで戦略的に意識し、そして

日本の世論の要求（「イラク戦争には反対であるが、自衛隊の復興支援には必ずしも反対ではない」）を受け止めようとしたのでしょうか。

❖「ワールド・ピース・ナウ」（WPN）

　9・11以降、そしてアフガニスタンへの軍事作戦が始まる前後から、日本の社会運動やNGOはそれぞれの活動経験を活かしながら、「報復戦争」への反対を訴えてきた経緯があります。

　たとえば、「テロにも報復戦争にも反対！市民緊急行動」のように中高年世代が中心となってデモ行進、決起集会などを開催する古典的な反戦運動もみられれば、その他方では若者が中心となって文化的なイベントに力を入れる運動もありました。

　2002年末ごろから次第にイラク戦争の可能性が高まったことから、欧米の反戦運動が盛り上がりを見せ、国際行動を促すメッセージを世界各地に発信するようになりました。そして、2003年1月18日には日本でも欧米と連帯してデモを開催しようという動きが起きました。

　当初、若い世代と中高年世代は、運動のスタイルなどをめぐり多少の亀裂を生みだしています。たとえば、若い世代が導入したスタイルのパフォーマンスについて違和感を覚えた中高年世代がいれば、幟は掲げるがメッセージを発信しない中高年世代の運動に批判的な若い世代がいました。しかし、運動論における些細な亀裂は話し合いと開戦秒読みという問題の大きさによってすぐに解決の方向に向かいました。

　結果的に、2002年の暮、「もう戦争はいらない」、「イラク攻撃反対」、「非暴力アクション」そして「日本のイラク攻撃協力に反対」というキャッチ・フレーズとともに発足したWPNは、2010年3月、「米国の戦争問題」、「日本の戦争協力問題」、そして「米軍再編問題」という新しい課題を提起しつつ収束します。日本における反戦運動としては、1965年4月に結成し、1973年、米軍がベトナムから撤退したのを機に解散した「ベトナムに平和を！市民連合」（ベ平連）よりも、長い活動サイクルを迎える反戦運動体という記録を残しました。

❖ 課題と展望

　最近の若者は反戦デモという直接行動を敬遠しつつも、難民支援、開発支援などの国際協力ボランティア活動には積極的です。しかし反戦デモと国際協力ボランティア活動は切り離せない関係ではないでしょうか。

　もしも戦争が起きなければ難民も生まれません。戦争は最大の環境破壊でもあり歴史文化を破壊する行為でもあります。たとえば川の下部でゴミ拾い活動をいくら頑張っても、上流でゴミを捨てたり生態を破壊したりする行為が行われていたらそれはイタチごっこにすぎません。

　考えるべき課題は、戦争を止めたいという反戦運動を評価しつつも、同時に世論や民意の心情を十分理解しないまま、「正しさ」を追求し続けたとしても、人びとの支持と参加を促すことはなかなかできないということです。学生、若者の視点に基づくと、反戦運動は若者目線にやさしくはなかったのかもしれません。すると問題意識のある若者はどのようにすれば社会を動かすことができるのでしょう。この点についての真剣な模索が必要でしょう。

　また、自衛隊の海外における諸活動は、国際協力という名のもとで進められるとしても、実際には米軍をはじめとする諸外国との軍隊との協力で、中立性や公平性が崩れてしまいます。つまり実質戦争行為に巻き込まれるリスクが高まります。その結果、平和国家としての日本の立場が危ぶまれ、NGO活動家やジャーナリスト、企業の海外駐在員、一般観光客などが誘拐、殺害されてしまう事件も増えてしまうかもしれません。グローバル化時代における日本と日本人の立ち位置が問われているでしょう。

✚ 参考資料・情報

五野井郁夫『「デモ」とは何か──変貌する直接民主主義』NHKブックス、2012年
『朝日新聞』聞蔵Ⅱビジュアル
http://www.worldpeacenow.jp/indexsub.html
http://worldpeacenow.seesaa.net/article/158297153.html

あとがき

　わたしの正義は、あなたの正義とは異なります。たとえば、高齢者福祉を充実させるべきか、子どもたちへの支援を手厚くすべきか、そもそも保護「する側」と「される側」といった意識を問い直すべきという正義もあります。そして皮肉なことに、誰もが自身の正義に根差した良き世界を目指すからこそ、互いの正義を重ねる努力を怠ったとたんに摩擦が生じてしまうのです。2014年1月、中京大学のジェンダー論と平和論を担当する講師たちは、合同懇親会／慰労会の席で学問領域を越えてつながることの重要性を語り合いました。「ならば、それを教育現場で実践するためのプラットフォームを創ろう」という金敬黙の提案に賛同した加治宏基と、また2014年春には米国でのサバティカルを終えた風間孝が加わり本書の基本構想を検討しました。

　ジェンダー論は、性差別という個と個の関係性から政治・社会を考えることから始まった学問でした。一方の平和論は、政治・社会状況とその形成力学から個の平穏について考察する学問でした。同じ社会問題であっても、この2つの学問領域は異なる方向性から課題や論点を浮き彫りにすることが出来ます。3名の編著者は議論を通じて、問題解決へのアプローチは様々ですが、その多様な正義を重ね得るような複眼的な教養が不可欠だと思い至ります。そしてその年の夏に金敬黙研究室に集まり、本書で取り上げた15のテーマを策定しました。

　すべての執筆者が名古屋周辺に在住しているわけではなかったため、一堂に会して議論を重ねることは叶いませんでした。しかしながら、ひと月に1回のペースで研究会を開き、もしくはメーリングリストやファイル共有ソフトを活用し、各論考の執筆構想、内容や進捗状況について忌憚のない意見交換を繰り返したため、執筆者間では互いの正義を重ねることに一定の成果が得られたとの自負があります。こうした成果の一端は、ジェンダー論の論考において政治・社会的視点がよりいっそう明確化され、同様に平和論の論考のなかで「個」への眼差しが明示されている点からも、看取できるのではないでしょう

か。

　この社会で懸命に生きる人々、とりわけマイノリティや弱者とされる人たちとの語らいが無ければ、この書が生まれ得なかったことは、特筆すべき要点です。そして本書を手にする読者が、社会を動かしている人々に"光"を当て、自身もその一員だという"熱"を抱き行動することを願います。本書が、社会問題の解決へ向けた複眼的な教養教育の方向性を示す道標となり、翻って希薄になりつつある文科系学問領域の強みを問い直す一助となれば、執筆者にとってこれ以上ない喜びです。

　最後に、厳しい出版事情にあって本書の意義を理解いただき出版を引き受けて下さった法律文化社、また名古屋での研究会にも参加され粘り強く編集作業にあたって下さいました同社の舟木和久氏には、この場を借りてお礼申し上げます。

　　2016年 1 月

編著者一同

索　引

●執筆者紹介（執筆順、※は編著者）

※**風間　孝**（かざま　たかし）
　中京大学国際教養学部教授
　担当：序、1-G、2-G、6-G、8-G、15-G

※**金　敬黙**（きむ　ぎょんむく）
　早稲田大学文学学術院教授
　担当：序、1-P、2-P、4-P、8-P、15-P、コラム1・2

　乙部　由子（おとべ　ゆうこ）
　名古屋工業大学男女共同参画推進センター特任専門員
　担当：3-G、4-G、5-G、10-G、13-G

　春名　展生（はるな　のぶお）
　東京外国語大学大学院国際日本学研究院・留学生日本語教育センター講師
　担当：3-P、9-P、11-P、13-P、14-P

※**加治　宏基**（かじ　ひろもと）
　愛知大学現代中国学部助教
　担当：序、5-P、6-P、7-P、10-P、12-P

　山口佐和子（やまぐち　さわこ）
　中京大学国際教養学部他非常勤講師
　担当：7-G、9-G、コラム4

　清水奈名子（しみず　ななこ）
　宇都宮大学国際学部准教授
　担当：11-G、コラム5

　三浦綾希子（みうら　あきこ）
　中京大学国際教養学部准教授
　担当：12-G、コラム3

　梁　澄子（やん　ちんじゃ）
　一橋大学非常勤講師
　担当：14-G

Horitsu Bunka Sha

教養としてのジェンダーと平和

2016年4月1日　初版第1刷発行

編著者　風間　孝・加治宏基
　　　　金　敬黙

発行者　田靡純子

発行所　株式会社 法律文化社

〒603-8053
京都市北区上賀茂岩ヶ垣内町71
電話 075(791)7131　FAX 075(721)8400
http://www.hou-bun.com/

＊乱丁など不良本がありましたら、ご連絡ください。
　お取り替えいたします。

印刷：中村印刷㈱／製本：㈱吉田三誠堂製本所
カバーイラスト：チョン・インキョン

ISBN978-4-589-03756-5

Ⓒ2016　T. Kazama, H. Kaji, K. Kim Printed in Japan

山田創平・樋口貞幸編
〔URP 先端的都市研究シリーズ 7〕

たたかう LGBT ＆ アート
──同性パートナーシップからヘイトスピーチまで、
　人権と表現を考えるために──

A 5 判・76頁・800円

セクシュアルマイノリティの人が尊厳をもって
生きるために、アートがもつ、社会の支配的な
文脈や価値観をずらす「技」と「術」とを学び
とる。侮辱的な言葉の意味合いをクリエイティ
ブに変化させるためのたたかいの書。

小田博志・関 雄二編

平 和 の 人 類 学

A 5 判・230頁・2400円

平和を人類学から捉え直す作業を通じて、平和
のつくり方や伝え方におけるオルタナティブな
手法を考察。フィールドと人に密着して分析す
る人類学アプローチによって、平和創造への新
たな視座を提示する。

三成美保・笹沼朋子・立石直子・谷田川知恵著
〔HBB⁺〕

ジェンダー法学入門〔第 2 版〕

四六判・314頁・2500円

ジェンダーにまつわる社会的規範は、個人の意見
や能力を超えて、わたしたちの行動や決定を「マ
ナー、常識」として縛っている。ジェンダー・バ
イアスに基づく差別のあり方や法制度への影響
を明らかにし、社会の常識を問い直す一冊。

久塚純一・山田省三編

社会保障法解体新書〔第 4 版〕

A 5 変型判・258頁・2400円

私たちの生活を多岐にわたって下支えしている複
雑な社会保障制度を日常の具体的な場面から解き
ほぐす。図表・イラスト・コラム・解説をふんだ
んに用いて、そのしくみと機能をわかりやすく概
説。旧版刊行 (2011年) 以降の法改正に対応した。

日本平和学会編

平和を考えるための100冊＋α

A 5 判・298頁・2000円

平和について考えるために読むべき書物を解説
した書評集。古典から新刊まで名著や定番の書
物を厳選。要点を整理・概観したうえ、考える
きっかけを提示する。平和でない実態を知り、
多面的な平和に出会うことができる。

髙良沙哉著

「慰安婦」問題と戦時性暴力
──軍隊による性暴力の責任を問う──

A 5 判・232頁・3600円

日本の植民地支配との関係や裁判所・民衆法廷
が事実認定した被害者・加害者証言の内容、諸
外国の類似事例との比較などから、被害実態と責
任の所在を検討する。単なる「強制の有無」の
問題でなく「制度」の問題であることを衝く。

──法律文化社──

表示価格は本体(税別)価格です